KB036605

동물도 우리처럼

동물도 우리처럼

학대받는 모든 동물을 위한 성찰

마크 롤랜즈 지음 I 윤영삼 옮김

우리는 동물을 어떤 관점에서 바라보는가

콜린 맥긴

.
.
.
.

어떤 것이 가치가 있으려면 두 가지 방법이 있다. 본래 가치가 있든지 수단으로써 가치가 있어야 한다. 삶, 자유, 행복추구는 '본질적으로' 가치가 내재한 것들이다. 그 자체가 목적이 되는 가치이다. 우리는 이러한 가치들을 소중히 여기며 법과 규칙을 만들어 존중하고 보호한다. 돈, 자동차, 샴푸는 '수단으로써' 가치가 있다. 다른 것 즉, 본래적 가치가 있는 궁극적인 것들을 얻기 위한 도구로써 이들은 가치가 있다. 돈이란 행복을 증진하고 삶을 유지하기 위한 물건과 서비스를 살 수 있는 '수단'일 뿐이다.

우리는 세상을 도구로써 가치 있는 것과 목적으로써 가치 있는 것으로 구분하고 도구가치를 목적가치에 종속시킨다. 이러한 사고방식이 잘못된 것은 아니다. 물론 어떤 것이 본래 소중한지, 어떤 것이 단순히 수단으로써 소중한지 혼동하는 실수를 범하지 않는 한 그렇다. 칸트가 일찍이 간파했듯이, 본래적으로 가치가 있는 존재인 인간을 본래적인 목적으로 대하지 않고 수단으로써 취급하는 행위는 도덕적으로 옳지 않다. 다시 말해 인간에게 수단적 가치만을 부여하는 행위는 비도덕적이다.

노예제도가 바로 대표적인 실례이다. 노예의 가치는 노예 개인의 행복, 자유, 삶의 관점에서 결정되지 않는다. '본질적으로 가치 있는 사람들'을 위해 노예가 할 수 있는 일이 무엇인가 하는 관점에서 노예의 가치는 결정된다. 노예는 자동차와 다름없다. 다른 사람들에게 혜택을 주기 위한 도구일 뿐이다. 노예제는 본질적으로 가치 있는 존재를 도구적 가치를 지닌 존재로 취급하는 근본적인 오류를 범한다. 노예에게는 평범한 인간의 권리를 부여하지 않는다.

노예제 사회에서 도덕적 계몽이 해야 할 일은, 노예제가 어떠한 오류를 내포하는지 알려주고, 노예가 도구에 불과하다는 인식을 뿌리뽑는 것이다. 이러한 계몽작업이 성공한다면 전혀 새로운 인식태도가 자리 잡을 것이다. 도구에 불과했던 것에 존엄과 자유의 가치를 부여한다. 도구로만 인식되던 사람들이 존중과 배려의 대상이 되고, 권리의 주체가 된다. 수단적 가치가 본래적인 가치로 대체되는 것이다.

동물에 대한 도구적 관점은 인간의 영혼 깊숙이 스며 있다. 역사적으로 인간은 동물이 자신의 복리에 기여하는 만큼만 그 가치를 인정해왔다. 인간을 위해 동물이 무엇을 할 수 있는가 하는 문제가 항상 판단의 기준이 된다. 우리의 먹이가 되는가. 우리의 옷이 되는가. 우리를 즐겁게 해주는가. 우리를 위해 싸우는가. 우리를 안락하게 해주는가. 물론 노예와 마찬가지로 동물도 분명히 효용이 있다. 동물은 여러 방식으로 좋은 도구가 된다.

하지만 동물을 바라보는 우리의 시선은, 노예에 비할 수 없을 만큼 훨씬 도구적 관점에 깊이 물들어 있다. 사실상 다른 방식으로 동물을 인식하기란 매우 어렵다. 이기심에 따라 뒷받침되는 인간의 전통과 습관의 힘 때문이다. 심지어 하느님에 의해서든, 창조적 자연에 의해서든 동물이 인간의 도구로써 '만들어졌다'고 아무렇지 않게 말하기도 한다. 동물의 '목적', 즉 동물이 기획된 이유 자체가 인간의 욕망을 충족시키기 위한 것이라고 믿는 것이다. 이것 말고는 동물이 살아야 할 그 어떤 이유도 없다는 뜻이다. 동물의 가치는, 인간을 위해 무엇을 해줄 수 있는가에 따라 결정될 뿐이다. 우리가 사는 곳에서 멀리 떨어진 야생세계에 사는 동물을 관찰할 때에도 우리는 동물을 멋진 구경거리로, 과학적 관심의 대상으로만 생각한다.

이렇게 동물을 인간의 도구로 바라보는 관점에도 어떠한 도덕적, 철학적 뒷받침이 있어야 한다. 동물을 도구로 보려면, 동물은 먼저 그런 취급을 받아도 상관없는 존재가 되어야 한다. 그렇게 취급받을 수 있는 물건이어야 한다. 무엇보다도 동물에게 권리가 용인되어서는 안 된다. 동물에게 권리가 있다면, 동물을 도구로 사용하는 행위는 그들의 권리를 침해하는 것이기 때문이다. 노예들에게 권리를 인정하지 않던 것과 마찬가지다.

또, 동물을 도구로 취급하려면 동물만의 '본성' 같은 것이 있어도 안 된다. 특히 동물에게 마음이나 영혼, 성품이나 감정 따위가 있어서는 안 된다. 동물에게 이러한 본성이 있다고 인정하면, 동물을 도구로 여기는 믿음에 의구심이 생길 수 있기 때문이다. 동물에게 마음이나 영혼이나 감정이 전혀 존재하지 않아야 하며, 그러한 것이 있다고 하더라도 인간의 '인지능력 밖에' 존재해야 한다. 그래야만 동물의 죽음이 어떤 본래적인 가치의 종말을 의미하지 않을 수 있기 때문이다(물론 동물의 '소유주'는 도구적 불편을 경험하겠지만, 동물을 죽이는 행위가 도구적 가치를 지닐 경우에는 오히려 이득이 될 것이다). 동물에 대한 도구적 관점은 이토록 단단하게 응축되어 우리 가슴속에 박혀 있다.

"동물은 도구일 뿐이다."

"동물은 도덕과는 아무 상관없는 존재다."

"동물은 마음이 존재하지 않는 움직이는 인형일 뿐이다."

이렇게 완성된 동물에 대한 인식은 의심이나 비판도 받지 않고 고대에서 현재까지 고스란히 이어져 내려왔다. 이러한 인식에 강렬한 비판이 제기되기 시작한 것은 겨우 30년 전이다. 이러한 비판의 핵심은, 동물이 인간을 위한 도구적 가치만 지니는 존재가 아니라 본질적 가치를 지니는 존재라는 것이다. 다시 말해 동물도 삶, 자유, 행복이라는 본질적 가치를 누려야 할 권리가 있다는 주장이다. 이러한 새로운 관점은 우리가 지금껏 무심코 받아들여온 동물이라는 존재에 대한 기존의 개념정의를 다시 한 번 돌아보게끔 했다.

이제는 동물이 도구로서 가치 있는 것이 아닌, 그 자체만으로도 가치가 있다는 주장이 점차 힘을 얻고 있다. 동물이 마음 없이도 움직일 수 있는 인형로봇이 아닌, 감각을 가진 유정물(有情物 감정이나 인식이 있는 존재)이라는 사실을 우리는 깨달아 가고 있다. 동물이 도덕적으로 가치 있다는 생각, 동물에게 특별한 권리를 보장해야 한다는 생각을 우리는 이제야 하기 시작한다.

　동물의 이해를 전혀 고려하지 않고, 그저 자유롭게 쓰다 버릴 수 있는 도구라는 생각, 그 오만한 편견이 이제 서서히 허물어지고 있다. 동물의 관심을 배려하는 일은 여느 사람의 관심을 배려하는 것과 전혀 다르지 않다. 통증의 정도가 같다면 사람보다는 어쨌든 동물이 덜 고통스러울 것이라고 생각하지만, 사실은 전혀 그렇지 않다. 해부학적 차이는 통증의 도덕적 무게를 덜어주거나 통증을 무시해도 좋다고 이야기하지 않는다.

　당신이 어떤 종種에 속하는지 알지 못하는 낯선 상황에 처했다고 상상해보라. 말하자면, '종기억상실증'이라는 특이한 병을 앓고 있다. 이런 상태에서 발이 몹시 아프다.

　"음… 내가 인간이라면 지금 이 통증은 아주 불쾌한 상황이며, 누군가 내 고통을 덜어줄 의무가 있다. 내가 원숭이라면 이 통증은 전혀 아무렇지도 않은 일이고, 누군가 나를 도와주려 하지 않아도 어쩔 수 없다."

　당신은 이렇게 생각하겠는가? 터무니없는 일이다. 잡아먹히거나, 산 채로 해부당하거나, 사냥에 쫓기는 경우는 어떨까? 역시 마찬가지로 이렇게 생각하지는 않을 것이다. 또는 원숭이가 아니라 다른 동물이라면 어떨까? 역시 모순된 상황이라는 점에는 별다른 차이가 없다. 당신이 어떤 인종에 속하는지 알지 못한다고 가정하고 노예제의 윤리에 대해서도 판단해보자.

"내가 백인이라면 누군가에게 예속당하는 상태를 엄청난 치욕으로 느끼겠지만, 내가 흑인이라면 노예로 사는 것에 아무런 불평도 하지 않을 것이다."

이렇게 말할 수 있겠는가? 물론 그렇지 않을 것이다. 노예로 '태어나는' 불행은 당신이 어떤 인종에 속한들 뼛속 깊이 느끼는 고통이 될 것이다.

이러한 가정을 통한 추론이야말로 진정으로 '역지사지易地思之'라는 오래된 도덕률을 지키는 방편이다. 자신에게 일어나지 않기를 바라는 일을 어떻게 남에게는 당연한 듯 떠맡길 수 있는가? 역지사지는 '평등'이라는 인식을 일깨워주는 격언이다. 여기서 말하는 평등이란 '도덕과 무관한 특성으로 차별하지 않는다'는 뜻이다.

본래 가치 있는 존재를 대하는 단 하나의 올바른, 또는 적절한 방법은 모두 동등하게 대하는 것이다. 인종, 성별, 생물학적 종과 같이 도덕과 '무관한' 특성이 아니라 도덕과 '연관된' 특성만 고려하는 것이다.

물론 어떤 선택을 하는 경우에 도덕과 무관한 특성을 '무조건' 배제하라는 말은 아니다. 중년 흑인남자 역을 연기할 배우를 뽑는다면 흑인이면서 남자인 사람만이 선택대상이 될 수 있다. 이러한 결정에 도덕적으로 이의를 제기하는 사람은 없을 것이다. 하지만 변호사, 교수, 야구선수를 뽑을 때 이런 기준을 적용한다면 차별이다. 동물에게 이런 논리를 대입해 보면 어떻게 될까? 인간과 동물을 근본적으로 달리 대하는 우리의 태도가, 종이 다르다는 이유만으로 정당화될 수 있는가?

예컨대 몸을 돌리지도 못할 정도로 비좁은 공간에 동물을 밀어 넣고 사육하는 행위는 어떠한가? 인간을 이렇게 취급한다면 당신은 이를 심각한 비도덕적 행위라고 여길 것이다. '종'의 다름이, 인간은 안 되고 동물은 된다는 판단의 차이를 정당화하는 유용한 기준이 될 수 있는가?

지금까지 동물의 권리에 관한 문제를 풀기 위해 다양한 사람들이 여러 방면에서 주장을 펼쳐왔다. 어떤 철학자들은 공리적인 관점에서 인간이 동물을 다루는 방식을 비판한다. 이들은 동물을 도구로 사용함으로써 얻는 즐거움이 그로 인해 우리가 동물에게 주는 고통보다 크지 않기 때문에 잘못된 것이라고 주장한다. 어떤 이들은 동물에게도 자연권, 즉 마땅한 이유 없이 감금되지 않을 권리가 있다고 주장한다.

이 책에서 마크 롤랜즈는 이 문제를 사회정의social justice라는 개념을 중심으로 접근한다. 존 롤즈John Rawls의 역작 『정의론A Theory of Justice』에서 사고의 단초를 가져온 롤랜즈는 이 책에서 다음과 같이 묻는다(앞에서 이야기한 것과 기본적으로 같은 발상이다).

당신이 '무지의 장막' 뒤에 있어 자신이 어떤 종에 속하는지 모른다면, 이 세상이 어떻게 편재되었으면 좋겠는가?

롤즈는 원래 인간사회 안의 재화와 기회의 분배에 대한 사회적 무관심을 깨기 위한 방편으로 이러한 질문을 했다. 롤랜즈는 이를 더 근본적인—따라서 더 급진적인—질문으로 바꿨다. 자신이 어떤 종에 속할지 모르는 상태에 있다면 당신은 어떤 판단을 할 것인지 묻는다. 착취당하는 동물, 인간의 무가치한 도구가 되는 동물의 처지에 우리 자신을 세움으로써 현재 우리가 동물을 다루는 태도의 모순을 드러내려는 것이다.

　이러한 논의방식이 비현실적으로 보일지도 모른다. 하지만 특권과 거리가 먼 불운한 위치에 처한 사람들이 어떤 느낌일지 늘 생각하라는 오랜 진리를 구체적으로 실천하는 가장 확실한 방편임에 틀림없다. 자신이 '우연하게' 속한 집단의 견해만 두둔한다면 정의는 결코 설 수 없다.

　롤랜즈는 탁월한 솜씨로 자신의 주장을 서두르지 않고 끈기 있게 전개해 나간다. 자신의 주장에 대해 나올 수 있는 반론들을 하나하나 논파해 가면서 체계적으로 독자들을 도덕의 문제 속으로 인도한다. 우선 동물의 권리문제와 밀접하게 연관되어 있는 도덕철학을 전반적으로 고찰하며 명쾌한 결론을 이끌어낸다. 그런 다음 이 결론에 비춰 실제 동물을 이용(또는 남용)하는 여러 행위에 어떤 문제가 있는지 하나하나 따져본다. 이러한 2단계 논증은 저자의 주장을 구성하는 기본요소이며 따라서 동등한 비중으로 다뤄진다.

　원칙을 먼저 세우고, 그 원칙이 현실세계에서 어떻게 작동하는지 살펴보는 것은 언제나 유용한 전략이다. 그러면 우리가 무심코 행하는 일상적 행위에 숨어 있는 문제가 놀라울 정도로 뚜렷이 드러난다. 저자는 여기서 나오는 결론을 독자들에게 믿으라고 강요하지 않는다. 매번 논증을 할 때마다 롤랜즈는 자신의 주장에 완벽을 기하고 설득력 있게 만드는 데 힘 쓸 뿐이다.

동물이 처한 가장 불리한 상황은, 동물 스스로 자기 주장을 하지 못한다는 것일지 모른다. 동물은 자신이 받는 부당한 대우에 저항하지 못한다. 어쨌든 말로는 표현하지 못한다. 하지만 이제 마크 롤랜즈가 동물의 주장을 대변할 것이다. 아마도 이보다 더 뛰어난 동물권지킴이는 찾지 못할 것이다.

차례

머리말

∶
∶
∶
∶
∶
∶
∶
∶
∶
∶

우리가 동물을 대하는 방법은 옳지 않다. 어디서든 별 차이는 없을 테지만, 그래도 상황이 훨씬 심각한 곳도 있다. 이 책에 우리가 지금 동물에게 무슨 짓을 저지르는지 낱낱이, 때로는 적나라하게 묘사할 것이다.

하지만 '동물에게 누가 어디서 무슨 짓을 하는가?' 하는 개별적인 사례의 늪에 빠지지 않기 위해, 이 책에서는 나라별 복지정책이나 동물을 대하는 행위의 차이는 이야기하지 않을 것이다. 예컨대 유럽연합은 2008년부터 공장형 배터리 닭장을 단계적으로 축소해나가는 정책을 실시하고 있다. 하지만 이러한 정책은 유럽 이외의 다른 지역에 별다른 영향을 주지 못했다. 개를 대상으로 하는 잔인한 심리실험이 영국에서는 수행되지 않았다고 해서, 영국이 특별히 용납되는 것도 아니다.

이 책은 인간이 동물을 대하는 방식에 대해 이야기한다. 현재의 방식과 바람직한 방식 사이의 격차가 얼마나 큰지 이야기한다. 인간이 동물을 대하는 보편적인 방식에 대한 이야기가 이 책의 목적이지, 특정한 어느 지역의 방식을 이야기하는 것이 목적이 아니다. 따라서 구체적인 사실을 하나하나 기술하지 못하는 부분이 있더라도, 안타깝지만 어쩔 수 없으니 독자 여러분께서 양해해주시기 바란다.

이 책을 쓸 수 있도록 자신감을 불어넣어 준 사람은 콜린 맥긴이다. 그에게 감사한다. 그리고 상세한 조언을 해 준, 특히 2장과 3장에 많은 도움을 준 버소출판사의 조지 갈팔비에게 감사한다. 피터 롤랜즈는 모든 원고를 처음부터 꼼꼼히 읽고 조언을 해줄 정도로 나에게 도움을 아끼지 않았다. 앤 케네디는 〈헌팅든생명과학연구소Huntingdon Life Sciences〉의 최근 연구활동에 관한 몇몇 유용한 정보를 얻을 수 있도록 도와줬다.

동물의 권리에 대한 나의 관심은 7년 전 다소 불운했던 여행에서 비롯되었다. 크리스마스를 맞아 부모님을 찾아뵙고자 아일랜드 로슬레어에서 영국 펨브로크로 가는 배를 탔다. 펨브로크에 닿기 약 10분 전쯤 책을 읽다 고개를 들었을 때, 내가 데리고 간 늑대개 브레닌이 선내 식당으로 연결된 승객휴게실에서 신나게 뛰어 노는 광경이 눈에 들어왔다. 바쁘게 오가는 직원들의 뒤를 쫓아다니며 귀찮게 하고 있었다.

나는 원래 브레닌을 차 안에 두고 오려 했는데, 문을 열어 달라고 하도 조르기에 창문을 약간 내려줬더니 창틈으로 기어 나와 차량갑판이 신기한 듯 이리저리 뛰어다녔다. 갑판이 잠겨있어 다른 곳에는 갈 수 없다고 생각한 나는 개를 혼자 놀게 두고 승객갑판으로 올라왔다. 그런데 혼자서 갑판 틈샛길을 찾아내 5층이나 위에 있는 승객휴게실까지 올라온 것이다.

브레닌을 끌고 내려와서는 또 다시 이런 일이 생기지 않도록 평소보다 창문을 조금만 열어놓았다. 그랬더니 브레닌은 차 안을 물어뜯기 시작했다. 문자 그대로 사납게 물어뜯었다. 나이를 먹을수록 자꾸 무언가를 잊고 오는 일이 많아진다. 최대한 빨리 승객갑판에 올라갔다가 차량갑판으로 돌아왔다.

차 안에는 제대로 형체가 남아 있는 것이 하나도 없었다. 좌석은 모두 뜯겨져 나가고 안전벨트도 다 끊어지고 천장은 갈기갈기 찢어져 너덜거렸다. 부두에 도착해 배에서 내리기 위해 운전석에 겨우 자세를 잡고 앉았으나 천장에 매달린 누더기 천이 늘어져 앞을 제대로 볼 수 없었다. 천 조각들을 뜯어내야 했다. 차량갑판 승무원이 칼을 가지고 있길래 좀 빌려달라고 했는데, 이상한 눈으로 나를 쳐다보면서 칼을 선뜻 내주려 하지 않았다.

문득 나는 그 이유를 깨달았다. 내가 그 칼로 브레닌을 죽이려 한다고 생각한 것이다. 어쩔 수 없이 어느 정도 신경이 곤두선 것은 사실이지만 지금 상황이 브레닌의 책임은 아니라고 생각한다는 변명 아닌 변명을 늘어놓고 겨우 칼을 빌릴 수 있었다. 천을 정리하고 나서 그나마 남아 있는 의자에 몸을 의지한 채 겨우겨우 앞을 내다보면서, 불편한 자세로 운전을 하여 집으로 왔다.

집으로 오는 길에 나는 책임이란 과연 무엇인가, 도덕적 사고에서 책임은 어느 위치를 차지할까, 오랜 시간 반추해 볼 수 있는 뜻밖의 기회를 얻었다. 그 첫 결과물이 바로 『동물권 *Animal Rights*』이라는(독창적인 개념의) 제목을 달고 몇 년 전 출간되었다. 간략하게 말하자면 『동물권』의 핵심은 '우리 스스로 통제할 수 없는 특성에 대해선 책임질 수 없다'는 주장 — 이 책에서는 이것을 '응보원칙'이라 한다 — 인데, 그 모든 출발점은 그날 오후 사건이었다. 브레닌은 이제 가고 없지만 이 원칙 속에 살아 있다. 그에게 감사한다.

동물에게 정신적인 삶이 있다는 사실, 즉
자신이 처한 환경의 좋고 나쁨을 인식할
수 있다는 사실은 동물의 권리를 주장하
는데 기반을 다지는 결정적인 첫 단서가
된다.

1

동물에게 마음이 있는가?

만약 당신이 17세기나 18세기에 살았던 동물이라면 데카르트학파 과학자들은 꼭 피해 다녀야 했을 것이다. 이들에게 잡히는 순간, 당신은 해부대 위에서 산 채로 못박혀 배가 갈라지고 창자가 밖으로 꺼내지는 신세를 면치 못했을 것이다. 의식은 여전히 살아있어 이 모든 과정을 인식할 것이다.

하지만 데카르트학파 과학자들은 동물에게 고통이나 신체적 아픔을 덜어주고자 하는 어떠한 조치도 취할 생각을 하지 않았다. 여기에는 지극히 단순한 이유가 하나 있었다. 그들은 동물이 고통이나 아픔을 느끼지 못한다고 믿었기 때문이다. 사실상 그 당시 동물이 고통을 느낀다고 생각하는 사람들이 있었다면 비웃음거리가 되었을 것이다. 철학이란 위험한 물건이다. 철학은 당신에게 온갖 어리석은 생각을 믿도록 할 수 있다. 일반적으로 데카르트학파 과학자들은 흔히 우리가 말하는 '철학이론에 세뇌당한' 사람의 전형적인 모습을 보여준다.

이 이론은 17세기 철학자 르네 데카르트에서 시작되었다.[1] 이들을 '데카르트학파'라고 부르는 이유이다. 데카르트에 따르면, 인간은 매우 특별한 존재다. 그의 이론에서는, 이 세상에서 인간만이 마음을 소유하고 있기 때문이다. 데카르트에게, 마음이란 인간의 일부분으로써 사고를 수행한다. 그렇기 때문에 마음이 없는 존재는 당연히, 생각하지 못한다. 또한 데카르트의 추종자들에 따르면 (어쩌면 데카르트 본인의 주장이 아닐지도 모른다. 문헌기록상 논란의 여지가 있다) 마음이 없는 존재는 느끼지 못한다. 이런 생각에서 해부대 위에 동물을 못박는 행동까지는 그리 오래 걸리지 않는다.

동물이 생각하지 못하고 느끼지 못한다는 관념은 물론 일반적인 상식에 어긋난다. 우선, 동물을 해부대에 못을 박기 시작하면 즉각 괴로운 신음소리를 낸다. 분명 아주 그럴듯하게 아픈 '듯' 행동을 하거나 '흉내'를 낸다. 동물들이 아프지 않다면 왜 꽥꽥거리며 몸부림치겠는가? 데카르트와 그의 추종자들의 답변은 이렇다.

"그것은 단지 '기능적인' 문제일 뿐이다!"

데카르트학파가 주름잡던 시대에 당신이 장난감 제조공이었다고 가정해보라. 당신은 장난감 동물을 만드는데 아주 뛰어난 전문가다. 장난감 내부까지 하나하나 정교하게 만든다. 톱니, 지렛대, 도르래, 바퀴 들이 속에 복잡하게 얽혀있다. 특히 외부 표면에 어떤 충격을 주거나 칼로 찌르면 안에서 여러 지렛대들이 움직이고 톱니들이 맞물려 돌아가는 등 복잡한 작동이 일어나도록 내부구조를 만들었다. 이런 연속된 움직임은 마침내 두 개의 바퀴가 서로 엇갈리게 돌아가게 하여 날카로운 쇳소리를 낸다. 이는 동물이 내는 고통스런 비명소리와 아주 비슷하다. 물론 장난감은 전혀 아프지 않다. 단지 장난감일 뿐이다. 장난감을 발로 차면 바퀴들이 서로 마찰을 일으키며 돌고, 여기서 나는 날카로운 쇳소리는 고통스런 비명소리와 똑같이 들리기 때문에 장난감이 아파하는 것처럼 보일 뿐이다.

이런 가정을 상상할 수 있다면, 데카르트학파가 동물을 어떻게 보는지 이해한 것이다. 실제로 데카르트 자신이 명백하게 이것과 유사한 비유를 들었다. 17세기 프랑스에는 현재 디즈니랜드와 같은 왕립공원이 있었다. 특히 프랑스 왕립공원에는 물로 움직이는 로봇들이 전시되어 있었다. 관람객이 발판에 올라서면 보이지 않게 숨겨진 관을 따라 물이 흐르기 시작한다. 그러면 로봇이 움직이고 소리를 내고 심지어는 악기까지 연주한다. 게다가 로봇의 움직임은 마음의 상태를 표현하는 듯이 설계되었다. 낯선 사람이 다가오면 목욕하는 디아나는 수줍은 듯 장미관목에 숨는 행동을 취했고 넵튠은 화가 났다는 듯 다가서며 삼지창을 들어올리는 시늉을 했다. 이런 식으로 로봇은 마음이 전혀 없으면서도 마음이 있는 듯 보였다.

데카르트에 따르면, 동물이란 프랑스 왕립공원에 있는 로봇과 비슷한 존재다. 로봇을 움직이게 하는 물은 동물에게 '동물정기精氣 animal spirits'라는 것이며 물이 흐르는 관은 신경섬유이다. 움직이는 원리는 로봇과 같다. 개를 발로 차면 이 외부자극이 신경섬유를 자극하고 다시 신경뭉치 속 실들을 당긴다. 이 실이 당겨지면 뇌에 구멍이 열리면서 동물정기가 연기처럼 신경을 타고 빠져나간다. 이렇게 빠져나간 증기가 마침내 근육과 힘줄에 모여 팽창하면서 움직이는 것이다. 개의 입이 열리고 컹컹 짖는다. 그러나 정신적인 작용은 어디에도 일어나지 않는다. 디아나 로봇이 수줍어하는 것과 마찬가지로 개는 어떤 아픔도 느끼지 않는다. 로봇과 마찬가지로 동물은 불은 켜져 있지만 아무도 살지 않는 집과 다름없다.

데카르트학파 과학자들의 이러한 행동은 철학이 해로울 수 있다는 사실을 보여주는 전형적인 사례다. 하지만 문제는 '우리 모두 철학자'라는 사실이다. 당신은 철학자다. 당신이 이 사실을 알든 모르든, 일생 동안 철학책을 한번도 들여다본 적이 없다 하더라도 그렇다. 예외는 없다. 세상을 어떻게 보는지, 또 삶에서 무엇이 중요한지, 이해하는 방식에서 우리는 다양한 철학적 가정, 가설, 전제, 이론을 사용한다. 우리 모두 그렇다!

우리 선조들이 지금 우리보다 열등했기 때문이라고 위안을 삼고 싶겠지만, 오늘날 동물을 대하는 우리의 태도가 데카르트학파 과학자들보다 전혀 나아지지 않았다는 것을 일단 기억해두는 것이 좋을 것이다(내 말에 동의하기 힘든가? 이 책을 다 읽은 뒤 다시 생각해보기 바란다). 사실상, 어떤 면에서는 그때보다 훨씬 상황이 나빠졌다. 적어도 데카르트학파 과학자들은 동물이 고통을 느끼지 못한다고 믿었다. 우리는 동물이 고통을 느낀다는 사실을 기꺼이, 전적으로 인정한다. 그럼에도 많은 이들이 전혀 신경 쓸 일이 아니라고 여긴다.

동물은 아픔을 느낄까?

하지만 우리는 데카르트가 틀렸다고 어떻게 확신할 수 있는가? 동물이 아픔을 느낀다고 생각하는 이유는 무엇인가? 어쨌든 우리는 동물의 머릿속에 들어가 볼 수 없다. 그 속에서 무슨 일이 벌어지는지 어떻게 알겠는가? 해답은 다른 사람이 통증을 느낀다는 사실을 아는 방법과 같다.

내가 아프다는 것을 당신은 어떻게 아는가? 가끔 신경계의 이상 때문에 통증을 느끼지 못하는 사람들도 있다. 그들은 심각할 정도로 자신의 몸에 상처가 나도 전혀 느끼지 못할 수 있기 때문에 생명이 극도로 위험하다. 그러면 내가 이런 사람이 아니라는 사실을 어떻게 알려줄까? 물론, 내가 통증을 느낀다고 말로써 이야기할 수도 있겠지만 본질적으로 이는 결정적 요건이 아니다. 거짓말을 할 수 있기 때문이다.

사실상 내가 통증을 느낀다고 분명하게 입증할 결정적인 방법은 없다. 하지만 내가 통증을 느낀다는 것을 강하게 암시하는 여러 정황들을 모아, 시간을 두고 고찰해 볼 수는 있다. 이러한 고찰은 동물도 통증을 느낀다는 사실을 강하게 암시한다.

먼저, 통증이란 무엇일까? 간단히 말하자면 통증이란 육체적 손상과 연관된 불쾌한 감각경험으로, 일반적으로(항상 그러한 것은 아니지만) 이러한 경험을 느끼는 사람은 이 감각을 더 경험하지 않으려고 노력한다. 다소 밋밋해 보이기도 하지만 우리가 논의하려는 문제와 관련해서는 이 정도 정의만으로도 충분하다고 생각된다.

이런 관점에서 동물이(또, 사람이) 통증을 느낀다고 판단할 근거는 무엇일까? 기본적으로 세 가지 근거가 있다. 행동학적 근거, 심리학적 근거, 진화론적 근거다.

내가 아픔을 느낀다고 다른 사람이 판단할 수 있는 근거는 우선 행동을 관찰하는 것이다. 첫 번째, 통증을 일으킨다고 여겨지는 것을 의도적으로 피하려 하거나 벗어나려 할 것이다. 불 속에 손을 집어넣거나, 벌겋게 달아오른 요리기구를 태연하게 만지거나, 자동차가 휘청거리는 상태에서 바퀴를 교체하지는 않을 것이다. 두 번째, 통증을 유발한다고 생각되는 것을 피하려는 시도가 실패할 경우 소리를 지르거나 강렬한 불쾌감을 표현하는 전형적인 행동을 취할 것이다. 울부짖거나, 비명을 지르거나, 식은땀을 흘릴 것이다. 세 번째, 불행히도 통증을 유발하는 상처를 입고 나면 빠른 치료를 위해 다친 부분을 최대한 사용하려 하지 않을 것이다. 물론 두 번째 행동을 여전히 반복할 수도 있다 예컨대, 몇 주 동안 이따금씩 신세를 한탄하면서 두문불출하며 절뚝거리며 다닐 수도 있다.

동물들도 물론 이런 행동을 한다. 첫 번째, 통증을 일으킨다고 여겨지는 것(전문용어로 유해자극$_{stimuli}^{noxious}$ 이라고 한다)을 의도적으로 피하려 하고 벗어나려고 한다.

두 번째, 이러한 회피행동이나 탈출행동이 실패할 경우 소리를 지르거나 강렬한 불쾌감을 표현하는 행동을 한다.

세 번째, 유해자극에 노출된 후에는 부상당한 몸 부위를 사용하려 하지 않는다. 예컨대, 다치지 않은 사지를 최대한 움직여

손상된 근육을 최대한 움직이지 않게 하면서 다친 부위를 쉬게 하거나 상처가 치유되도록 한다.

이렇듯 데카르트의 주장과는 달리 동물이 통증을 느낀다는 사실을 뒷받침하는 행동학적 증거는 매우 많다. 이러한 증거가 물론 완전히 결정적이라고 할 수는 없지만, 인간도 상황은 마찬가지이다. 남을 속이는데 아주 뛰어난 사람도 있을 것이다. 예컨대 유해자극을 피하는 기술이 뛰어나다든가, 통증을 느끼지 않는데도 느끼는 척하는 솜씨가 좋을 수도 있다. 하지만 행동상 증거들이 통증의 유무를 판단하는데 결정적인 역할을 하지 못한다 해도, 인간이 통증을 느낀다고 판단할 근거가 되는 한, 인간 이외의 동물들이 통증을 느낀다고 판단할 충분한 근거가 된다. 사실 행동학적 증거는 매우 유용한 판단근거로 활용된다.

행동학적 증거는 우리가 앞으로 살펴볼 내용에 비하면 사소한 일부에 불과하다. 동물이 통증을 느낀다고 생각할 만한 또 다른 중요한 근거는 해부학적, 심리학적 측면에서 찾을 수 있다. 자동차가 내 발을 밟고 지나갔을 때 반응하게 만드는 신경메커니즘은, 내가 고양이의 발을 밟고 지나갔을 때 반응하게 만드는 메커니즘과 매우 비슷하다.

유해자극에 노출되었을 때 우리가 아파하는 행동은 어떠한 신경메커니즘의 제어를 받아 발생한다는 사실을 우리는 이미 알고 있다. 또한 포유동물이나 새들은 물론 모든 척추동물에게도 인간과 비슷한 신경메커니즘이 있다는 사실도 이미 알고 있다. 이러한 신경메커니즘이 작동하면서 통증이 발생한다는 사실도 우리는 알고 있다. 그리고 이는 다른 피조물들의 몸속 신경메커니즘 역시 통증을 수반한다는 사실을 뒷받침하는 훌륭한 근거가 된다.

가장 상징적인 의미를 갖는 해부학적 근거는 아마도, 모든 포유류, 조류, 파충류, 양서류, 어류, 지렁이나 벌레 같은 일부 무척추동물의 몸속에서 아편제제endogenous opiates (아편유사제)가 발견되었다는 사실이다. 몸속 아편제제란 몸이 스스로 생산하는 천연 아편제제로 큰 부상에서 오는 통증을 누그러뜨리는 작용을 한다. 지금은 익숙한 엔돌핀이 바로 이런 아편제제 중 하나다. 아편제제는 인간이든 인간이 아닌 다른 동물이든 큰 부상을 입었을 때, 눈앞에 닥친 위험에서 벗어날 때까지는 고통을 느끼지 않고 정상적인 기능을 하도록 도와준다.

이쯤에서 우리는 문제를 제기할 수 있다. '동물들이 통증을 느끼지 못한다면 통증을 완화하는 작용을 하는 물질을 동물은 왜 가지고 있을까?' 이에 대해 이렇게 대답하는 사람도 있을 것이다. '아마도 동물에게선 몸속 아편제제가 다른 작용을 할지도 모른다.' 아마 그럴 수도 있다. 하지만 이런 식으로 꼬투리를 잡는 대답은 지푸라기라도 잡아보려는 행동처럼 부질없어 보인다. 인간 이외의 동물의 몸속에 엔돌핀을 포함한 아편제제들이 존재한다는 사실에 대한 가장 타당한 설명은 동물도 통증을 느낀다는 것이다. 엔돌핀은 동물이 통증을 제어할 필요가 있을 때 도움을 주기 위해 존재한다.

게다가 모든 척추동물들과 일부 무척추동물들은 마취제나

진통제 같은 인공 통증제어물질에 비슷하게 반응한다. 동물이 통증을 느끼지 못한다면 통증을 제어하거나 완화하는 작용을 하는 외부물질이 동물에게 어떻게 효과를 발휘하겠는가? 다시 한 번 말하지만, 마취제나 진통제가 인간 이외의 동물들에게도 일정한 행동변화를 일으키는 사실에 대한 가장 합리적인 해석은 동물도 통증을 느낀다는 것이다.

동물이 통증을 느낀다고 생각하는 마지막 근거는 진화론적 고찰에서 나온다. 데카르트가 살던 시절 인간은 다른 동물과는 별개의 존재로 여겨졌다. 실제로 인간은 동물과 전혀 무관한 존재라고 생각했다. 데카르트에 따르면 마음, 즉 우리의 사고능력은 신체와는 전혀 무관하다. 마음은 결코 물질적인 세계의 일부가 아니라, 몸뚱아리가 죽고 사라져도 온전히 존재하는 영혼의 일부이다. 인간만 이러한 마음이 있으며, 따라서 동물은 단지 몸으로만 이루어진 기계일 뿐이다.

하지만 우리가 다른 동물과 얼마나 비슷한지 보여주는 설득력 있는 증거는 너무도 많다. 특히 원시의 늪에서 떠다니던 분자들의 사슬에서 진화의 역사가 시작되었다는 것을 우리는 잘 알고 있다. 우리는 침팬지와 98% 이상 똑같은 DNA를 갖고 있다. 유전학 상으로 따지면 실제로 인간과 침팬지의 차이보다 침팬지와 원숭이의 차이가 더 크다. 인간과 다른 유인원들은 진화론적으로 똑같은 조상에서 나왔으며 아주 아주 최근에 와서야 — 진화의 시간으로 따질 때 — 다른 종으로 갈라졌을 뿐이다. 다음과 같은 가정을 해보자.

아프리카 동부해안 끝에 당신이 서 있다. 당신은 어떤 이와 손을 잡고 있고 그 사람은 또 다른 이와 손을 잡고 있다. 계속 이렇게 손을 잡고 늘어서 아프리카 대륙을 가로질러 서부해안까지 다다른다. 서쪽해안 끝에 서 있는 사람은 태고의 최초 원시유기체인 분자 펩티드 사슬을 상징한다. 동쪽해안 끝에 서 있는 당신은 호모사피엔스, 즉 인간을 상징한다.

이때 우리와 원숭이, 침팬지를 비롯한 유인원들의 공통 조상은 어디쯤 서 있겠는가? 당신이 서 있는 곳에서 불과 27미터 정도 떨어진 곳에 있다. 이는 인간이나 유인원들이 모두 진화의 시간상 얼마나 가까이 있는지 보여준다.

이러한 사실에 비추어 볼 때, 다른 종들은 통증을 느끼지 못하고 인간만 통증을 느낄 수 있다는 생각이 다소 허황돼 보이지 않는가? 통증은 진화론만으로도 충분히 설명할 수 있다. 동물은 통증이 있기 때문에 유해자극과 마주치면 그것을 피하고 벗어나려고 한다. 유해자극을 피하거나 벗어나지 않는 동물이 있다면, 결코 살아남지 못했을 것이다. 무생물이라면 그럴 필요가 없다.

어쩌면 우리가 유해자극에 적응하면서 진화해 온 것이 아니라, 우리 몸이 '구조적으로' 유해자극을 피하도록 설계되어 있는 것은 아닐까? 그렇다면 우리는 무조건반사처럼 무의식적으로 자극을 피할 것이다. 하지만 진화를 통해 우리가 선택한 방식은 고통을 느끼는 '능력'을 갖춤으로써 유해자극을 피한다. 그리고 우리와 다른 동물 사이의 거대한 진화의 연속성을 놓고 볼 때, 진화를 통해 인간이 다른 동물들과 전혀 다른 생존방식을 선택할 가능성은 매우 낮다.

지금까지 살펴본 세 가지 증거, 즉 행동학적, 생리학적, 진화론적 논의를 모두 종합해 볼 때, 인간뿐만 아니라 동물도 통증을 느낀다고 생각할 수밖에 없다. 말하자면 다른 사람을 발로 차면 통증을 느낄 것이라고 판단하는 근거만큼, 개를 발로 차면 통증을 느낄 것이라고 판단할 수 있는 근거가 있다.

유일한 차이가 있다면, 당연한 이야기겠지만 개는 아프다고 말하지 못한다는 것이다. 적어도 우리 인간의 관습적인 표현방식으로는 말하지 못한다. 지능이 높은 훈련된 영장류 몇몇은 예외가 될지 모르지만, 인간을 빼면 그 어떤 동물도 말을 하지 못한다. 하지만 갓난아기나 아직 말을 배우지 못한 아이들도 말을 하지 못하는 것은 매한가지이다. 그럼에도 우리는 아기들이 통증을 느낀다고 확신한다.

내가 말하고자 하는 핵심은 바로 이것이다. 앞에서 서술한 세 가지 근거를 놓고 볼 때, 아직 말을 배우지 못한 아기나 말을 하지 못하는 사람이 통증을 느낀다고 생각한다면, 인간 이외의 다른 동물들도 통증을 느낀다고 여길 수 있는 무수한 근거들이 존재한다. 이러한 근거만으로도 동물이 아픔을 느낀다는 주장을 충분히 뒷받침한다고 나는 생각한다.

그 밖의 불쾌한 감정

통증이란 '불쾌한' 감정상태의 전형적인 한 예다. 다시 말해, 통증을 겪는 사람은 대개 통증이 빨리 사라지기를 바란다. 물론 늘 그런 것은 아니다. 다소 고차원적인 목표를 달성하려고 노력할 때 느끼는 가벼운 통증은 상쾌함을 주기도 한다. 마라톤을 완주했을 때 느껴지는 가벼운 근육통을 생각해보라. 하지만 일반적으로 통증을 겪는 사람들은 그 아픔을 떨쳐내고 싶어 한다.

신체적인 통증만큼이나 사람들이 겁내는 일반적인 감정상태로는 '공포'와 '불안'이 있다. 공포란 위험에 처했을 때 느끼는 감정이다. 이 반응은 주변환경에 신경이 곤두서고 경계하게 되며, 대개 유쾌하지 않다. 공포란 대부분 당면한 환경 속에서 인지된 어떤 대상 때문에 느끼며, 이러한 감정은 회피나 방어 행동으로 이어진다. 불안은 이보다 좀더 넓은 의미다. 공포와 마찬가지로 불쾌한 감정적 반응이며, 주변환경에 신경이 곤두선다. 하지만 공포는 이미 인지된 어떤 대상이나 상황에 의해 발생하는 반면, 불안은 알지 못하는 낯선 상황에 의해 발생한다.

이렇게 공포와 불안을 구분하는 것은 다소 작위적일 수 있지만 유용하다. 처음 동물병원에 갔을 때 개가 떤다면 이는 친숙하지 않은, 따라서 잠재적으로 위험할지 모르는 환경을 접하는 '불안'에서 나오는 반응이다. 두 번째 동물병원을 방문할 때 들어가지 않으려고 낑낑거린다면, 이전에 경험했던(아마도 체온계 때문에 한바탕 소동을 피웠던 것을 떠올리면서, 어쨌든 자신에게는 무서웠던) 사건에 대한 '공포'에서 나오는 반응이다.

통증과 마찬가지로, 동물이 공포와 불안을 느낀다는 것을 뒷받침하는 행동학적, 심리학적, 진화론적 증거는 매우 많다. 행동학적 증거로는 우선, 가만히 있지 못하고 동요하고 흥분하며 주변을 경계하면서 주시하는 모습을 보인다. 낯선 상황에선 습관적으로 하던 행동을 멈추기도 한다. 이는 신경이 곤두서고 극도로 예민해졌다는 것을 보여주는 불안의 전형적인 증상이다. 또 자율신경의 활동에 분명한 변화가 나타나는데, 다시 말하지만 이는 공포나 불안의 전형적인 증상이다. 땀을 흘리고, 심장이 뛰고, 맥박수가 올라가면서 호흡이 가빠지고, 자주 오줌을 싸고, 설사를 한다.

신경생리학적 증거는 훨씬 중요한 의미가 있다. 인간이 불안을 느끼는 것은 알코올이나 바르비투르와 같은 '불안전달물질'이 중추신경계 안에 있는 벤조디아제핀^{benzodiazepine} 수용체에 노출된 결과 나타나는 심리적 반응이다. 연구 결과, 포유동물도 불안전달물질이 인간과 똑같은 경로(바르비투르-에탄올 결합장소, 염화이온 통로, 신경전달물질 결합장소)로 벤조디아제핀 수용체에 작용한다는 사실이 입증되었다.

그래서 항불안제는 인간이든 동물이든 거의 똑같은 효과를 낸다. 더욱이 약물을 투여했을 때 나타나는 신경생리학적, 신경화학적 변화 역시 인간이나 동물이나 거의 똑같다. 이러한 발견에 대한 가장 타당한 설명은, 동물도 인간과 똑같은 방식으로 공포와 불안을 느낀다는 것이다.

마지막으로 동물도 공포와 불안을 느낀다는 증거는 진화론적 측면에서도 간단히 설명할 수 있다. 불안과 공포도 고통과 마찬가지로 진화과정에 도움이 된다. 불안과 공포는 자신이 처한 환경에 주의와 경계를 늦추지 않도록 하는 기능을 한다. 재빨리 도망칠 수 있는(또는 맞서 싸울 수 있는) 생리적 준비태세를 갖추도록 해 위험에서 벗어나거나 위기를 극복할 능력을 키워준다.

따라서 나는, 많은 동물들이 통증은 물론 공포와 불안을 느낀다고 결론 내리는 것이 불합리하다고 생각하지 않는다. 동물이 통증, 공포, 불안을 느낀다고 생각할 수 있는 증거는 적어도, 말을 못하는 사람들이 이러한 감정을 느낀다고 생각하는 만큼 존재한다.

결국 이는 동물들도 인간과 똑같이 '고통'을 느낀다는 뜻이다. 여기서 고통이란 통증, 공포, 불안을 모두 포괄하는 개념이다. 우리는 통증으로 고통스러워하며, 공포로 고통스러워하며, 불안으로 고통스러워한다. 통증, 공포, 불안이라는 감정상태는 대부분 고통이다. 물론 꼭 그렇지 않은 경우도 있다. 앞에서 말했듯이 상대적으로 약한 통증은 특정한 성향을 가진 사람들, 예컨대 가학-피학성애를 즐기는 사람이나 마라톤주자(물론 이들 사이에는 고통을 즐기는 방식에 있어 차이가 있다)에게는 오히려 즐거운 것일 수 있다. 상대적으로 약한 공포와 불안도 마찬가지이다. 바람이 세차게 부는 대서양 폭풍해변에서 서핑을 해보면, 엄청난 파도가 밀려올 때 느끼는 공포는 그 파도를 올라타는 순간 느끼는 쾌감과 해방감을 더욱 짜릿하게 한다.

게다가 통증, 공포, 불안은 얼마나 지속되느냐에 따라 고통이 될 수도 있고 쾌락이 될 수도 있다. 경솔한 행동을 했을 때 나는 등에 날카로우면서 쑤시는 듯한 통증을 잠깐 느끼는데 이것을 고통이라고 할지는 분명치 않다. 또한 이러한 불편한 감정상태를 유발하는 상황을 어느 정도까지 감당할 수 있느냐에 따라 고통이 될 수도 있고 쾌락이 될 수도 있다. 링에 오를 때 느끼는 권투선수의 강렬한 전율은 고통이라고 해야 할지는 분명치 않다. 싸우기로 결정한 것은 궁극적으로 자기 자신이기 때문이다.

그럼에도 통증, 공포, 불안의 세기나 지속성이 일정한 한계를 넘어서면, 또 이러한 상태를 유발하는 상황이 스스로 감당할 수 있는 수준을 넘어서면, 이러한 감정은 고통이 될 수 있다. 동물이 통증, 공포, 불안을 느낀다면, 동물 역시 고통을 경험한다.

유쾌한 감정도 느낄까?

불쾌한 감정은 대개 피하려 하고 다시는 경험하려 하지 않는다. 이와 반대로 유쾌한 감정은 대개 더 즐기려 하고 다시 경험하고 싶어 한다. 유쾌한 감정의 전형적인 예로는 '쾌락' '즐거움' '행복'을 들 수 있다. 동물들은 불쾌한 감정상태를 느낄 수 있다. 앞에서 우리는 이를 뒷받침하는 수많은 근거들을 살펴보았다. 그러면 동물들은 유쾌한 감정상태도 느낄까?

쾌락이란 간단히 말하자면, 더 즐기고 싶어 하고 탐을 내는 느낌이라 말할 수 있다. 동물이 쾌락을 느낄 수 있는가? 이 문제에 대한 실험은 많이 이루어지지 않아 해답이 될 만한 유용한 정보를 찾기는 힘들다. 앞으로 살펴보겠지만 동물실험은 대부분 동물에게 유쾌한 감정보다는 불쾌한 감정을 일으킨다. 그럼에도 분명한 점은, 동물이 불쾌한 감정은 느끼면서 유쾌한 감정은 느끼지 못한다면 너무도 이상할 것이다.

동물이 — 대다수의 척추동물과 몇몇 무척추동물이 — 통증을 느낀다면, 분명 동물은 의식이 있다는 뜻이다. 통증은 원치 않는 감정이며 따라서 행동을 자극한다. 통증을 느끼면 동물은 유해자극을 피하거나 벗어나려는 행동을 취한다. 공포와 불안도 마찬가지다. 쾌락도 행동을 자극하는 감정이긴 하지만, 통증과는 반대로 작용한다. 진화가 동물에게 의식을 부여했다면, 이로써 통증, 공포, 불안 같은 부정적인 행동유발상태를 활용하는 능력을 부여했다면, 쾌락과 같은 긍정적인 행동유발상태를 활용하는 능력을 부여하지 않았다는 것은 정말 이상한 일 아닐까? 따라서 전반적인 진화의 관점에서 볼 때, 동물이 통증을 느낀다면, 쾌락도 느낀다고 가정하는 것이 타당하다.

이와 더불어 적어도 고등 포유동물들은, 쾌락을 즐긴다는 분명한 행동학적 증거가 있다. 그것은 바로 개나 고양이를 키우는 사람들의 증언이다(인위적으로 환경을 제어하여 진행하는 실험실 연구가 이보다 유용한 단서를 제시할 수 있다고는 생각하지 않는다). 더욱이 인간의 것과 비슷한 신경만족중추가 포유류, 조류, 어류의 뇌에서도 발견되었다.

동물들이 쾌락을 느낀다면, 적어도 고등 포유동물들이 통증을 느낄 수 있다는 주장만큼이나 쾌락을 느낀다는 증거가 확실하다면, 동물은 즐길 수 있다. 통증이 고통스럽다면, 쾌락은 즐겁다.

'즐거움'은 또한 어떤 사람의 일반적인 기질을 묘사할 때 사용되기도 한다. '늘 즐겁던 사람이 새 직장에 만족하지 못한다'라는 말에서 이런 의미를 찾을 수 있다. 여기서 즐겁다는 말과 만족하지 못한다는 말은 서로 모순되는 의미가 아니다. 이는 평소 명랑한 성격이나 기질이 새로운 직장에 대한 느낌이나 감정에 의해 일시적으로 가려졌다는 말이다.

동물도 이러한 의미의 즐거움을 느낀다는 사실은 어렵지 않게 알 수 있다. 예컨대 개를 여러 마리 키우는 사람들은 심지어 같은 종의 개 사이에서도 기질과 기분이 다르다는 것을 안다. 내가 키우는 저먼셰퍼드 니나는 어떤 상황에서든 즐길 준비가 되어 있는 유쾌한 개다. 자전거를 쫓아 32킬로미터를 달리고 난 뒤에도 니나는 피곤하다고 쓰러지지 않는다. 다시 뛰자고 흔들면 또 뛸 준비를 한다. 하지만 마본은 그럴 때 도망가 버린다.

개를 키워보면 제각각 기질이 다르다는 것을 금방 인식할 수 있다. 즐거운 기질과 그렇지 않은 기질을 구분하는 것도 어렵지 않다(물론 그러한 기질을 몇 가지로 분류할 수 있느냐는, 동물 다루는 솜씨에 따라 달라질 것이다). 이렇듯 즐거움이 기질을 의미하는 경우라면, 동물은 즐거울 수 있다.

행복은 어떨까? 동물은 행복할 수 있을까? 이는 다소 어려운 문제다. 행복이란 말의 의미 자체가 모호하고 다중적이기 때문이다. 우리는 '행복'이라는 말을 어떤 느낌이나 감정을 지칭하기 위해 사용하기도 한다. 이러한 의미로 쓸 때 행복은 쾌락이나 즐거움과 가까운 의미가 된다. 예컨대 어떤 사람은 뜨거운 여름 한낮에 마라톤을 완주한 뒤 얼음처럼 차가운 맥주를 마시며 '행복해'라고 말할 수 있다. 이처럼 쾌락이나 즐거움과 상통하는 행복은, 동물도 분명히 느낄 수 있다.

하지만 행복은 동물에게는 어울리지 않는 의미도 있다. 우리는 가끔 행복이란 말을 어떤 삶의 계획과 연관된 의미로 사용한다. 예컨대 "여러분, 지금 행복하십니까?"라는 질문은 간단히 풀이하자면 "지금 하시는 일들이 전반적인 삶의 목표와 일치하고 바람대로 나아가고 있습니까?"라는 뜻이다. 자신의 삶을 전반적으로 판단할 수 없다면 이러한 의미의 행복은 느낄 수 없다. 아마도 동물은 이렇게 자신의 삶을 전반적으로 판단하지는 못할 것으로 여겨진다.

인간과 동물이 고통을 느끼는 방식의 차이

오늘날 특정한 철학, 심리학, 종교, 또는 넓은 의미의 어떤 이념에 심각하게 경직되어 있는 사람이 아니라면 동물이 불쾌한 감정과 유쾌한 감정을 모두 경험할 수 있다는 믿음을 부정하는 사람은 없을 것이다. 그럼에도 많은 사람들이 동물의 감정은 도덕적으로 따질 문제가 아니라고 말한다. 동물이 통증, 공포, 불안으로 고통 받는 방식은 인간과 다르다는 이유 때문이다. 과연 동물이 고통 받는 방식과 인간이 고통 받는 방식과 다르다는 말에는 무슨 의미가 숨어 있을까?

우선 인간이 걱정하는 것을 동물은 걱정하지 못한다는 의미가 숨어 있다. 당신이 개와 함께 계곡물에 빠져 둘 다 다리가 부러진 상황을 가정해 보자. 당신이나 개나 모두 고통스럽다. 하지만 당신은 고통을 호소할 수 있고 더 나아가 고통을 과장할 수 있다. 다리가 부러져서 느끼는 통증뿐만 아니라, 어떻게 물에서 빠져나가야 할지, 골짜기에서 사람들이 나를 발견할지, 치료 비용은 어떻게 충당할지 등 더 많은 것을 걱정할 수 있기 때문이다. 개는 분명히, 돈 문제를 걱정하거나 전체 상황을 고려하여 개인상해보험금을 신청하는 것이 이득이 될지 손해가 될지 고민하지는 않을 것이다.

결국 부러진 다리의 물리적인 통증이 당신에게나 개에게나 똑같다 하더라도 당신의 고통이 커 보인다. 당신이 더 고통스러운 것처럼 보이는 이유는 미래를 생각하는 능력인식력과 상상력이 더 뛰어나기 때문이다. 따라서 더 뛰어난 인식력, 상상력, 추리력 때문에 일반적으로 동물과 같은 상황에 처했다 하더라도 인간의 고통이 더 크게 보인다고 말할 수 있다.

하지만 이렇게 결론 내리는 것은 너무나 성급한 일이다. 위에서 본 상황에서 당신이 개보다 더 고통을 받는 이유는 다른 특별한 데 있는 것이 아니라, 상황 그 자체에 있다. 상황에 따라 개가 인간보다 인식력, 상상력, 추리력이 떨어진다는 바로 그 이유 때문에 인간보다 더 고통을 받을 수 있기 때문이다.

예컨대 몹시 아픈 주사를 맞기 위해 개와 함께 방에 들어가 나란히 누워 있다고 생각해보자. 당신은 자신이 처한 상황에 대해 설명을 자세히 듣는다("주사는 당신의 생명을 구하기 위한 것입니다. 통증은 상대적으로 오래 가지 않으며 합병증은 없고, 주사를 맞고 나면 집에 가도 됩니다… 궁금하거나 필요한 사항이 있으면 언제든 물어보십시오"). 하지만 개는 이러한 내용을 하나도 이해하지 못한 채 친숙하지 않은 주위환경, 자신을 억누르는 낯선 사람들, 그 밖의 여러 요인에 따른 불안 속에서 주사의 통증까지 고스란히 느껴야 한다. 이 경우, 개가 당신보다 훨씬 고통스러워 보이지 않는가?

실제로 최근 연구결과는 이러한 추론을 더욱 강하게 뒷받침한다. 인식력, 상상력, 추리력이 떨어진다는 이유로 동물이 인간보다 통증에 따르는 고통을 강하게 느낀다는 것이다. 다시 말해, 개는 낯선 환경과 낯선 사람에 대한 불안과 싸워야 할 뿐 아니라, 주사가 주는 통증 또한 인간이 느끼는 통증보다 훨씬 크게 느낀다.

대표적인 통증심리학자 키첼에 따르면, 통증에 대한 반응은 '감각식별요인'과 '행동유발요인'으로 나뉜다고 한다.[2] 감각식별요인은 통증의 근원과 통증과 연관된 위험이 무엇인지, 어디에서 오는지 판단하는 데 관여한다. 행동유발요인은 통증을 유발하는 자극을 떨쳐내는 데 관여한다. 동물은 인식력, 상상력, 추리력이 떨어지기 때문에 감각식별요인이 인간에 비해 제한적일 수밖에 없고 이에 상응하여 행동유발요인이 상대적으로 더 민감하게 작동한다고 키첼은 설명한다. 이는 하나가 모자라면 다른 하나가 채워주는 생체보상메커니즘이 작동한 결과다. 쉽게 말해서, 동물은 인간처럼 부상이나 위험에 지능적으로 대처하지 못하기 때문에 무작정 도망치려고 하는 행동유발요인이 상대적으로 강하게 발달되었다는 뜻이다. 도망가고자 하는 동기유발이 더 강하면 어떻게 되겠는가? 그렇다. 더 크게 다친다.

동물이 고통받는 방식은 '인간과 다르다'는 주장은 옳을 수 있다. 하지만 사람들은 동물이 인간보다는 '덜' 고통 받는다는 주장을 뒷받침하려고 내세우는 경우가 많다. 이는 전혀 옳지 않다. 인식력, 상상력, 추리력이 떨어지기 때문에 동물이 인간보다 덜 고통 받는다는 주장은 어떤 증거도 없을 뿐 아니라, 오히려 과학적으로 밝혀진 증거는 그 반대 주장을 뒷받침한다. 동물이 느끼는 고통이 인간보다 훨씬 크다.

욕망과 선호

지금까지 동물에게 의식이 있다고 판단할 수 있는 명확한 근거를 살펴보았다. 이러한 근거들은 동물이 통증, 공포, 불안과 같은 감정으로 고통을 느끼고, 쾌락이나 행복과 같은 감정도 즐긴다는 사실을 뒷받침한다. 또한 이러한 감정을 동물이 인간보다 덜 느낀다고 판단할 만한 보편적인 근거는 없다고 이야기했다. 이러한 사실들은 동물도 '욕망'이 있다는 추론을 뒷받침하기에 충분하다. 어떤 사람이 통증과 같은 강렬하게 불쾌한 감정때문에 고통 받으면서도, 적극적으로 고통을 '거부하거나' 고통이 멈추기를 '바라지' 않는다면 말이 안 되기 때문이다. 여기서 '수용-거부'는 선호가 존재한다는 의미이고 '바람-바라지 않음'은 욕망이 존재한다는 의미다.

사실, 욕망과 선호는 용어 정의의 문제다. 예컨대 불쾌한 감정이란, 그것을 겪는 사람들은 대개 떨쳐내고 '싶어 하는' 것이며, 이미 겪어본 사람들은 다시 겪지 '않으려 하는' 것이라고 정의할 수 있다. 누군가 하고 '싶어 한다'와 하지 '않으려 한다'는 이야기는 곧 욕망을 이야기하는 것이다. 결국, 욕망이란 자신이 원하는 바를 겉으로 드러낸 것에 불과하다.

'좋다-싫다'라는 선호의 감정 역시 욕망의 특수한 형태에 불과하다. 선호란 어떤 상황보다는 다른 대안적 상황을 바라는 욕망이다. 동물이 아픔을 느낀다는 사실과 통증이 멈추기를 바란다는 사실은, 통증이 있는 상황보다는 통증이 없는 상황을 '선호'한다는 뜻이다.

어떤 사람들, 대개 철학자들은 이러한 정의를 수용하려 하지 않는다. 이들은 욕망이라는 개념을 좁게 잡으려 하기 때문이다 (결과적으로 선호의 개념도 좁아진다). 어떤 철학자들은 욕망이라는 개념이 '추론'이라는 사고능력과 밀접하게 연관되어 있다고 말한다. 개가 토끼를 쫓는 상황을 가정해 보자. 개가 토끼를 잡으려 하기 때문에 뒤를 쫓는다고 말하는 것은 당연하지 않을까? 그 밖에 개가 토끼를 쫓는 다른 어떤 이유가 있을까?

하지만 이들 철학자들은 이러한 결론에 동의하지 않는다. 이들은, 개가 진정으로 토끼를 잡으려고 하는 것이라면 토끼를 가장 잘 잡는 방법에 대한 수단-목적을 계산하는 실천적 추론 practical reasoning이라는 것을 할 줄 알아야 한다고 말한다. 가장 간단한 형태의 실천적 추론은 '내가 X를 하면 Y를 얻을 것이다'라는 형태다. 단순히 토끼를 쫓는 행동만으로는 욕망이 있다고 가정할 수 없다. 토끼를 쫓으면서 이러한 추론을 할 수 있어야 개는 비로소 욕망이 있는 것이다.

"만일 내가 토끼를 쫓으면 나는 토끼를 잡을(수 있을) 것이다."

이러한 주장은 그럴듯하게 들린다. 단순히 토끼를 '쫓는 것'만으로 욕망이 있다고 말하기엔 충분하지 않다. 토끼를 향해 총을 쏘면, 총알도 토끼를 '쫓기' 때문이다. 총알에게는 토끼를 잡고자 하는 '욕망'이 있다고 말할 수는 없다. 그래서 개가 토끼를 잡고 '싶어 한다'고 말하려면 개도 실천적 추론을 할 수 있다는 사실을 증명하여야 한다. 마찬가지로 개에게 전기충격을 주는 실험을 할 때, 개가 그러한 통증이 멈추기를 '바란다'는 사실을 증명하려면 개가 전기충격을 멈추는 방법에 대한 실천적 추론(예컨대 '벽을 뛰어넘으면 고통이 멈출 것이다')을 한다는 것을 증명해야 한다. 따라서 우리가 풀어야 하는 의문은 다음과 같다.

"동물은 실천적 추론을 할 수 있는가?"

사실, 대다수 척추동물이 이러한 추론을 한다는 증거는 매우 많다. 실제로 20세기에 이루어진 동물학습에 관한 실험은 대부분 동물이 실천적 추론을 할 수 있다는 전제 위에서 실시된 것이다. 예컨대 1960년대 마틴 비터먼의 실험을 생각해 보자.[3] 물고기를 훈련시켜 특정한 플라스틱 물체를 머리로 누르게 하였다. 여러 가지 지렛대 중에 실험자가 정한 지렛대를 물고기가 누르면 고기밥을 보상으로 준다. 그러면 물고기는 특정한 모양만 누르도록 학습하고 나머지는 무시한다. 이러한 학습은 물고기가 적어도 다음과 같은 추론을 한다는 증거로 볼 수 있다.

"내가 (다른 것이 아닌) 이것을 누르면 저것을 얻을 것이다."

하지만 행동학의 이념에 사로잡힌 실험자는 이러한 증거를 물고기가 추론능력이 있다는 뜻으로 받아들이지 않는다. 실험자는 이것을 물고기의 조건형성conditioning이라는 개념으로 설명한다. 조건형성이란 과거에 보상한 방식에 따라 물고기의 습성이 강화되었다는 뜻이다.

이제 '정답'을 바꾼다고 가정해보자. 전에는 물고기가 네모난 지렛대를 누르면 보상을 주었던 반면, 이제는 동그란 지렛대를 누르면 보상을 준다. 물고기는 결과적으로 새로운 '정답'을 배우고 행동을 바꿀 것이다. 정답을 또다시 원래대로 바꾼다면 물고기는 그것 역시 학습해낼 것이다. 그렇게 계속 학습한다.

비터먼이 이러한 실험을 양서류, 파충류, 조류, 포유류에게도 하였다면 중요한 패턴을 발견할 수 있었을 것이다. 정답을 찾는 속도가 점점 빨라진다는 것이다. 정답을 두 번째 바꾸었을 때는 처음 바꿨을 때보다 훨씬 빨리 배운다. 세 번째는 더 빨리 배울 것이고 네 번째, 다섯 번째 계속 빨라질 것이다. 하지만 물고기에게서는 그러한 패턴이 보이지 않는다.

이는 어류와 파충류, 양서류의 학습과정은 전혀 다르다는 것을 보여준다. 물고기는 매번 새로운 정답을 배우는 데 같은 시간이 들기 때문에 물고기의 행동은 앞서 말한 조건형성의 관점에서 설명할 수 있다. 물고기가 처음에는 네모난 지렛대를 누르고 그 다음엔 동그란 지렛대를 누르는 행동은 크게 볼 때 습성일 뿐이라고 주장할 수 있다. 보상을 주던 이전 모양에 익숙해진 습성강화는 새로운 모양에 익숙해진 습성강화에 의해 극복되는 것이다. 적어도 비터먼의 해석에 따르면 그렇다.

하지만 양서류, 파충류, 조류, 포유류의 행동은 이렇게 설명할 수 없다. 예컨대 포유류는 보상을 주는 새로운 지렛대에 빠르게 반응하여 행동을 바꾼다. 포유류의 행동은 앞서 말한 보상에 따른 조건형성만으로 설명할 수 없다. 그보다는 실천적 추론이 동물의 마음속에 자리 잡고 있다는 사실을 강하게 암시한다. 다시 말해, 동물도 구체적인 가설을 가지고 실험을 한다는 뜻이다. 적어도 실천적 추론은 최소한 양서류와 파충류 단계에서 발생한다. 따라서 이들에게는 욕망도 존재하는 것이다.

하지만 이는 너무 소극적인 판단일 뿐이다. 비터먼의 실험에서 물고기에게 욕망이 있을 가능성을 부정하는 증거는 하나도 없다. 나는 단지, 어류가 실천적 추론을 할 수 있다고 주장할 만한 증거보다는 양서류, 파충류, 조류, 포유류들이 실천적 추론을 할 수 있다고 주장할 만한 증거가 훨씬 설득력 있어 보인다는 이야기를 했을 뿐이다. 어류에게 욕망이 있다는 증거보다는 양서류, 파충류, 조류, 포유류에게 욕망이 있다는 증거가 더 많기는 하다. 하지만 비터먼 이후 실시된 똑같은 방식의 실험에서, 적어도 몇몇 물고기들은 점진적으로 적응해 나가는 반응을 보였다는 사실을 기억해야 한다.

실제로 지금까지 이루어진 연구가 정확하다면, 물고기가 실천적 추론을 할 수 있느냐 없느냐, 즉 점진적으로 적응하는 반응을 보이느냐 보이지 않느냐를 결정짓는 핵심변수는 물고기가 사는 개울의 크기로 추정된다. 개울의 크기가 어느 수준 이상을 넘어 설 때 거기에 사는 물고기들은 점진적으로 적응하는 행동패턴을 보였다.

물고기에서 멀리 진화한 동물일수록 실천적 추론을 한다는 증거는 분명하게 나타난다. 예컨대 포유류는 파충류와 양서류에게서는 볼 수 없는 학습패턴을 보여준다. 가능한 반응마다 임의적으로 정한 비율만큼 보상하는 '확률학습실험'이라는 것이 있다. 예컨대, 쥐가 빨간 지렛대와 파란 지렛대를 선택할 수 있는 상황을 가정해 보자. 쥐는 100번 지렛대를 누를 수 있다. 빨간 지렛대는 100번 중 60번만 보상하고 파란 지렛대는 100번 중 40번만 보상한다. 이러한 상황에서 쥐는 아무 지렛대나 눌러볼 것이다. 이것을 확률학습시도라고 한다.

이러한 실험을 하면 물고기는 일치^{matching}라는 전략을 선택한다. 물고기는 지렛대를 임의적으로 선택하지만, 선택빈도는 전체적으로 보상하는 비율과 일치한다(즉, 빨간 지렛대는 60번, 파란 지렛대는 40번 선택한다). 쥐와 원숭이는 극대화^{maximizing}라는 전략을 선택한다. 이들은 보상횟수가 높은 선택만 100퍼센트 누른다(즉, 어느 정도 확률을 파악하고 나면 빨간 지렛대만 계속 누른다). 새는 신기하게도 이들의 중간 정도의 전략을 선택한다. 시각적 실험(예컨대, 모양과 색깔을 선택하는 경우)에서는 물고기처럼 일치전략을 사용하지만 공간적 실험(예컨대, 위치나 장소를 선택하는 경우)에서는 포유동물처럼 극대화전략을 사용한다.

물고기의 일치전략은 조건형성의 관점에서 설명할 수 있다. 60대 40 반응비율은 60대 40 보상비율에 따른 혼란스러운 습성강화를 보여준다. 반대로 포유류나 새들은 극대화전략을 선택하여 보상비율과는 전혀 무관한 행동패턴을 보여준다. 이러한 독자적인 반응은 어떠한 실천적 추론 — 즉, 가설을 세우고 실험하기— 이 작동한다는 것을 강하게 암시한다.

결론적으로 말해, 동물에게 정말 욕망이 있다면 실천적 추론을 해야 한다는 주장이 옳을 수 있다. 하지만 이러한 주장은 동물에게 욕망이 있다고 판단하는 데 어떠한 걸림돌도 되지 않는다. 동물도 수단-목적을 계산하는 실천적인 추론할 수 있음을 암시하는 강력한 증거는 매우 많기 때문이다(앞에서 든 예는 빙산의 일각에도 못 미친다). 적어도 양서류, 파충류, 조류, 포유류는 이러한 능력이 있다고 확신할 수 있다. 동물에게 욕망이 있다는 주장을 의심할 근거는 전혀 없다.

믿음

지금까지 논의한 바에 따르면 동물이 가질 수 있는 감정에는 통증, 공포, 불안, 고통, 쾌락, 행복, 즐거움, 욕망, 선호까지 포함되었다. 그렇다면 믿음은 어떨까? 동물에게 믿음이 있을까?

동물이 믿음이 있다는 사실은 확실히 명백해 보인다. 나무 위로 달아난 다람쥐를 쫓아 나무 밑에 앉아서 짖는 개를 생각해보자. 개는 다람쥐가 나무에 있다고 믿고 있지 않은가? 믿지 않는다면 개는 왜 나무를 올려다보며 짖을까? 다람쥐를 본 것일 뿐 그 존재를 믿는 것은 아니라고 말할 수도 있다.

이러한 개연성을 제거하기 위하여 개가 보지 못하는 사이에 다람쥐가 사라졌다고 생각해보자. 그러면 개는 이 나무 저 나무 뛰어다니며 짖어 댈 것이다(이는 자연스러운 행동이다. 내가 키우는 개들도 가끔씩 이런 행동을 한다. 물론 다람쥐보다는 덤불 속으로 사라져버린 토끼를 찾는 경우가 많지만). 이 경우 개는 다람쥐가 나무에 있다고 믿는 것 아닌가?

개는 믿을 수 없고, 또 믿지도 않는다고 주장하는 철학자도 있다.[4] 개는 다람쥐의 '개념'이 무엇인지 모르기 때문에 다람쥐에 대한 어떤 것도 믿을 수 없다고 말한다. 다람쥐의 개념이란 무엇일까? 기본적으로 다람쥐가 '무엇'이라는 핵심적인 정보를 구체적으로 나열한 문장일 것이다. 아마도 다음과 같은 문장들이 예가 될 것이다.

"다람쥐는 포유동물이다." "다람쥐는 털이 있다." "다람쥐는 네 다리가 있다." "다람쥐는 혈관을 타고 피가 흐른다." "다람쥐는 뼈가 있다."

이 밖에도 다람쥐를 정의하는 문장은 많다. 다람쥐가 무엇인지 알려면 이러한 것들을 알아야 한다고 많은 사람들이 주장한다. 이러한 문장들이 다람쥐라는 개념을 구체화하기 때문이다. (개별적인 사물을 지각^{percept}하여 얻은 추상적이고 보편적인 관념을 개념^{concept}이라 한다. 예컨대 만약 털이 나지 않거나 다리가 세 개밖에 없는 개별자(다람쥐)를 '지각'하더라도 우리는 보편적인 '개념'을 이용하여 이것이 다람쥐라는 것을 안다 - 옮긴이)

개가 다람쥐의 개념을 습득하려면 이러한 문장들 속에 구체화되어 있는 명제를 믿어야 한다. 다시 말해 개는, 다람쥐가 포유동물이라는 사실을 믿어야 한다. 혈관을 타고 피가 흐른다는 사실을 믿어야 한다. 털이나 뼈, 그 밖의 것들이 있다는 사실을 믿어야 한다. 만약 개가 이러한 사실을 믿지 못한다면 다람쥐에 대한 개념은 없는 것이며, 따라서 다람쥐에 대해 아무것도 믿지 못하는 것이다. 특히, 다람쥐가 '나무 위에' 있다고 믿지 못할 것이다(개가 나무에 대한 개념이 있는지 없는지도 똑같은 방법으로 따질 수 있다).

하지만 개는 대개 이러한 믿음을 갖지 못한다. 예컨대 개가 뼈의 개념이 무엇인지 알겠는가? 알지 못한다면 개는 다람쥐에게 뼈가 있다는 사실을 어떻게 믿을 수 있겠는가? 개가 포유동물이라는 개념이 무엇인지 알겠는가? 알지 못한다면 개는 다람쥐가 포유동물이라는 사실을 어떻게 믿을 수 있겠는가? 따라서 개는 다람쥐라는 개념을 알지 못한다. 다시 말해 개는 다람쥐에 대한 어떤 믿음도 없다는 뜻이다.

하지만 이러한 주장에 숨어있는 오류를 찾기는 어렵지 않다.

당신이 탐험가라고 가정해보자. 지금껏 발견되지 않았던 외딴 지역에 사는 부족과 마주치게 되었다. 이 부족은 어떤 외부사회와도 접촉이 없었다. 이 부족사람들을 카메라로 사진을 찍었더니 기겁을 하고 도망간다. 몇 달간 연구를 통해 당신은 그 이유를 나름대로 밝혀낸다. 부족사람들은 카메라가 영혼을 빼앗는다고 믿는다.

언젠가 들어본 적 있는 이야기일 것이다. 하지만 여기서 중요한 사실은, 당신이 내린 결론 역시 부족사람들의 믿음에 대한 '가설'에 불과하다는 점이다. 가설이 옳은지 그른지는 아무도 모른다. 옳다고 판명될 수 있으며, 또 옳은 것처럼 보이는 것에 불과하다.

잠깐 여기서 놓쳐서는 안 될 사실이 있다! 부족사람들은 카메라가 무엇인지 전혀 모른다. 카메라 내부에서 어떤 작동이 일어나는지, 카메라가 무엇에 쓰는 물건인지 모른다(당신의 가설이 옳다면 그들에게 사진은 '굳어버린 영혼'으로 여겨질 것이다). 부족사람들이 가진 카메라의 개념은 개가 가진 다람쥐의 개념보다 못하다. 따라서 카메라의 개념을 알지 못한다면 카메라에 대한 어떠한 믿음도 없을 것이다. 물론 카메라가 영혼을 뺏는다는 믿음조차 없다. 그렇다면 왜 그들은 카메라에 기겁을 했을까?

어디서부터 잘못된 것인가? 문제는, '우리가 아는' 카메라에 대한 개념만이 '유일한' 개념일 뿐이라고 생각하는 것이다. 결국 우리는 부족사람들이 믿는 '것'과 부족사람들이 믿는 '방식'을 혼동했던 것이다. 어떤 부족사람도 카메라에 대한 개념을 알지 못한다(알고 있다면, 놀라지 않았다). 그럼에도 그들은 카메라를, 자신들을 향해 초점을 맞추는 이 물건을, 자신들의 영혼을 훔치는 것이라고 믿는다. 우리는 그들이 카메라를 어떻게 생각하는지 확인할 수 없다. 다시 말해 그들이 가지고 있는 카메라의 개념이 무엇인지 모른다. 그럼에도 그 믿음이 카메라에 '대한' 믿음이라는 사실만은 분명히 알 수 있다.

개에게도 이러한 상황은 똑같이 적용된다. 개가 '우리가 아는' 다람쥐에 대한 개념을 갖고 있는지 없는지는 알 수 없다. 우리는 개가 다람쥐를 어떻게 생각하는지, 어떤 물건으로 대하는지 알지 못한다. 토끼나 다른 작은 동물들과 다람쥐를 구분해 인식할 수도 있겠지만, '먹을 수 있는 것-먹을 수 없는 것' 또는 '쫓을 수 있는 것-쫓을 수 없는 것'처럼 크게 나누어, 자신만의 기준으로 작은 동물들을 뭉뚱그려 구분할 수도 있다. 개가 다람쥐의 개념을 어떻게 설정했는지 우리는 모른다. 그럼에도 나무 위에 있는 다람쥐에 '대해', 아니 자신이 쫓는 이 물체에 '대해' 개가 생각하고 있다는 것은 분명히 알 수 있다.

개를 비롯하여 많은 동물들이, 우리와는 매우 다른 방식으로 세상을 바라볼 것이다. 따라서 그들의 믿음 또한 우리와는 매우 다를 것이다. 그래서 동물들이 사물에 대해 생각하는 '방식', 그들이 가지고 있는 사물의 개념을 이해하는 것은 쉽지 않다. 그럼에도 우리는 동물들에게 믿음이 있다는 '사실'은 물론, 그러한 믿음이 '무엇'에 관한 것인지 분명히 알 수 있다.

자율성

지금까지 주장을 요약하여 보자. 척추동물은 대부분 아픔을 느낀다. 또한 공포와 불안으로 고통 받고 쾌락과 행복을 즐긴다. 여기에 더하여 척추동물은 대부분 특히 양서류, 파충류, 조류, 포유류는 욕망, 선호(욕망의 한 가지 유형), 믿음이 있으며, 또한 적어도 초보적인 수준의 실천적 추론을 한다.

지금까지의 논의를 종합하자면, 동물은 자신이 원하고, 좋아하고, 믿는 것을 토대로 스스로 행동하는 능력이 있으며 이러한 욕망, 선호, 믿음과 자신의 행동을 일치시켜 조절해 나가기 위해 실천적 추론을 한다. 욕망과 믿음, 실천적 추론능력은 결국 개체마다 다르게 행동하도록 이끈다. 그리고 이러한 사실이 의미하는 바는, 난해한 철학적 용어로 정리하자면 많은 동물들에게 '자율성이 있다'는 것이다.

대개의 철학적 용어가 그렇듯이 자율성^{autonomy}이란 말도 그 의미가 다소 명확하지 않다. 적어도 두 가지 의미로 구분되어야 한다. 먼저 '소극적' 의미의 자율성이 있다. 소극적인 의미에서 자율적으로 행동한다는 것은 다음 세 가지를 의미한다.

1. 의도적으로 행동한다: 내가 원하는 방식대로 행동을 꾀하고 의도해야 한다. 자율적 행동이란 내가 의도한 것이지 우발적인 행위나 반사적인 반응을 의미하지 않는다.
2. 자신이 무슨 행동을 하고 있는지 이해한다: 전기충격치료법에 동의하는 서류에 서명하면서도 이 치료법의 결과가

무엇인지 모른다면 자율적으로 행동하는 것이 아니다.

3. 행동을 강제하는 외부의 영향을 받지 않는다: 누군가 머리에 총을 대고 강요해 한 행동은 자율적이라 할 수 없다. 내가 원하는 것이나 믿는 것을 위해 내 방식대로 행동해야 한다.

이러한 소극적 의미의 자율성에 비춰볼 때, 동물의 행동은 대부분 자율적이라는 것을 알 수 있다. 먹잇감을 향해 살금살금 접근하는 늑대는 의도적으로 행동하고 있으며, 자신이 무슨 행동을 하고 있는지 알고 있으며, 외부의 강제나 강요에 의해 행동하고 있지 않다. 믿음과 욕망이 있는 동물이라면, 또 자신의 믿음과 욕망에 기초하여 행동하면서도 적절한 실천적 추론의 방식에 따라 행동을 조절할 줄 아는 동물이라면, 소극적 의미의 자율성을 실현하는 능력이 있는 것이다. 따라서 이러한 유형의 자율성은 포유류나 조류, 심지어 파충류나 양서류까지도 구현할 수 있다고 분명히 말할 수 있다.

하지만 철학적 논의에서는 다소 고차원적 의미의 자율성이 등장하기도 한다. '적극적' 의미의 자율성은 의도적으로 행동하고, 자신의 행동을 이해하고, 외부의 강제나 강요 없이 행동하는 소극적 의미의 자율성에 특별한 한 가지 능력이 더 갖춰져야 한다. 자신이 행동하는 이유를 스스로 비판적으로 반추하거나 생각하는 능력, 특히 이러한 이유가 옳은지, 정당한지 판단할 수 있는 능력이다. 예컨대 내가 바라는 것을 토대로 행동할 뿐만 아니라, 내 바람이 진정으로 바라는 것인지 비판적으로 의심함으로써 진정한 바람을 원하는 마음으로 행동하는 것이다.

침팬지나 고릴라 같은 고등영장류들에게 예외가 있을지 모르지만(영장류에게서 발견할 수 있는 증거는 결정적이기보다는 가능성을 암시할 뿐이다), 동물은 대부분 적극적 의미의 자율성은 구현하지 못한다.

요약

지금까지 밝혀낸 모든 증거들은 대다수 척추동물들이 다양하고 복잡한 감정을 느낀다는 사실을 알려준다. 거의 모든 동물들이 통증, 공포, 불안과 같은 '불쾌한' 감정으로 고통스러워 하고, 쾌락과 같은 '유쾌한' 감정을 즐길 수 있다는 사실은 누구도 부인하기는 어렵다. 심지어 포유류, 조류는 물론, 파충류, 양서류까지 욕망과 선호의 감정이 있으며 이와 더불어, 적어도 초보적인 수준의 실천적 추론을 할 수 있다.

더욱이 욕망과 실천적 추론능력은 믿음 없이 가능하지 않다. 예컨대 자신이 원하는 먹이를 얻을 수 있다는 믿음이 없다면 먹이를 먹고 싶다는 욕망은 아무 의미가 없다. 마지막으로 포유류, 조류, 파충류, 양서류는 욕망과 믿음, 실천적 추론능력의 소유자로서 소극적 의미의 자율성을 구현할 수 있다고 여겨진다.

물론 대부분 이러한 주장을 당연한 것이라고 여길 것이기에, 지금까지 여러분들은 이를 논증하기 위해 30쪽이 넘는 긴 글을 골치 아프게 읽어야 했는지 의아해 할지도 모른다. 기본적으로 나도 그렇게 생각한다. 하지만 당연한 사실을 설명하기 위해 이렇게 오랜 지면을 할애한 이유는 너무도 많은 사람들이, 여전히 많은 사람들이 이렇게 당연한 사실을 사실로 받아들이지 않는 현실 때문이다.

동물은 생각하지도, 느끼지도 못하는 '물건'에 불과하며, 동물의 행동은 기계적 반사나 조건형성, 또는 '정신의 밖에 존재하는' 단순한 작용에 불과하다는 것이 오랜 과학의 정설이었다. 생각하거나 감정을 느끼기 위해선 말을 할 줄 알아야 한다면서, 따라서 말을 하지 못하는 동물은 생각도 느낄 수도 없는 물건에 불과하다는 것이 오랜 철학의 정설이었다. 오늘날 이러한 정설은 비상식적인 것으로 인식되고 있음에도 우리 사고방식에서 여전히 지워지지 않고 있다.

인간이 아닌 동물에게도 정신적 삶이 있다는 것은 도덕적인 관점에서 매우 중대한 발견이다. 이 발견이 뜻하는 것은 동물도 '정신적 주체'라는 사실이다. 동물의 삶에도 '내면'이 있다. 다시 말해 동물도 자신의 삶이 특정한 방식으로 나아가는 것을 인식한다는 뜻이다. 그 삶이 즐겁고 유쾌할 수도 있고 고통스럽고 불쾌할 수도 있다. 이는 매우 중요한 사실이다. '동물답게 살기 위한 어떤 것'이 있다는 뜻이기 때문이다.

동물에게 더 편안한 삶도 있고 불편한 삶도 있다. 동물에게 좋은 환경도 있고 나쁜 환경도 있다. 물론 생명이 없는 물건에게도 좋은 환경과 나쁜 환경이 있다. 예컨대, 내가 운전을 하다차를 벽에 박았다면 내 차는 나쁜 환경에 처했다고 말할 수 있다. 하지만 이것은 다른 문제다. 자동차는 이런 사태에 대한 어떠한 견해나 행동을 취하지 못한다. 자동차는 환경이 자신에게 유쾌한지 불쾌한지 인식하지 못한다. 하지만 동물은 인식한다.

이렇듯 자신의 삶이 편안한지 불편한지, 또는 유쾌한지 불쾌한지 인식하는 능력은 자동차에게는 없지만 동물에게는 있다. 이런 능력이 있다면 도덕적으로 가치 있는 존재가 되기에 충분하다고 나는 판단한다. 철학자들은 이것을 '도덕적 논의의 대상이 된다'고 말한다.

당신은 자신의 환경이 편안한지 불편한지, 또는 유쾌한지 불쾌한지 인식할 수 있는가? 그렇다면 당신은 도덕적으로 가치 있는 존재다. 그렇다면 사람들은 도덕적으로 당신을 배려할 의무를 갖는다. 어떤 판단을 하거나 행동을 할 때 자신의 행동이 당신에게 어떤 영향을 미칠지 고려해야 한다. 동물에게 정신적인 삶이 있다는 사실, 즉 자신이 처한 환경의 좋고 나쁨을 인식할 수 있다는 사실은 동물의 권리를 주장하는데 기반을 다지는 결정적인 첫 단서가 된다.

인간과 동물 사이에 많은 차이가 있지만
어떤 차이도 '도덕적으로 적절한 차이'는
아니다. 그러한 차이는 '어떤 종으로 태
어나느냐' 하는 것처럼 개인이 선택할 수
있는 것도 아니며, 지능처럼 기준 자체가
매우 임의적이기 때문이다.

2
–
도덕적 주체들의 모임

.
.
.

도덕모임의 회원자격

테니스공은 작고 둥글고 털이 있다. 토끼새끼들도 그렇다. 그러나 병적일 만큼 그릇된 신념을 가진 사람이 아닌 이상, 토끼새끼들로 테니스를 친다는 것은 생각만 해도 소름이 돋을 일이다. 이는 단순히 토끼가 땅에 잘 튀지 않아서가 아니다. 그것은 바로 조금이나마 도덕적인 가책을 느끼기 때문이다.

우리는 자신의 행동이 동물에게 주는 충격을 고려해야 한다고 생각한다. 공이 담장 밖으로 모두 넘어가 버렸다고 해서 가까이 있는 토끼새끼를 집어서 서브를 넣을 수는 없다. 그것은 도덕적으로 잔인한 행동이다. 누구나 이러한 인식에 동의한다. 이것이 바로 동물학대를 법으로 금지하는 기본적인 토대다.

이런 사고방식을 다른 말로 풀어보면 우리는 동물을 '도덕적으로 무시할 수 없는' 존재로 본다는 뜻이다. 도덕적으로 무시할 수 없다는 것은 도덕적으로 가치있다는 뜻이다. 따라서 우리는 자신의 행동을 선택할 때 동물을 고려해야 할 도덕적 의무가 있다.

좀더 명확하게 논의를 전개해나가기 위해 도덕을 어떤 '모임'

의 규범이라고 가정해 보자. 이 모임에 속하는 회원은 도덕적인 권리를 누린다. 배려 받을 권리가 있으며, 배려하는 마음에서 나오는 대우를 받을 권리가 있다. 회원은 행동할 때 다른 회원에게 미칠 영향을 고려해야 할 의무가 있다. 반면에 이 모임에 속하지 않는 비회원은 도덕적으로 가치가 없다. 비회원을 배려할 의무는 없다. 행동할 때 그들에게 미칠 영향을 고려하지 않아도 된다.

당연히 인간은 도덕모임에 속할 것이다. 모든 인간은 — 우리는 그렇게 믿고 싶어 한다 — 배려 받을 권리가 있으며, 따라서 우리 모두 다른 이들을 배려할 도덕적 의무가 있다.

반대로, 테니스공은 도덕모임에 속하지 않는다. 테니스공은 배려할 필요가 없다. 어떤 물건을 배려한다는 것은 최소한, 그것의 권익을 존중한다는 뜻인데, 테니스공은 그런 권익이 없다. 내 행동이 테니스공의 행복에 어떤 영향을 미칠지 고려하지 않아도 된다. 물론 '테니스공을 가지고' 무엇을 할 것인지는 고려해야 한다. 이러한 행동이 도덕모임에 속하는 이들의 안위에 영향을 미칠 수 있기 때문이다. 반면 '테니스공에' 무엇을 할 것인지는 고려할 필요가 없다.

토끼와 테니스공의 결정적인 차이는 물론, 의식^{consciousness}이다. 테니스공은 의식이 없지만 토끼는 의식이 있다. 토끼는 1장에서 설명한 바대로 삶의 질을 경험할 수 있다. 토끼는 자신의 삶이 좋은지, 나쁜지 인식할 수 있다. 하지만 테니스공은 그렇지 않다. 의식은 아마도 도덕모임에 무엇이 속하고 무엇이 속하지 않는지 판단하는 가장 중요한 기준이 될 것이다.

하지만 동물은 도덕모임에 속하기는 해도 2등급 지위를 갖는 것으로 보인다. 토끼이야기를 계속해 보자. 정말 윤회가 존재하여 당신이 토끼로 환생하였다고 가정해 보자. 윤회설에 따르면 이전 삶에서 방탕하게 살면 그렇게 될 수 있으니, 당신에게 충분히 일어날 수 있는 일이다.

어떤 사람이 3주 동안 계속 정기적으로 당신의 눈에 자극적인 물질을 떨어뜨린다. 극도로 불편한 상태로 3주를 보낸 후 곧바로 죽임을 당하면 그나마 행운이다. 그런 운도 없는 이들은 3주간의 투약이 끝난 뒤, 눈을 긁거나 손대지 못하도록 결박된 상태로 고통의 나날을 견뎌야 한다. 물론 마지막엔 죽임을 당할 것이다. 불쌍한 업보여! 나라면 차라리 테니스공으로 태어나는 것을 선택하겠다(자세한 실험 내용은 6장에서 설명한다).

동물은 도덕모임의 회원이다. 동물도 일종의 배려를 받을 가치가 있는 존재라고 우리는 인정한다. 하지만 동물은 도덕모임에서 철저하게 2등급 회원에 불과하다. 약간은 배려하지만, 인간만큼은 배려하지 않는다. 나는 동물에게 이러한 지위를 부여하는 것이 도덕적으로 부당하다는 사실을 이 책에서 입증하고자 한다. 기본적으로 도덕모임의 규범과 모순되기 때문이다.

도덕모임의 규범을 살펴보면 이 모임이 철저한 '평등주의'를 표방하고 있다는 사실을 알 수 있다. '모든 회원은 평등하다.' 그래서 한 회원을 다른 회원보다 덜 배려해도 된다는 주장은 일관성이 없는, 도덕적으로 받아들일 수 없는 주장이다. 의식이 있다는 이유만으로 당신은 도덕모임에 들어오는 행운을 얻었지만, 이 모임에서는 회원들 사이에 동등한 지위만 인정될 뿐이다.

도덕논증 : 선禪적인 접근

도덕모임에 관해 이야기할 때 누가 속하고 누가 속하지 않는지 판단하는 것은 다소 모호하다. 여느 모임과 마찬가지로 도덕모임 역시 현재 누가 회원인가, 또 앞으로 누가 회원이 될 수 있는가 하는 문제는 중요하다. 실제로 과거에는 백인에게만 회원자격을 부여하는 사교모임도 있었지만, 오늘날 백인이 아닌 사람은 '회원이 될 수 없다고' 공식적으로 표명하는 모임은 찾기 힘들다(물론 지금도 은밀하게 존재할지 모른다).

　도덕모임의 경우에도 누가 '현재 속해 있느냐'와 누가 '앞으로 속할 수 있느냐'는 중요한 문제다. 나는 앞에서 도덕모임에 들어오려면 '의식'이 필수자격이라고 말했다. 하지만 이 기준은 '현재 존재하는' 방식만 규정할 뿐 앞으로도 꼭 지켜져야 하는 규정이라고 말할 수는 없다. 실제로 이러한 자격제한은 가치 있다고 여겨지는 많은 것들을 배제하기 때문이다. 예컨대 천 년이 넘은 삼나무나 복잡하고 미묘한 생태계는 어떤가? 그러한 것들은 과연 도덕적으로 가치가 없는가? 그렇지는 않다.[5]

　다만 어떤 것이 도덕모임의 새로운 회원이 되어야 한다고 변론하고자 한다면, 다시 말해 도덕모임에 현재 속하지 않는 어떤 것이 '앞으로 속해야 한다고' 주장하고자 한다면, 이러한 주장은 보통사람들의 실질적인 도덕적 믿음과 원칙에 기반해야 한다고 나는 생각한다. 모임에 이미 속한 구성원의 자격이 타당한지 검증할 때에도 마찬가지이다. 내 생각에, 도덕적 주장이란 궁극적으로 우리가 믿는 기존원칙에서 나올 수밖에 없다. 또한 도덕논증은 ― 어떤 대상을 위한 도덕적 변론은 ― 우리가 가지고 있는 기존의 믿음을 있는 그대로 보여주는 작업에 불과하다. 물론 이는 생각만큼 쉽지 않은 작업이다.

많은 이들의 잘못된 인식 때문에 도덕논증은 최근까지 제대로 가치를 인정받지 못했다. 여기서 논증argument이란 의견의 충돌이나 치고받고 싸운다는 의미가 아니며, 논쟁을 뜻하는 것도 아니다. 철학에서 논증이란 근거를 대거나 증거를 인용하여 자신의 믿음을 뒷받침하는 과정을 의미한다.

하지만 많은 사람들이 도덕적 믿음은 논증으로 뒷받침할 수 없다고 생각한다. 흔히들 도덕은 '주관적'인 것이라고 말한다. 옳다 - 그르다는 판단은 사람의 감정이나 견해에 따라 달라지며, 그래서 도덕의 기준도 사람마다 다를 수 있다고 생각한다. 또한 도덕은 문화적으로 '상대적'이라고 말한다. 도덕적 규범과 기준이 사회마다 다를 수 있다는 것이다. 어떻든, 도덕논증이 우리 인식 속에 자리 잡을 수 있는 공간은 그다지 많아 보이지 않는다.

우선 도덕이 자신의 감정을 단순히 표현하는 것에 불과하다면, 나의 도덕적 믿음을 합리적으로 뒷받침할 필요가 없다. 아이스크림을 먹으면서 느끼는 '만족스럽다'는 감정이 왜 옳은지 증명하는 일은 무슨 소용이 있을까? 감정은 느끼든, 느끼지 않든 궁극적으로 개인의 것에 불과하다. 어찌 되었든, 감정은 적어도 정당화할 수 있거나 정당화해야 하는 것이 아니다. 마찬가지로 도덕적 기준이 어떤 사회에서 주도적으로 통용되는 규정에 불과하다면, 어떠한 도덕적인 주장이든 다음과 같은 단 한마디로 완전한 정당성을 갖게 될 것이다.

"잘 봐! 이게 바로 여기 규칙이야!"

나는 당연히, 도덕적 기준이 주관적일 수 없으며 상대적일 수도 없다고 생각한다. 사실, 도덕적 기준이 주관적이고 상대적이라고 생각해도 아무 상관없다. 도덕을 주관적이며 상대적인 것이라 믿는 사람들을 상대로 도덕논증을 펴는 방법을 나는 이 책에서 알려주고자 한다. 그들을 설득하려면 바람에 날리는 갈대처럼 유연해야 한다.

도덕논증을 하는 방법을 먼저 하나 살펴보자. 우선 '살인하지 말라'와 같은 보편적인 도덕률이나 원칙을 예로 든다. 이 도덕률은 어떤 특정한 사람에게만 적용되는 것이 아니기 때문에 보편적 규율이라 할 수 있다. 예컨대 '돌쇠를 살인하지 말라'처럼 특정 대상에게만 적용되는 규율이 아니다. 또한 '사무실에 있는 돌쇠를 칼로 찔러 살인하지 말라'와 같이 특정한 시간, 공간, 수단에만 적용되는 규율이 아니다.

이제 사람들에게 이 도덕률을 받아들이도록 한다. 사람들이 이 도덕률을 받아들이면, 특정한 사람에게 특정한 시간에 특정한 공간에서 특정한 수단으로 발생한 행동이 잘못이라는 것을 사람들에게 보여준다. 사무실에 있는 돌쇠를 칼로 찔러 살인했다면, 잘못된 행동이다. 왜 그런가? '살인하지 말라!'는 보편적 도덕률을 어겼기 때문이다.

하지만 내가 보기에 이런 방식의 도덕논증은 뭔가 투박하고 거칠어 보인다. 나의 심미적 감수성은 집어치우더라도, 이런 논증은 도덕을 주관적이고 상대적이라고 생각하는 사람들을 효과적으로 설득하지 못한다. 이런 방식으로 도덕논증을 하다 보면, 살인이 멋지고 고마운 일로 여겨지는 문화에 대한 장황한 설명을 들어야 하는 상황에 빠질 확률이 높다.

아무도 이성적으로 이의를 제기하지 못하는 보편적 규율과 원칙에 의존하여 도덕의 정당성을 입증하려는 시도는 늘 이런 문제에 봉착한다. 보편적 원칙은 이따금씩 반박과 마주치며, 또한 그러한 반박은 매우 타당할 때가 많다. 도덕철학의 역사가 우리에게 가르쳐 주는 교훈이 있다면 바로 이러한 사실이다.

이 상황처럼 난데없는 문화인류학 설교를 듣고 싶지 않다면, 좀더 세련되고 효과적인 논증전략을 찾아야 한다. 그것은 바로 '상대방의 주장을 이용하여 논증을 펼치는' 것이다. 이런 전략을 이용하면 보편적 도덕원칙을 상대방에게 주입하기 위해 노력할 필요가 없다. 상대방이 믿는 보편적 도덕원칙이 무엇인지 알아낸 다음, 그 원칙을 그대로 적용하기만 하면 된다. 의외로 사람들의 주장 속에는 역으로 이용할 수 있는 것이 매우 많다.

예를 들어보자. 당신은 여러 가지 근거를 토대로 X를 믿고 있으며, 상대방에게 X가 옳다는 것을 납득시키고자 한다. 하지만 자신의 주장을 내세우기보다 먼저 상대방이 무엇을 믿는지 알아내야 한다. 이제 상대방이 Y를 믿는다는 것을 알아냈다. 당신이 Y를 믿든 안 믿든 중요하지 않다. 어쨌든 당신은 Y를 이용할 수 있다.

가장 간단한 경우라면 'Y를 믿는다면 X도 믿어야 한다'라고 주장할 수 있을 것이다. 논리적으로(완벽하지 않더라도) Y 속에 X가 포함되어 있는 경우에는, 상대방은 결국 X도 믿을 수밖에 없다. 이를 거부한다면 상대방은(논리적으로나 이성적으로나) 일관성이 없는 것이다.

하지만 이렇게 쉽게 풀리는 경우는 많지 않다. Y와 X를 직접 연결지을 수 없을 때가 많다. 하지만 Y 속에 Z가 포함되어 있으며, Z 속에 X가 포함되어 있다는 것을 증명할 수도 있다. 결국 또다시, 상대방이 Y를 믿는다면 일관성 있게 X도 믿어야만 한다. 논리적인 경로가 아무리 복잡하다고 해도 결과는 같다.

이러한 논증에 성공했을 때 상대방은 선택의 기로에 직면한다. '당신의 주장 X를 받아들여야 하느냐, 아니면 자신의 기존 믿음 Y를 버려야 하느냐.' Y는 여전히 간직한 채 X는 받아들이지 않는다면, 앞뒤가 맞지 않는 비이성적인 사람이 되고 만다. 따라서 Y가 상대방이 진정으로 지키고자 하는 믿음일 경우, 설득전략은 가장 큰 효과를 발휘한다. 상대방이 가장 소중하게 여기는 믿음에 다가설수록, 그런 믿음을 이용할수록, 설득할 확률은 더 높아진다.

이러한 설득전략이 어떻게 가능할까? 사람들은 자신의 믿음이 함축하는 의미가 무엇인지 제대로 음미하지 않으며, 따라서 정확하게 파악하지 못하는 경우가 많기 때문이다. 우리의 믿음은 대부분 복잡하기 때문에 그 의미를 완전히 파악하기 어렵다. 따라서 자신의 믿음이 어떤 결과로 이어지는지 치열하게 헤아리지 못한다.

이러한 문제는 개인뿐만 아니라 집단에서도 나타난다. 어떤 집단이나 공동체도 믿음을 가질 수 있다. 좀 이상하게 들릴지 모르겠지만 이 말은 한 집단에 속해 있는 다수의 개인들이 신봉하는 믿음이 존재하며, 그러한 믿음에 따라 집단의 풍습이나 관례가 생겨난다는 뜻이다.

개인과 마찬가지로 집단의 믿음 역시 깊이가 다를 수 있다. 어떤 믿음은 별다른 어려움 없이 내치는, 상대적으로 표면적인 것일 수 있는 반면, 어떤 믿음은 집단의 핵심까지 뿌리내린 것일 수 있다. 이처럼 깊이 박혀 있는 믿음은 사실상 완전히 다른 형태의 집단으로 교체되지 않는 한, 버리지 못하는 믿음이다.

또한 개인과 마찬가지로 집단도 자기 믿음의 모든 논리적 귀결을 이해하지 못할 때가 있다. 가장 기본적인 믿음조차 모순되는 경우도 많다. 그래서 집단도 개인과 마찬가지로 잘못된 믿음으로 파멸을 재촉할 수 있다.

이 장과 다음 장에서 나는 동물권을 뒷받침하기 위한 도덕논증을 전개할 것이다. 하지만 여러분이 원치 않는 도덕률이나 원칙을 강요하지 않을 것이니 안심하라. 오히려 우리가 이미 수긍하고 있는 원칙에 대해서만 이야기할 것이다. 우리 도덕공동체에 깊이 새겨져 있으며, 따라서 우리 개개인의 도덕의식 속에 깊이 새겨져 있는 보편적인 도덕원칙을 이야기할 것이다. 다만 이러한 원칙이 초래하는 결과, 즉 논리적으로 이어지는 결과를 우리가 제대로 파악하지 못하고 있을 뿐이다.

이 과정에서 여러분은 동물에 대한 우리의 의무, '도덕적 의무'가 우리가 생각하는 것보다 훨씬 근본적이라는 사실을 깨닫게 될 것이다. 우리가 지금 동물을 취급하는 방식이나 태도가 우리 자신의 도덕공동체를 형성하는 근본적인 도덕원칙과 상응하지 않는다는 뜻이다. 일관성을 지키기 위해서 우리는 동물에 대한 행동과 태도를 바꿔야 한다. 그렇다면 누구나 수긍하는 근본적인 도덕원칙이란 무엇일까? 다음 두 가지다.

1. 평등원칙$^{principle}_{of\ equality}$: 모든 사람은 평등하게 태어났다.[6]
2. 응보원칙$^{principle}_{of\ desert}$: 개인이 통제할 수 있는 범위를 넘어선 것 때문에 그 사람을 비난해서는(또 칭찬해서는) 안 된다.

나는 우선 이 원칙들을 자세히 설명할 것이다. 이 원칙을 제대로 이해하기만 하면, 또 이 원칙이 무슨 의미인지, 이 원칙이 어디서 유래하는지 이해한다면, 동물을 취급하는 우리의 방식을 근본적으로 바꿀 수밖에 없다는 것에 동의하게 될 것이다.

동물은 도덕모임에 가입비를 낸 정회원이다. 동물은 도덕모임의 회원으로서 지켜야 할 의무를 모두 수행한, 우리와 동등한 회원이다.

평등하다는 말의 진정한 의미

사람은 누구나 평등하게 태어났다고 흔히 말한다. 이 말은 무슨 뜻일까? 누구나 동등한 사회적 지위나 경제적 계급을 타고났다는 뜻일까? 분명 그런 뜻은 아니다. 어떤 이들은 태어날 때부터 금숟가락을 빨지만 보통사람들은 대부분 그렇지 못하다. 그렇다면 누구나 동등한 소질과 능력을 타고났다는 뜻일까? 동등한 지능을 타고났다는 뜻일까? 물론 그런 뜻도 아니다. 우리는 제각각 다른 능력을 타고난다. 어떤 이들은 운동을 잘해서 엄청난 인기를 누리는 반면 대부분 그렇지 못하다. 어떤 이들은 아인슈타인이나 베토벤이 되지만 과학이나 음악에 전혀 소질이 없는 사람도 있다.

좋든 싫든, 사람은 제각각 다른 모습, 다른 몸집, 다른 체력, 다른 지능, 다른 창조성을 가지고 태어난다. 어떤 이들은 감탄이 절로 날 만큼 잘생겼는가 하면, 어떤 이들은 체력이 남보다 월등하고, 어떤 이들은 지능지수가 153이나 된다. 사람들은 대부분 그런 행운을 가지고 태어나지 못한다. 우리는 모두 다르다. 이러한 것들은 본래 타고나는 천부적인 특성이다. 그러면 우리는 모두 평등하게 태어난다는 생각은 어디서 나온 것일까?

실제로 이렇게 수많은 차이가 있음에도 우리가 평등하다는 관념은 전혀 훼손되지 않는다. 모든 사람이 평등하다는 주장이 어떠한 신체적, 지능적, 예술적 능력을 말하는 것이라면 이는 거짓이 분명하다. 여기서 평등이란 능력의 평등이 아니라 도덕적 평등moral equality을 의미한다.

물론, 도덕적으로 평등하다는 말은 모든 이들이 도덕적으로 동등하게 선하거나 악하다는 뜻이 아니다. 남보다 훨씬 더 선하거나 악한 사람이 분명 있다. 예컨대, 테레사 수녀나 가톨릭교회 성인들처럼 아주 선한 사람이 있거나 히틀러나 폴 포트처럼 아주 악한 사람도 있다. 보통사람들은 이 둘 사이 어딘가에 위치할 것이다. 따라서 도덕적 평등이란 말은 이런 의미에서 모든 사람들이 도덕적으로 동등하다는 의미가 아니다. 착한 사람도 있고 나쁜 사람도 있다. 모든 사람들이 똑같이 착하거나 나쁘다는 뜻이 아니다.

사실 도덕적 평등은 현 세계를 '묘사'하는 말이 아니다. 도덕적 평등은 세상이 '현재 어떠한가'를 말하는 것이 아니라 세상이 '앞으로 어떻게 되어야 하는가'를 말한다. 이러한 물음은 현재 모습을 묘사하는 것이 아니라 앞으로 나가야 할 방향을 '처방'한다(우리에게는 항상 두 가지 근본적인 물음이 따라붙는다. 하나는 '내가 경험하는 세계를 어떻게 이해해야 하는가?' 다른 하나는 '그러한 세계 속에서 나는 어떻게 살아야 하는가?' 하는 궁금증이다. 전자는 이론적 물음이며 이에 대한 묘사적 해답이 필요하다. 이는 이미 존재하는 사실을 이야기하는 것이며 참-거짓으로 판단할 수 있다. 후자는 실천적 물음이며 이에 대한 규범적 해답이 필요하다. 이는 앞으로 나아가야 하는 당위를 이야기하는 것이며 옳다-그르다로 판단할 수 있다 - 옮긴이).

이제 다소 모호하지만 어렴풋하게나마 감을 잡을 수 있을 것이다. 도덕적 평등이란 모든 사람이 '동등하게 배려받을' 가치가 있다는 뜻이다. 반복하여 말하지만, 이는 현 세계의 모습을 묘사하는 것이 아니다. 실제로는 많은 사람들이 평등하게 대우 받지 못하고 있다. 그보다 이 말은 사람들에게 주어진 도덕적 권리가 무엇인지 알려준다. 평등원칙을 제대로 풀어 쓰면 다음과 같다.

"사람은 누구나 다른 사람들을 배려하는 만큼 자기도 배려받을 권리가 있다."

물론 이는 전혀 다듬지 않은 정의이다. 모든 사람을 동등하게 배려하라는 것은 무슨 의미인가? 이는 쉬운 문제가 아니다. 나 역시 온전한 해답이 무엇인지 감조차 잡을 수 없다. 내가 분명히 말할 수 있는 것은, 아무도 그 해답을 모른다는 것이다. 하지만 모든 사람을 동등하게 배려하라는 말은 적어도, 모든 사람들의 이해관계를 적당히 반영하라는 뜻으로 해석할 수 있다. 우리는 모든 이들의 이익 또는 관심사를 고려해야 한다.

우리는 모두 자신만의 이익을 추구한다. 생명을 부지하고, 건강을 유지하고, 건강을 되찾고, 짝을 찾고 싶어 한다. 그 밖에 많은 것들을 추구한다. 우리가 알든 모르든, 모든 개개인은 수천, 아니 수백만 가지 이익을 언제나 추구한다. 물론 그 모든 것이 만족될 수는 없다. 나에게 가장 큰 이익은 어떤 직장에서 일자리를 얻는 것인데, 당신도 그 일자리에 눈독을 들일 수 있다. 분명한 사실은 우리 중 적어도 한 명은 좌절한다는 것이다. 따라서 모든 이익을 적절한 비중으로 배려하라는 말은 모든 사람의 이익을 만족시키기 위해 노력하라는 뜻이 아니다. 그것은 불가능하다.

이는 또한 모든 사람을 동등하게 대하라는 요구도 아니다. 사람마다 추구하는 이익이 다를 수 있기 때문이다. 당신은 오페라에 관심이 있지만, 나는 진흙레슬링에 관심이 있다(다시 말해 오페라는 나의 이익에 도움이 되지 않는다). 따라서 평등원칙은 오페라에 대한 나의 관심을 고려하라고 요구하지 않는다. 내가 오페라에 관심이 없다는 단순한 이유 때문이다.

마찬가지로 어떤 이는 겸상적혈구빈혈(흑인에게만 나타나는 유전병)을 유발하는 유전자를 찾아내는 데 관심이 있지만, 그런 유전자가 나에게는 있을 리 없다는 사실을 알기 때문에(그 유전자 검사를 받는 '사람'에게 관심이 있을지 몰라도) 겸상적혈구빈혈에 나는 관심이 없다. 사람마다 관심사는 다양하고, 그 까닭도 다양하다. 따라서 평등원칙을 적용한다고 해도 도덕적으로 정당한 구체적인 대우는 사람마다 달라진다.

평등원칙은 사람들이 제각각 추구하는 이익을 염두에 두라고 요구할 뿐이다. 하지만 사람들이 추구하는 이익이나 관심사는 다를 수 있다. 따라서 평등원칙은 모든 사람을 동등하게 대우하라는 말이 아니다.

하지만 모든 사람들의 이익을 적절하게 배려하려면 어떻게 해야 할까? 그 행동이 무엇인지 정확하게 규정하는 일부터 난관에 봉착한다. 많은 철학자들이 오랫동안 이 문제에 대한 수많은 견해를 밝혀 왔다. 지금도 도덕이론마다 무엇이 평등원칙에 부합하느냐 하는 문제에 제각각 다른 해답을 내놓고 있다. 다행스러운 사실은, 우리가 그 해답을 모두 알 필요는 없다는 것이다.

우리 논의를 이어나가기 위해서는, 평등원칙에 어긋나는 것이 무엇인지만 알면 된다.

평등원칙에 어긋나는 것은 '어느 한 개인의 이익을 전체 이익을 위해 무시하는 행위'다. 다시 말해 어느 누구라도 개인의 관심이 무시되면 안 된다는 뜻이다. 예컨대 내가 당신을 싫어한다고 해서, 또는 당신의 태도가 마음에 들지 않는다고 해서 내가 당신의 이익을 완전히 무시하고 깔봐도 된다는 주장은 성립할 수 없다. 그런 행동은 평등원칙을 부정하는 것이다.

물론, 사람들이 이익을 충족시키는 권리를 법적으로 막아버리는 경우도 있다. 예컨대 어떤 사람이 마약범죄를 저질렀다면, 당연히 우리는 그의 이익을 어느 정도 무시해도 된다고 생각한다. 물론 이것도 복잡한 문제다. 예컨대 자유로워지고 싶어 하는 죄수들의 관심을 우리가 제대로 고려하지 않는 것은, 그들이 투옥되어 있다는 단순한 이유 때문일까? 아니면 안전하게 지내고 싶어 하는 대중의 관심이 그들의 관심보다 더 소중하기 때문일까? 이는 두 이익을 적절한 비중을 두고 고려하여 합리적으로 판단한 결론일까? 난해한 문제다.

하지만 우리가 이 문제를 풀어야 할 필요는 없다. 동물권을 논증하기 위해서 우리가 해야 할 일은, 어떤 사람의 이익을 동등하게 배려해서는 안 되는 경우가 있다면, 그것은 언제나 자신이 한 일, 자신이 책임져야 하는 일의 결과여야 한다는 원칙을 기억하는 것이다(책임에 관한 문제는 이 장의 마지막 부분에서 깊이 살펴본다).

평등원칙이 중요한 이유

결국 평등원칙은 모든 사람의 이익을 동등한 비중으로 배려하라는 것이다. 평등원칙이 어떻게 하라고는 알려주지 않지만, 어떻게 '하지 말라'는 분명히 알려준다. 어느 한 개인의 이익이라도 전체를 핑계로 묵살하지 말라는 것이다. 적어도 자신이 한 일이나 자신에게 책임이 있는 일과 무관한 이유로 그런 대우를 받아선 안 된다. 그렇다면 우리는 왜 평등원칙에 동의해야 하는가?

어느 주제에서나 의견이 좀처럼 일치하지 않는 도덕철학자들조차 평등원칙이 타당한 도덕원칙이라는 주장에는 전적으로 동의한다. 왜 그럴까? 그것은 바로 평등원칙이 도덕의 근본원칙, 철학적으로 말해서 '도덕적 사고의 본질'과 밀접하게 연관되어 있기 때문이다. 본질이라고 하는 것은, 이 근본원칙을 부정하면 도덕이라는 것 자체가 성립될 수 없다는 뜻이다. 평등원칙의 토대가 되는 근본원칙을 쉽게 풀어보자면 다음과 같다.

"적절한 차이가 없으면 도덕적 차이도 없다."

좀 난해하게 들릴 수도 있겠지만 사실은 아주 간단하다. 예를 들면 이해하기 쉽다. 히틀러는 도덕적으로 악한 사람의 전형적인 예라 할 수 있다. 실제로 그는 매우 악한 사람이었다. 무엇이 히틀러를 악하게 만들었을까? 윤리학의 전통에 따라 다양한 답이 나올 수 있다. 두 가지 답을 들어보자.

결과론consequentialism은 행동의 결과에 중점을 둔다. 결과론적 도덕이론에 따르면 어떤 행동의 옳고 그름은 오로지 그 행동의 결과에 의해서만 판단할 수 있다. 따라서 결과론자들은 히틀러의 행동이 그토록 끔찍한 결과를 낳았기 때문에 악한 사람이라고 여긴다.

이와 달리 의무론^{deontology}은 행동을 한 사람의 의도에 중점을 둔다. 의무론적 도덕이론에 따르면 어떤 행동의 옳고 그름은 오로지 행동을 한 사람이 조금이나마 가졌을 의도에 의해서만 판단할 수 있다. 따라서 의무론자들은 히틀러가 행동을 할 때 조금이라도 가졌을 나쁜 의도나 동기 때문에 악한 사람이라고 여긴다.

결과론과 의무론 사이에 무엇이 옳은지 고민할 필요는 없다. 여기 한 사람이 있다고 가정해 보자. 이 사람은 히틀러와 똑같은 행동을 하며, 행동하는 의도도 히틀러와 똑같고, 결과도 똑같다. 이 사람은 세계전쟁을 일으켰고 6백만 명을 가스실로 보냈으며, 그 밖에도 여러 가지 히틀러와 똑같은 일을 했다. 또한 히틀러와 한 치의 차이도 없이 똑같은 이유로 그런 행동을 했다. 다시 말해 행동을 한 동기도 히틀러와 똑같다.

이 경우, 히틀러는 악했지만 이 사람은 악하지 않다고 말할 수 있는가? 전혀 말이 되지 않는다. 히틀러가 악하다면, 또한 이 사람도 히틀러와 똑같은 이유로 똑같은 일을 했다면, 이 사람도 당연히 '악해야' 한다. 히틀러는 악하지만 이 사람은 그렇지 않다고 말한다면, 자기모순에 빠지는 것이다.

도덕적인 평가를 내릴 때, 즉 어떤 것이 도덕적으로 선한지 악한지 또는 가치중립인지 판단할 때 결과가 달라지려면 행위의 질에서 차이가 나야 한다. 실제로 행위의 질에서 차이가 나야 할 뿐만 아니라 이러한 차이가 '적절한' 것이야 한다. 히틀러 하면 떠오르는 콧수염이 이 사람에게는 없다는 이유로 다르게 평가해서는 안 된다. 외모의 차이는 도덕적 평가에서 적절한 차이가 아니다. 이 사람이 잔학행위를 유럽이 아니라 동아시아에서 저질렀다고 해서 다르게 평가해서는 안 된다. 지리적 차이역시 도덕적 평가에서 적절한 차이가 아니다. 이 사람이 남자가 아니라 여자라면, 성별 역시 도덕적 평가에서 적절한 차이가 아니다.

물론 우리는 사람만 도덕적인 잣대로 평가하지 않는다. 행동, 규칙, 의견, 제도, 풍습도 도덕적으로 평가할 수 있다. 하지만 무엇을 평가하든 핵심은 같다. 적절한 차이가 없다면 도덕적 평가도 달라져서는 안 된다. 행동을 예로 들어보자. 두 사람이 똑같은 상황에서, 똑같은 이유로, 똑같은 일을 해서, 똑같은 결과를 낳았다. 이때 한 행동은 선하고 나머지 한 행동은 악하다고 말하는 것은 전혀 타당하지 않다. 한 행동이 선하다면 다른 행동도 선해야 한다. 한 행동이 악하다면 역시 다른 행동도 악해야한다.

이처럼 '적절한 차이가 없으면 도덕적 차이도 없다'는 원칙은 어디에나 적용할 수 있다. 사람, 행동, 규칙, 제도, 동기, 관습, 버릇, 어느 것이든 도덕적 잣대를 들이댈 수 있다면 이 원칙을 적용할 수 있다.

따라서 두 사람을 대하는 방식에 차별을 두고 싶다면, 특히 두 사람에게 배려와 존경을 다르게 배분하고 싶다면, 둘 사이에 존재하는 '도덕적으로 적절한 차이'를 지적할 수 있어야 한다. 물론 도덕적으로 적절한 차이를 어떤 기준으로 판단할 것인가 하는 문제에는 다양한 견해가 존재한다.

예컨대 아리스토텔레스나 니체와 같은 철학자들은 '완벽주의자perfectionist' 라고 할 수 있는데, 이들은 탁월함excellence을 도덕적으로 적절한 기준이라고 생각했다. 그래서 니체가 즐겨 사용하던 예를 들면, 아인슈타인, 모차르트, 괴테 같은 사람들은 보통사람들보다 특별한 배려를 받을만한, 다시 말해 더 많은 도덕적 권리를 갖는 사람들이다. 탁월하다는 것은(아리스토텔레스와 니체가 규정한 의미에서) '더 선하기' 때문이다. 실제로 얼마 전까지만 해도 많은 사람들이 인종과 성의 차이가 도덕적으로 적절한 차이라고 생각했다(인간이 추구해야 할 최고의 가치, 즉 최고선 the greates good 은 무엇인가? 아리스토텔레스는 '인간만이 할 수 있는 것(즉, 이성판단)을 잘하는 능력'이라고 했다. 니체는 '자신의 본성을 초월하여 새로운 위대한 경지에 도달하는 능력'이라고 했다. 이러한 최고선(삶의 목표)을 얼마나 성취하였는가에 따라 이들은 인간의 선악을 구분했다. 니체가 높이 평가한 초인은 짜라투스트라, 괴테, 바그너 등이 있다 - 옮긴이).

하지만 민주적 이상이 발전함에 따라 우리의 견해도 달라졌다. 오늘날 아리스토텔레스나 니체처럼 생각하는 사람은 거의 없다(적어도 많은 사람들이 그렇게 생각하지 않기를 바란다). 뒤에서 살펴보겠지만 이러한 변화에는 타당한 이유가 있다. 모든 사람이 도덕적으로 평등하다는 것, 다시 말해 모든 사람이 동등하게 배려받을 자격이 있다는 생각은 두 가지 관념에서 비롯된다. '적절한 차이가 없으면 도덕적 차이도 없다'는 주장과 '사람들 사이에 도덕적으로 적절한 차이는 전혀 존재하지 않는다'는 믿음이다. 지금으로선 이러한 사실만 기억해두어도 좋다.

　이는 평등원칙이 아주 튼튼한 기초 위에 서 있다는 뜻이다. 앞에서 말했듯이 도덕철학자들이 모두 동의하는 견해는 좀처럼 없다. 하지만 '적절한 차이가 없으면 도덕적 차이도 없다'는 원칙에 이의를 제기하는 사람은 한 명도 없다. 이 원칙이 도덕적 사고의 본질이기 때문에, 이 원칙 없이는 도덕이란 것을 상상조차 할 수 없기 때문이다.

도덕원칙의 적용

'적절한 차이가 없으면 도덕적 차이도 없다'는 생각은 도덕원칙이 어떻게 작용하는지 보여주는 정말 훌륭한 예를 제공한다. 이 원칙을 논리적으로 분석하거나 증명해 본 사람은 별로 없을 것이다. 이 원칙은 우리의 도덕적 사고의 골격을 형성하지만 눈에 띄지 않게 작동하기 때문에 잘 드러나지 않는다. 이처럼 '도덕원칙의 원칙(메타도덕원칙)'은 겉으로 드러나지 않기 때문에 그 원칙이 무엇인지, 또한 그로 인한 결과가 무엇인지 제대로 이해하지 못하는 경우가 많다.

　이러한 도덕원칙은 동물에 어떻게 적용될까? 동물권에 대한 논증에 평등원칙을 우선 적용해보자. 평등원칙은 다음과 같다.

전제1: 인간은 동등한 배려를 받을 권리가 있다.

이 평등원칙에 기초가 되는, 앞에서 논의한 원칙, '적절한 차이가 없으면 도덕적 차이도 없다'를 덧붙여보자. 그러면 다음과 같은 모양이 될 것이다.

전제2: 두 집단 구성원 사이에 적절한 차이가 없으면 두 집단 구성원들이 가진 권리에는 어떤 차이도 없다.

다시 말해, 한 집단의 구성원들이 배려 받을 권리가 있다면, 또 이 집단과 도덕적으로 적절한 차이가 없는 집단이 존재한다면, 이 집단의 구성원들도 같은 배려를 받을 권리가 있다. 그러면 여기에 논쟁적인 전제를 하나 덧붙여보자.

전제3: 인간과 인간이 아닌 (많은)동물 사이에 도덕적으로 적절한 차이가 없다.

아무도 첫 번째 전제에 이의를 제기하지 못했다. 평등원칙은 우리의 도덕적 사고의 근본이기 때문이다. 또한 아무도 두 번째 전제에 이의를 제기하지 못했다. '적절한 차이가 없으면 도덕적 차이도 없다'는 원칙에 기반하여 평등원칙을 논리적으로 확장한 것에 불과하기 때문이다. 그리고 세 번째 전제를 받아들인다면 다음과 같은 결론을 얻을 수 있다.

결론: 인간이 아닌 (많은)동물들도 인간에게 베푸는 것과 동등한 배려를 받을 권리가 있다.

물론 여기서 문제는 전제 3이다. 많은 사람들이 이 주장은 틀린 것이라고 생각할 것이다. 어쨌든 인간은 동물과 매우 다르며, 동물이 할 수 없는 것을 인간은 할 수 있다. 여러 측면을 고려할 때 전제 3은 틀린 주장이고 따라서 이 논증은 성립하지 않는다.

하지만 나는 전제 3이 참이라는 것을 입증할 것이다. 인간과 동물 사이에 많은 차이가 있다 하더라도 이는 '적절한 차이'가 아니며 동물에게 어느 정도 배려와 존중을 하는 것이 마땅한지 보여주는 차이도 아니다. 따라서 우리는 다음 두 가지 질문을 해야 한다.

1. 인간과 동물 사이에 주요한 차이는 무엇인가?
2. 이러한 차이는 도덕적으로 적절한 것인가?

'인간'은 도덕적으로 적절한 기준일까?

우리와 다른 동물들 사이의 가장 명백한 차이는, 엄밀하게 말해서 그들은 인간이 아니라는 사실이다. 우리는 인간이고 그들은 인간이 아니다. 하지만 이러한 차이는 도덕적으로 적절한 요인일까?

이 차이가 도덕적으로 적절한 요인이라고 보기는 힘들다. 종種구성은 궁극적으로 유전의 문제이다. 다시 말해 내가 어느 종에 속하느냐 하는 문제는 어떤 유전자를 가지고 태어나느냐에 따라 결정된다. 내가 다른 종이 아닌 인간이 될 수 있었던 것은 특정한 유전자의 묶음, 어떤 유전적 특성을 가졌기 때문이다.

물론 유전자는 도덕적으로 적절한 요인이라고 보기 힘들다.

예컨대 내가 백인인가 흑인인가 하는 문제는 유전자에 의해 결정된다. 따라서 유전적 차이가 도덕적으로 적절한 차이가 아니라는 사실을 부인하는 사람은 없을 것이다. 내가 인간인가 동물인가 하는 문제 역시 유전자에 의해 결정되는데, 이 경우에만 유전자가 도덕적인 요인으로 간주되어야 할 이유는 없다.

예컨대 다른 행성에 지능이 있는 생명체가 있다고 가정해보자. 우리는 〈스타트렉〉 같은 공상과학영화를 보면서 다양한 종의 외계인이 있을 수 있다는 상상을 한다. 아마도 우리보다 더 발전하여 훨씬 훌륭한 사회와 문화를 구성하고 있을지도 모른다. 하지만 나에게 지금 중요한 것은, 외계인이 있느냐 없느냐 하는 '사실'이 아니라 어떻게 행동할 것인가 하는 '원칙'이다. 그런 외계종이 있다면 그들이 인간이 아니라는 이유만으로 도덕적 권리가 없다고 말할 수 있을까? 이론적으로 설득하기는 힘들 것이다.

〈스타트렉〉에 등장하는 데이타는 인조인간이라는 이유만으로 어떠한 도덕적 권리도 누리지 못한다고 주장할 수 있을까? 워프는 클링온 외계에서 왔다는 이유만으로 어떠한 권리도 갖지 못한다고 주장할 수 있을까? 또다른 공상과학영화의 주인공 ET는 어떨까? 내가 이야기하고자 하는 것은 이러한 허구적 인물이 존재하느냐 존재하지 않느냐 하는 문제가 아니다(내가 철학자라 하더라도 그 정도까지는 미치지 않았다!). 내가 이야기하고 싶은 것은, 어느 종에 속하느냐 하는 문제가 권리의 유무를 결정하는 중요한 요인이라면 우리가 당연히 도덕적 권리를 가지고 있다고 간주하는 이와 같은 생명체들까지 모조리 배제하게 된다는 것이다. 이는 받아들이기 힘든 부당한 일이라 여겨진다. 그런 생명체가 존재한다는 말이 아니라, 그런 생명체가 존재한다면 배려와 존중을 받을 가치가 있는 개별자가 되기 위해 우리는 그들과 경쟁을 하게 될지 모른다는 말이다. 인간이 아니라는 이유만으로 그들의 도덕적 지위를 무시하는 것은 이치에 맞지 않는다. 이는 인간인가 아닌가 하는 것이 도덕적으로 결정적인 요인이 아니라는 뜻이다.

약간 다른 방식으로 접근해보자. 다음과 같이 가정해보자.

당신이 유전적 돌연변이라는 사실이 밝혀졌다. 외모나 행동은 인간과 똑같지만, 인간과는 근본적으로 다른 유전적 특질을 가지고 있다는 사실이 밝혀진 것이다. 이 유전적 특질은 너무나 유별나서 사실상 인간이라 할 수 없다고 과학자들은 말한다. 예컨대 〈닥터모로의 DNA〉에 나오는 '짐승인간'과 비슷한 존재라 할 수 있다. 실제로 당신은 인간이 아닌 동물의 난자에 수정되어 태어났다. 그리고 유전자조작, 해부, 수술, 그 밖의 여러 개량 작업을 통해 인간과 같은 외모와 행동과 느낌을 갖는 존재가 되었다. 하지만 출생의 비밀을 전혀 알지 못한 채, 지금껏 자신이 인간이라고 생각하며 살아왔다.

이제 당신은 인간이 아니다. 따라서 어떠한 도덕적 지위도 가질 수 없다. 인간으로서 주어지던 배려는 그동안 부적절하게 적용된 것이었으며, 따라서 그러한 배려는 이제 거둬들이겠다고 하면 수긍하겠는가? 받아들이지 못할 것이다. 당연한 일이다.

유전적 신분이 밝혀졌다고 해도 당신은 예전과 똑같은 존재이며, 과거에 자신에 대해 갖던 인식은 아직 분명히 남아 있을 것이다. 변한 것이 있다면 당신이 속하는 생물학적 범주를 깨달았다는 것뿐이다.

하지만 이러한 변화는 당신에게 있던 정체성까지 바꾸지 못한다. 당신은 이전과 동일하게 느낀다. 기억, 역사, 감정, 생각, 느낌, 그 밖의 많은 것들이 그대로다. 유전적 신분이 밝혀지기 전에 당신이 누구였든, 그 사람과 똑같은 존재라는 생각은 분명하다. 그렇다면 진짜 유전적 특성이 밝혀지기 전에 당신에게 마땅하다고 여겨지던 배려와 존중을 그것이 무엇이든 당신은 아직 받을 권리가 있다. 이러한 결론에 동의한다면, 어느 종에 속하느냐 하는 문제는 도덕적으로 중요한 요인이 아니다.

물론 이러한 예가 다소 비현실적인 것은 사실이다. 그렇다고 이것이 중대한 결점은 되지 않는다. 우리는 철학적 개념을 검토할 때 늘 이러한 특정한 상황을 상상한다. 우리가 믿는 도덕적 권리가 과연 무엇인지, 개인에게 도덕적 권리를 주는 이유는 과연 무엇인지 검토할 때 이러한 가상의 사례나 상황을 설정하는 것은 좋은 방편이다. 또, 상황설정이 낯설수록 개념을 검토하는 데 도움이 되는 경우가 많다.

이러한 방법을 활용하여 개념을 더욱 평이하고 이해하기 쉬운 말로 풀어낼 수 있다. 예컨대 '독신남'이라는 개념이 무엇을 의미하는지 알아내고 싶다면, 독신남에게 일어날 수 있는 다양한 상황을 가정해 보면 된다. 논리적으로 모순되지 않는다면

'결혼한 독신남'은 상상할 수 없다. 이는 독신남의 특정한 개념을 알려준다. 다시 말해, 독신남이라는 개념은 논리적으로 결혼이라는 개념을 배제한다는 것이다. 물론 이처럼 평이하고 이해하기 쉬운 개념들은 이런 방식으로 분석할 필요가 없다. 그러한 개념들은 평이하고 이해하기 쉽기 때문이다. 누구나 그 개념을 완벽하게 이해하고 있기 때문이다.

하지만 도덕적 탐구의 경우에는 우리가 사용하는 도덕개념의 속성을 명확히 짚고 넘어가야 한다. 그리고 지금 우리가 명확히 하고자 하는 개념은, 철학적인 용어로 도덕적 고려가치성 moral considerability 이라고 한다. '배려와 존중을 받고 도덕적 권리를 누릴 자격'을 의미한다.

지금까지 진행한 '생각실험'이 우리에게 알려주는 것은 도덕적 고려가치성이라는 개념이 종이라는 개념과 관련이 '없다'는 것이다. 적어도 몇몇 상황에서 우리는 기꺼이 종의 경계를 넘어 도덕적 배려라는 우산을 펼칠 것이다. 예컨대 데이타, 워프, ET와 같은 것들이 정말 존재한다면 그들에게는 별다른 고민없이 도덕적으로 배려를 할 것이다. 또한 모로 박사의 섬에서 뛰쳐나온 몇몇 생명체들에게도 그럴 수 있다. 이런 상황에서는 인간이라는 종에 속하느냐 속하지 않느냐 하는 문제를 도덕적 권리가 있는지, 배려와 존중을 받을 가치가 있는지 결정하는 기준으로 삼지 않을 것이다.

결국 인간이 아니라는 사실은 동물에게서 도덕적 지위를 박탈할 수 있는 이유가 되지 못한다.

외모는 도덕적으로 적절한 기준일까?

데이타와 워프의 경우에 눈에 띄는 특징은 그들의 외모가 인간과 비슷하다는 것이다. 약간의 차이가 있긴 하지만 거의 비슷하다. 우리가 상상했던 모로 박사의 섬에서 탈출한 생명체도 마찬가지이다. ET는 인간의 외모를 갖고 있지 않지만 스필버그는 그에게 인간과 똑같은 여러 가지 습성과 몸짓을 부여했다. 게다가 완벽하지는 않지만 외형적으로도 인간과 비슷한 면이 많다.

그래서 인간의 외모가 도덕적으로 중요한 특징이 아닐까 생각할 수 있다. 적어도 어느 정도 비슷하기라도 해야 한다. 따라서 다른 동물들은 인간과 비슷하게 생기지 않았기 때문에 동등한 배려와 존중을 할 가치가 없다고 주장한다면, 정당할까?

조금만 생각해봐도 그렇지 않다는 것을 분명히 알 수 있다. 예컨대 '코끼리인간'을 떠올려보자. 코끼리인간은 19세기 실존했던 기형적인 얼굴을 한 인물로, 1981년 그의 이야기를 각색한 영화 〈엘리펀트맨〉을 통해 널리 알려졌다(나는 역사적 실제사건은 잘 알지 못하기 때문에 영화속 이야기에만 초점을 맞춰 이야기하겠다). "나는 동물이 아니야!"라는 영화 속 주인공의 대사는 영화가 막을 내린 뒤에도 몇 년 동안 코미디언들이 인용하며 우리에게 웃음을 주기도 했다.

물론 이 책에서 전개하는 논증이 옳다면, 코끼리인간은 자신이 주장하고 싶은 말을 잘못 표현했다("내가 동물이든 인간이든, 나는 도덕적으로 존중받을 권리가 있어"라고 외쳐야 한다 - 옮긴이). 하지만 이 말로 표현하고자 한 의미는 여전히 유효하다. 외모가 어떻든 그 속에 담긴 마음이 중요하다는 것이다. 다소 불행한 외모를 가졌다 하더라도 그의 권리는 티끌만큼도 줄지 않는다. 외모가 특이해도 인간이 가질 수 있는 생각, 느낌, 감정을 완벽히 가질 수 있다. 그에게 주어져야 하는 배려와 존중은 생긴 모습에서 나오는 것이 아니다.

코끼리인간이 다소 인간과 달라 보이는 것은 사실이다. 그를 연기하기 위해 주인공이 얼마나 오랜 시간 분장을 해야 했든, 앞에서 말한 것은 부인할 수 없는 사실이다. 아무리 흉측한 모습이라 하더라도, 심지어 외모만으로는 인간인지 아닌지 알아볼 수 없을 정도라 해도, 코끼리인간이 도덕적으로 마땅히 받아야 할 배려와 존중은 줄어들거나 손상되거나 사라지지 않는다. 도덕적 권리는 외모에서 나오는 것이 아니라 도덕적으로 가치 있는 내면에서 나온다.

외모는 껍질에 불과하다는 사실을 우리는 알고 있다. 도덕적 고려가치성은 껍질이 아니다.

지능은 도덕적으로 적절한 기준일까?

그렇다면 어떤 대상이 도덕적으로 동등한 배려를 받을 만한 가치가 있는지 없는지 판단할 때, '내면에서' 일어나는 어떤 요인이 중요할 것이다. 그러니까, 몸이 아니라 마음과 같은 어떤 내면의 것이 중요하다는 말이다. 하지만 앞 장에서 보았듯이 동물에게도 복잡한 마음이 있다. 인간과 마찬가지로 동물은 통증,

공포, 불안으로 고통스러워하고 쾌락과 행복을 즐긴다. 양서류, 파충류, 조류, 포유류는 믿음과 욕망이 있고 최소한 기초적인 형태의 실천적 추론을 사용할줄 안다(어류도 일부는 이러한 지적능력이 있다고 이야기했다).

진화의 사다리를 올라갈수록 감정을 느끼는 능력은 복잡해진다. 따라서 인간은 배려 받을 가치가 있지만 동물은 그렇지 않다고 말하려면, 인간과 동물 사이에 거대한 도덕적 틈이 존재한다고 주장하려면, 먼저 인간과 동물을 가르는 적절한 정신적 차이가 무엇인지 규명해내야 한다.

인간과 동물 사이에 가장 눈에 띄는 정신적 차이는 지능이다. 인간은, 간단히 말해서 다른 동물보다 훨씬 똑똑하다. 이것은 분명한 차이다. 하지만 이것이 도덕적으로 적절한 차이일까? 인간과 동물 사이의 지능적 차이는 우리가 동물을 대하는 현재 방법과 태도를 뒷받침해줄까?

이 역시 타당하다고 보기 힘들다. 특히 이런 주장은 한계상황논증argument from marginal cases이라고 하는 문제와 어긋난다. 대다수 인간이 대다수 동물보다 똑똑한 것은 사실이지만 그렇지 않은 사람도 있다. 예컨대 태어날 때부터 뇌기능에 문제가 있어 지능이 크게 떨어지는 사람도 있다. 또는 사고로 심각한 뇌손상을 입거나 노화로 퇴행성 뇌질환 같은 것을 겪어(또는 뒤에서 보겠지만 부적절한 방식으로 사육한 소고기를 먹고 인간광우병에 걸려) 지능이 떨어지기도 한다. 이러한 불운을 겪는 사람들의 지능은 실제로, 평균적인 개나 말보다 낮을 때가 많다.

이처럼 특별한 경우가 아니라고 해도, 갓 태어난 아기나 어린 아이들의 지능은 고등포유류의 평균지능 수준에 불과하며, 고등영장류의 지능보다 낮다. 따라서 지능이 낮기 때문에 동물은 도덕적 권리를 누릴 수 없다고 주장하려면, 이러한 인간들도 도덕적 권리가 없다고 주장해야 한다.

지능이 도덕적으로 적절한 기준이라면, 우리는 왜 지능이 떨어지는 인간을 오늘날 동물을 취급하는 방식으로 대하지 않는 것일까? 총이나 화살을 쏴 사냥하고, 가죽을 벗겨 옷을 만들고, 생체실험을 하고, 심지어 잡아 먹어도 상관없지 않는가?

지능이 도덕적으로 가장 중요한 요인이라면, 지능이 낮다는 이유로 동물에게 이 모든 행동을 해도 문제가 되지 않는다면, 우리가 동물에게 저지르는 일을 그런 사람들에게 똑같이 저질러도 도덕적으로 아무 문제가 없어야 한다. 어떤 이유에서건 우리가 사냥과 도축을 일삼는 동물보다 이들의 지능이 전혀 높지 않은 것은 분명한 사실이다. 이것은 일관성의 문제일 뿐이다. 우리가 그런 인간들을 동물과 똑같이 취급을 한다면, 지능은 도덕적으로 결정적인 기준임에 분명하다.

하지만 사이코패스가 아닌 이상, 많은 사람들이(물론, 나를 포함하여) 정신적으로 모자란 사람들을 사냥해도 상관없다고 여기지 않을 것이다. 실험을 목적으로 해부하거나 껍질을 벗겨 핸드백을 만들어도 좋다고 여기지 않을 것이다. 아니, 이런 생각을 하는 것만으로도 도덕적으로 심한 죄책감을 느낄 것이다.

왜 그럴까? 지능 측면에서 좁힐 수 없는 간격이 있다고 하더라도 그들에게 도덕적 권리가 있다고 생각하기 때문이다. 그들에게는 이러한 취급을 받지 않을 권리, 도덕적 권리가 있다. 그들을 사냥하고, 가죽을 벗기고, 잡아먹고, 해부하는 행위는 그들의 도덕적 권리를 무참히 훼손하는 것이다. 우리는 대부분 이렇게 생각한다. 이렇게 생각할 것이라 믿는다.

이런 생각에 동의한다면, 지능은 결코 도덕적 권리가 있는지 없는지 판단하는 결정요인이 아니다.

한계상황논증

지능이 도덕적으로 적절한 차이가 아니라는 것을 밝혀내는데 사용한 방법이 바로 '한계상황논증'이라는 기법이다. 이 논증은 다양한 경우에 적용할 수 있는, 논리적으로 매우 강력한 논증기법이기에 좀더 깊이 살펴보는 것이 좋을 듯하다. 이 논증을 일반화한 형태는 다음과 같다.

전제1: X는 인간과 동물을 가르는 도덕적으로 적절한 차이다. 이제 X가 무엇이든, 모든 인간이 X를 가지고 있지 않다는 사실을 지적한다.
전제2: 어떤 인간은 X를 소유하지 못한다. 이로써 결론을 이끌어낸다. 결론은 다음 중 하나를 선택해야 한다.
결론1: X가 없는 인간은 동물보다 더 많은 도덕적 권리를 소유하지 못한다.

결론2: X가 도덕적으로 적절한 차이라는 주장은 폐기해야 한다.

이 논증은 매우 강력하다. X가 무엇이든 X를 갖지 못하는 인간이 존재한다면, 이 논증은 작동하기 때문이다(따라서 '인간다움'과 같은 속성을 넣을 경우 이 논증은 작동하지 않는다. 전제 2에서 '인간다움을 소유하지 못한 인간은 없다'고 정의하면 그만이기 때문이다. 하지만 이러한 예외적인 속성을 제외하면 이 논증은 작동한다).

앞에서 본 논증에서 X는 '어떤 수준 이상의 지능'이었지만, 인간과 동물을 가르는 차이라고 제시할 수 있는 것은 무엇이든 집어넣을 수 있다. 예컨대 어떤 이들은 도덕적으로 적절한 차이로서 '언어사용능력'을 제시한다. '인간은 말을 할 수 있지만 동물은 못하기 때문에 도덕적으로 가치가 있다'는 주장이다. 물론 언어사용능력과 도덕이 무슨 상관이 있는지는 알 수 없다. 하지만 이 문제는 넘어가자. 우리는 그저 한계상황논증을 가동하면 된다.

예컨대(뇌손상이나 질병 때문에 말을 하지 못하는 사람, 갓난아기, 늑대소년 등) 말하지 못하는 사람이 존재한다는 사실을 먼저 지적한다. 그 다음 그런 사람들에게 도덕적 가치가 없다고 주장할 것인지 묻기만 하면 된다. 합리적인 사람이라면 대부분 그렇지 않다고 대답할 것이며, 이로써 동물에게 도덕적 권리가 없다고 주장할 수 있는 근거는 사라진다. 말하지 못하는 사람은 도덕적 권리가 없다고 주장하고 싶지 않다면, (일관성 있게)말하지 못하기 때문에 동물은 권리가 없다고 주장해서는 안 된다.

한계상황논증을 활용하면 인간과 동물을 가르는 도덕적으로 적절한 차이라고 제시하는 것들을 거의 모두 무력화할 수 있다. 어떤 것이든 이야기해보라. '모든 인간이 그것을 갖고 있는가?' 그렇다는 대답을 하지 못하면 다시 물어보라. '그렇다면, 그것을 갖지 못한 인간은 어떻게 해야 하는가?' 이 논증 하나만으로 인간과 동물을 가르는 적절한 차이라고 제시되는 거의 모든 요인을 분쇄할 수 있다.

이 논증을 피해갈 수 있는 방법은 없을까? 없다. 인간과 동물을 가르는 도덕적으로 적절한 차이가 있다고 주장하고 싶다면 반드시 이 논증을 통과해야 한다. 따라서 지능이든 언어사용능력이든 그 밖의 그 어떤 요인이든, 요구되는 수준에 미치지 못하는 사람들, 뇌가 손상된 사람, 갓난아기, 노인 등에게는 도덕적 권리가 없으며 동등하게 배려할 필요가 없다고 주장할 수 있는 경우에만, 동물에게도 적용할 수 있는 타당한 기준이 된다.

정말 이런 요인이 인간과 동물을 가르는 차이라고 주장하고 싶다면, 이를 악물고 연쇄살인을 벌이는 한이 있더라도 일관성을 지켜야 한다. 화장품이 무해한지 알아내기 위해 그들을 대상으로 실험하고, 단지 오락을 위해서 그들을 사냥할 수 있어야 한다. 그들은 물론 우리가 그러지 않기를 바라겠지만 무슨 상관인가? 이 논증에 따르면, 그들은 배려할 만한 도덕적 권리가 없다. 이러한 반사회적인 제안을 수긍하지 못한다면 그것이 도덕적으로 적절한 기준이라는 주장을 폐기해야 한다.

또한 지능을 도덕적으로 적절한 차이로 삼는 것은, 기준 자체가 지나치게 임의적일 수 있다. 예컨대 다음과 같은 상황을 가정해보자.

우리보다 훨씬 지능이 높은 외계종이 있다. 인간의 평균 IQ는 100 정도인 반면, 외계인의 평균 IQ는 500이 넘는다. 그런데 외계인들은 도덕적 권리를 갖는 생물종이 되기 위해서는 최소한 IQ 300이 넘어야 한다고 정했다. IQ가 300이 넘는 외계인은 배려와 존중을 받겠지만 인간은 그 선을 넘지 못하기 때문에 우리는 대부분 부당한 대우를 받게 될 것이다.

그런 상황에서 우리는 IQ 300이라는 기준이 도덕적으로 아무 의미없는 숫자라고 주장할 것이다. 그렇다면 IQ 300은 도덕적으로 의미없지만 IQ 50은 도덕적으로 의미있다고 말하는 근거는 무엇일까? 아니, IQ 10은 도덕적으로 의미가 있을까? 지능은 우리의 편의를 위해 임의적으로 선정한 기준일 뿐이다. 이는 지능이 도덕적으로 적절한 요소가 아니라고 강력하게 말한다.

인간과 동물을 가르는 도덕적으로 적절한 차이라고 제시되는 요소를 모두 다룰 만큼 이 책의 지면은 넉넉지 않다. 지능은 가장 흔한 예일 뿐이다. 지금까지 지능에 대해 자세히 이야기한 이유는, 이 전반적인 논증과정을 통해 '인간과 동물의 차이를 규정하는 것이 얼마나 어려운지' 일깨워주기 위한 것이다. 사실 이러한 차이를 규정하려는 시도는, 단순히 어려운 수준을 넘어서 지금껏 '아무도 성공하지 못한' 것이다. 그럴듯해 보이는 어떤 주장이라고 해도 지금껏 한계상황논증을 통과한 것은 하나도 없다.

이 논증을 통과하는 것이 어려운 이유는 전혀 특별한 데 있지 않다. 그런 차이는 '애초에' 존재하지 않기 때문이다. 그런 차이가 없다는 판단이 옳다면, 우리가 인간과 동물을 차별해 대하는 것을 정당화해주는 것은 없다. 이는 현재 우리가 동물을 대하는 방식이 잘못되었다는 것을 일깨워준다.

잠재적 가능성은 도덕적으로 적절한 기준일까?

동물권에 관한 논쟁을 할 때 잠재적인 가능성^{potential}을 끌어들이는 경우를 자주 본다. 특히 갓난아기와 동물의 지능이 같으니 동등하게 대해야 한다는 결론은 부당하다고 주장하면서 많은 이들은 가능성을 덧붙인다. 갓난아기가 개나 말보다 지능이 뛰어나지 못하더라도, 또 고등 유인원들보다 지능이 떨어진다 하더라도, 갓난아기는 그러한 동물보다 지능이 높아질 '가능성'이 있다는 것이다. 또한 이러한 가능성은 특별한 교육이나 훈련을 하지 않아도 온전하게 발현된다.

하지만 가능성에 호소한다고 해서 한계상황 문제가 해결되는 것은 아니다. 이런 저런 이유로 최소한의 가능성(다른 동물 수준 이상으로 지능이 발달할 가능성)도 없는 사람들이 여전히 많다. 예컨대 심각한 뇌손상을 입은 어린이나 치매가 심하게 진행된 노인은 그러한 가능성이 없다. 따라서 우리는 이러한 사람들을 활용하여 한계상황논증을 펼칠 수 있다. 이런 사람들은 도덕적으로 전혀 가치가 없다고 주장하고 싶은가? 그러지 않기를 바란다.

　이 문제를 제쳐 두더라도, 어쨌든 가능성이 도덕적으로 적절한 특성이 된다는 주장에는 심각한 오류가 있다. 당신이 장차 대통령이 될 가능성이 있다고 가정해 보자. 이것은 곧 대통령의 권리나 권한이 지금 당신에게 있다는 말인가? 분명 아니다. 기껏해야, 대통령의 권리나 권한을 '잠재적으로' 가지고 있다는 뜻에 불과하다. 다시 말해, 가능성은 실제적인 권리나 권한을 주지 않는다. 잠재적으로 권리나 권한을 줄 뿐이다.

　가능성 때문에 갓난아기나 어린아이에게 동물에게는 주지 않는 권리와 권한을 부여해야 한다는 주장은 성립하기 힘들다. 기껏해야 잠재적인 권리는 부여할 수 있겠지만, 실질적인 권리는 부여하지 못한다. 잠재적 권리는 어느 모로 보나, 전혀 권리가 아니다. 대통령이 될 가능성이 있다고 해서 당신에게 권리를 더 주지 않듯이, 지능이 발달할 가능성이 있다고 해서 어린아이에게 더 권리를 더 줘야 한다는 주장은 성립할 수 없다.

응보원칙

평등원칙과 더불어 우리의 도덕적 사고를 형성하는 데 지대한 역할을 하는 또 다른 원칙이 있다. 바로 '응보원칙^{principle}_{of desert}'이다 (desert는 여기서 사막이라는 뜻이 아니다. '~할 만한 가치가 있다'는 뜻을 지닌 deserve의 명사형으로 '행동의 공과, 또는 그에 따른 보상이나 처벌'을 의미한다. getting one's just desert는 응보의 대가(보상이든 처벌이든)를 치른다는 뜻 - 옮긴이).

도덕적 사고에서 응보원칙은 평등원칙과 긴밀히 연관되어 작동한다. 평등원칙은 적절한 차이가 없으면 도덕적 차이도 있을 수 없다는 것인 반면, 응보원칙은 어떤 차이가 도덕적으로 적절치 않은 차이인지 알려준다. 어떤 식으로든 자신이 직접 획득하거나 유발하지 않은 차이는 적절한 차이가 아니다. '우리가 통제하거나 결정하지 않은' 차이를 말한다.

응보원칙이 어떻게 작동하는지 살펴보기 위해, 앞서 말한 완벽주의자 아리스토텔레스와 니체를 떠올려보자. 그들은 자신들이 정의한 기준에 따른 '탁월함'의 수준을 도덕적으로 적절한 차이라고 주장한다. 따라서 '탁월한 사람'은 보통사람보다 실제로 더 많은 도덕적 배려를 받을 가치가 있다. 완벽주의자들은 평범한 도덕기준이 일반적으로 '탁월한 사람들'에게 적용되지 않는다고 생각한다. 평범한 도덕기준은, 니체가 말하듯 군중떼거리herd만을 위한 것이다.

완벽주의자들의 논리는 어떻게 반박할 수 있을까? 그들도 '도덕적인 차이(또는 차별)는 적절한 차이에 의해서만 비롯된다'는 평등원칙을 분명히 믿고 있다. 하지만 '어떤 요인이 도덕적으로 적절한 차이를 구성하느냐' 하는 문제에서 견해가 다를 뿐이다.

이들의 논증에 반박하려면 '응보'라는 개념이 필요하다. 사람들은 제각각 응당한 대우를 받아야 한다. 특히 스스로 통제할 수 없는 일 때문에 비난받거나 벌을 받아서는 안 된다. 이러한 논증을 토대로 완벽주의자들의 도덕적 기준을 반박해 보자.

한 사람의 탁월함의 수준, 지능의 수준, 예술적 창조성의 수준은 일반적으로 스스로 결정할 수 있는 것이 아니다. 적어도 지능이나 창조성은 어느 선까지는 타고난 재능, 또는 어릴 적 환경에 상당한 영향을 받는다. 어느 것 하나 개인이 마음먹는다고 잘할 수 있는 것이 아니다. 그래서 지능이 낮거나 창조성이 떨어진다는 이유만으로 처벌하는 것은 정당하지 않다. 탁월함의 수준에 따라 보상을 하거나 책임을 묻기 어렵다는 것은, 탁월함의 수준이 도덕적으로 적절한 특징이 아니라는 뜻이다.

응보원칙은 두 가지 주장의 결합으로 이해하면 쉽다. '칭찬'과 연관된 주장과 '비난'과 연관된 주장이다. 이 두 주장은 동전의 양면과 같다.

"어떤 사람이든 자신이 하지 않은 일에 대해서 칭찬받을 자격이 없다."

"어떤 사람이든 자신이 하지 않은 일에 대해서 비난받을 자격이 없다."

파란 눈동자를 갖고 태어났다고 해서 그 사람을 칭찬하거나 비난해서는 안 된다. 이는 자신의 힘으로 어쩔 수 없는 것이다. 은유적으로 말하자면 이는 자연이 선택한 것이지 그가 선택한 것이 아니다. 남자가 아니라 여자로 태어났다고 해서, 백인이 아니라 흑인으로 태어났다고 해서 칭찬하거나 비난해서는 안 된다. 천재로 태어났다고 칭찬하거나, 정신적으로 모자라게 태어났다 비난해서는 안 된다. 이는 명백한 사실이다. 이런 것들은 자신이 결정할 수 없는 것이기에, 그에 대한 책임은 없다. 이로 인한 칭찬이나 비난을 받아선 안 된다.

좀더 주의 깊게 살펴보면 이 원칙은 도덕적 권리에 관한 논의로 해석할 수도 있다. 먼저 한 가지 짚고 넘어가야 할 것은, 모든 권리가 도덕적인 권리인 것은 아니라는 사실이다. 예컨대 법적 권리도 존재한다. 모든 법이 도덕적인 것만은 아니기에, 법적 권리가 도덕적이지 않은 경우도 있다. 내가 여기서 말하고자 하는 것은 다른 유형의 권리가 아닌 도덕적 권리다. 도덕적 권리라는 측면에서 응보원칙을 간명하게 정리하면 다음과 같을 것이다.

"내 힘으로 어쩔 수 없는 것 때문에 나의 도덕적 권리가 줄어들어서는 안 된다."

나에게 책임이 없는 일이나 상황 때문에 나의 도덕적 권리가 제약되어선 안 된다는 뜻이다. 갈색 눈을 타고난 것은 내가 통제할 수 있는 것이 아니기 때문에 이로 인해 나의 도덕적 권리가 줄어들어서는 안 된다. 같은 이유로 흑인으로(또는 동양인으로) 태어났건, 남자로(또는 여자로) 태어났건 나의 권리는 줄어들지 않는다. 정신적, 육체적으로 장애를 타고났다고 해도 나의 도덕적 권리는 줄어들지 않는다.

이 모든 것들은 내가 선택한 것이 아니다. 내가 통제할 수 있는 것이 아니다. 따라서 이것들은 도덕적으로 나에게 주어진 권리와 전혀 무관하다. 왜 그럴까? 한 개인의 도덕적 권리를 빼앗는 행위는 사실상 처벌의 형태로 나타나는데, 자신의 힘으로 어쩔 수 없는 것 때문에 처벌받아서는 안 되기 때문이다.

주의 깊은 독자들은 내가 도덕적 권리의 응보원칙을 설명하는 동안 이상한 점을 눈치 챘을지도 모른다. 나는 지금까지 응보원칙의 부정적인 면, 즉 '자신의 힘으로 어쩔 수 없는 것 때문에 비난받아서는 안 된다'는 주장을 위주로 설명하였다. 자신의 통제범위를 벗어난 일로 도덕적 보상(예컨대 칭찬)을 받아서는 안 된다는 주장은 논증에 활용하지 않았다. 보상을 도덕적 권리라는 개념으로 설명할 수 있는지 나 역시 확신하지 못하기 때문이다.

예컨대 많은 사람들이 난치병에 걸린 사람을 보면 동정해줄 만한 '가치가 있다'고 이야기한다. 하지만 난치병에 걸리는 것은 자신이 통제할 수 있는 일이 아닐 것이다. 그렇다면 그들이 동정을 받을 권리가 있다고 주장하는 것은 좀 이상하지 않은가? 이는 자신이 통제할 수 없는 상황에 의해 도덕적 권리가 '커진다'는 사실을 보여주는 예가 아닐까?

이것은 분명히 책임과 응보의 관련성에 대한 논증에 있어 한두 가지 풀리지 않는 오점이 될 수 있다. 하지만 이런 오점은 이 책의 목적에 아무런 문제가 되지 않는다. 동물권을 뒷받침하고자 하는 이 책의 목적을 위해 기억해야 하는 것은 '스스로 책임질 수 없는, 또 통제할 수 없는 상황에 의해 나의 도덕적 권리가 제약되어서는 안 된다'는 것이다. 어쩔 수 없는 상황에 의해 도덕적 권리가 커지는 경우가 있다고 하더라도, 그것은 우리가 신경 쓸 바가 아니다.

앞서 이야기했듯이 도덕적 권리는 평등하게 배분되어야 한다. 우리가 누리는 모든 권리는 다 여기서 나온다. 고문 받지 않을 권리, 아무 이유 없이 죽임 당하지 않을 권리, 자신의 삶을 자율적으로 살아갈 권리, 어느 한도 안에서 내가 선택한 만큼 교육받을 권리 등 많은 권리들이 평등원칙에 따라 공평하게 대우받을 권리에서 나온다. 여기에 응보원칙을 적용하면 다음과 같이 될 것이다.

"평등하게 배려 받아야 하는 나의 권리는 내 힘으로 어쩔 수 없는 일이나 상황 때문에 제약되어서는 안 된다."

동물이 갖는 마땅한 권리

내가 도덕모임에 속한다면 따라서 도덕적 권리를 갖는다면, 그에 따라 다른 사람들은 나를 배려할 의무를 지게 된다. 그것이 바로 도덕적 주체들의 모임이다.

우선 이 모임에 속하는 것은 나의 노력이나 힘으로 결정할 수 있는 일이 아니다. 예컨대 여러 가지 따져볼 때 내가 의식 있는 유정물이거나 권리를 가진 어떤 존재라면(이 두 가지는 같을 수도 있고 같지 않을 수도 있다) 도덕모임에 속하게 된다. 이것은 내가 마음먹는다고 될 수 있는 것이 아니라, 단지 그렇게 태어났을 뿐이다. 마찬가지로 권리를 갖는 존재가 된 것도 내가 선택한 것이 아니라 자연이 선택한 것이다.

따라서 응보원칙은 '이미' 도덕모임에 속한 존재에게만 적용된다. 다시 말해 응보원칙은 모임에 어떻게 들어오느냐 하는 원칙이 아니라 이 모임에 속하면 어떤 지위를 누릴 수 있는지 알려주는 원칙이다. 핵심은, 개별자가 통제할 수 없는 일의 결과로 인해 개별자 사이에 도덕적 지위, 배려 받을 권리가 달라져서는 안 된다는 것이다.

예컨대 눈동자의 색깔이 다르다고 해서 도덕모임 안에서 지위가 달라져서는 안 된다. 그것은 스스로 통제할 수 없는, 자신의 힘으로 어찌할 수 없는 것이기 때문이다. 또 같은 이유로 인종, 성, 타고난 지능, 타고난 신체적 능력에 따라 도덕적 지위가 달라져서는 안 된다. 이러한 차이는 자신이 책임질 수 없는 것이며 따라서, 이는 각자 받아야 할 배려와 존중의 크기를 차별하는 근거가 될 수 없다.

개별자마다 마땅히 받아야 할 배려의 양에 어느 정도 차이가 있다면(이들이 배려를 받아야 한다고 가정할 때, 다시 말해 도덕모임에 속한다고 가정할 때) 이러한 차이가 '자신이 직접 획득하거나 유발하지 않은 요인'에 의한 결과여서는 안 된다. 이것이 바로 개별자의 통제 범위를 벗어나는 요인에 따라 차별 받아서는 안 된다는 응보원칙이다.

물론 우리가 통제할 수 있는 것과 통제할 수 없는 것을 구별하는 것이 늘 쉬운 것은 아니다. 어쩌면 완벽하게 구별하는 것은 불가능할지 모른다. 천재를 예로 들어보자. 흔히 천재는 10퍼센트의 타고난 자질과 90퍼센트의 땀방울로 만들어진다고 한다. 이 말이 사실이라면 천재는 당신의 통제에서 벗어난 것(타고난 자질)뿐만 아니라 당신이 통제할 수 있는 것(노력)에 의해 만들어진다. 하지만 여기서 궁금한 것이 하나 있다. 그렇다면, 노력하는 것은 오로지 내 힘만으로 되는 것일까?

테니스 선수 짐 쿠리어는 재능이 부족하다는 혹평을 들었지만 피나는 노력으로 이를 극복했다는 찬사를 받았다. 하지만 그는 자신이 운동선수로 성공할 수 있었던 이유는, 빠른 '적응력'과 고된 훈련을 견디는 '인내력'을 타고났기 때문이라고 말했다. 어쩌면 그의 말이 옳을지 모른다. 인내력도 선천적으로 타고났거나 아주 어린 시절 어떤 요인에 의해 습득된 것일 수 있다. 그렇다면 노력 역시 개인의 힘으로 통제할 수 있는 것이 아니지 않는가?

사실상 어떤 재주, 기질, 그 밖의 행동의 특징들이 어느 선까지 주어진 것인지, 어떤 결정적 역할을 하는 것인지 알 수 없다. 자신의 힘으로 일궈낸 것이 전체일 수도 있고, 일부일 수도 있고, 어쩌면 하나도 없을 수도 있다. 하지만 이 문제는 우리가 고민할 필요가 없다. 우리가 논의하고자 하는 '도덕적으로 적절한 특성'은 어쨌거나 우리 힘으로 결정할 수 없는 것이 100퍼센트 분명하기 때문이다. '생물학적 종'은 전적으로 우연하게 주어진다.

평등원칙은 도덕모임의 구성원들이 도덕적으로 적절한 차이가 없는 한 모두 동등하게 배려받아야 한다고 말한다. 응보원칙은 우리에게 책임이 없는 것, 직접 획득하거나 유발하지 않은 것은 무엇이든 도덕적으로 적절한 특징이 아니라고 말한다. 두 원칙을 인간과 동물의 관계에 적용하면, 인간이 직접 획득하거나 유발한 어떤 차이가 있어야만 인간이 동물보다 도덕적 배려를 더 많이 받을 수 있다고 주장할 수 있다.

인종과 성의 차이는 도덕적으로 적절한 차이가 아니다. 직접 획득한 것도 아니고 직접 유발한 것도 아니기 때문이다. 그저 태어나보니 특정한 인종과 성에 속했을 뿐이다. 이 결정에 내가 관여할 수 있는 일은 하나도 없다. 마찬가지로 타고난 지능이나 신체적 능력의 차이 역시 도덕적으로 적절한 차이가 아니다. 이 역시 직접 획득한 것도 아니고 유발한 것도 아니기 때문이다.

타고난 지능이나 신체적 능력은 자연의 선택이지 나의 선택이 아니다. 기분 나쁜 인상을 가지고 태어났다고 해서, 운동신경이 무디게 태어났다고 해서, IQ 73으로 태어났다고 해서, 다른 사람보다 도덕적 권리가 적게 주어지는 것은 아니다. 왜 그럴까? 내 힘으로는 어찌 할 수 없기에 불이익이 주어지는 것은 부당하기 때문이다. 응보원칙이 옳다면, 이러한 처벌은 도덕적으로 잘못된 것이다.

어느 종에 속하느냐 하는 문제는 내가 결정하거나 영향을 미칠 수 없는 문제임이 분명하다. 어떤 식으로든 나에게 책임지울 수 있는 문제가 아니다. 따라서 생물학적 종은 도덕적으로 적절하지 않은, 도덕과는 무관한 요인이다.

예컨대 개는 도덕모임에 속한다. 개를 대하면 누구나 자연스럽게 도덕적인 주체로 상대할 수밖에 없다는 것을 느낀다. 이것이 바로 우리가 학대와 같은 행위를 법으로 금지하는 이유다.

개에게도 '삶의 질'이 있다고 인정하는 것이다. 개에게도 좋은 환경, 나쁜 환경이 있다는 것은 경험으로 누구나 알고 있다.

개는 분명 도덕적 배려를 받을 가치가 있는 존재다. 또한 개는 스스로 개로 태어나고 싶어서 개로 태어난 것이 아니다. 응보원칙은 자신의 힘으로 어쩔 수 없는 특징이나 상황에 의해 개가 받아야 할 배려가 축소되어서는 안 된다고 말한다. 따라서 인간이 아니라 개라는 이유만으로 개가 받아야 할 배려가 축소되어서는 안 된다. 도덕모임에 속한 다른 동물들에게도 이는 마찬가지다.

어떤 종의 구성원이 됨으로써 타고나는 지적 능력도 달라지는데, 여기에도 응보원칙을 그대로 적용할 수 있다. 우리는 개가 인간보다(전부는 아니지만 대부분) 지능이 훨씬 떨어지기 때문에 덜 배려해도 될 것이라고 생각한다. 하지만 지능의 차이는 우리나 개나 스스로 선택한 것이 아니다. 우리가 그렇게 타고난 것일 뿐 우리가 획득한 것이 아니다. 따라서 타고난 지능도 어떤 이가 받아야 할 배려와는 전혀 무관하다.

따라서 동물을 도덕모임 구성원으로 인정한다면, 동물은 인간에게 부여한 것과 동등한 배려를 받을 자격이 있다. 대중의 '지혜'와는 반대로, 내 생각에 도덕모임에 2등급 회원은 없다. 도덕모임에 속한 것은 무엇이든 그 안에서 동등하다. 최소한 우리는 종, 종과 수반하는 요인들을 근거로 도덕모임 구성원들을 차별할 수 없다. 자신이 어떤 종으로 태어날 것인가 하는 문제는 자신이 선택할 수 있는 것이 아니기 때문이다.

동물에 대한 정당한 대우

"좋다, 그렇게 생각할 수 있다. 동물에게 '어느 정도' 배려는 해줄 수 있다. 그렇지만 '동등하게 대하라고?' 그건 말도 안 되는 소리다!"

지금까지 진행된 논증에 아마도 많은 사람들이 이런 반응을 보일 것이다. 이 논증이 절대 옳아선 안 된다고 확신하는 것이다. 나 역시 동등하게 대하라는 말이 좀 이상하게 들릴 수 있다는 것은 인정한다. 하지만 무엇 때문에 이상할까?

아마도 인간과 똑같은 방식으로 동물을 대하는 모습을 떠올리기 때문일지도 모른다. 돼지가 학교를 다니고, 개를 위해 오페라 자선공연을 하고, 고양이를 죽이면 살인죄로 처벌한다. 이런 세상을 상상한다면 정말 우습지 않은가? 하지만 이는 잘못된 상상이다. 인간에게 베푸는 것과 동등한 배려와 존중으로 동물을 대하라는 것은 전혀 다른 요구다.

평등원칙, 즉 동등한 존중과 배려로 동물을 대하라는 요구는 인간의 관심에 상응하는 동물의 관심을 동등한 비중으로 대하라는 것이다. 여기서 인간과 동물의 관심은 똑같지 않다는 것이 중요하다. 동물의 관심과 인간의 관심이 중복되는 영역은 크지 않다. 동물의 관심은 대부분 인간의 관심과는 상당히 다르다.

이런 사실만 보더라도 평등원칙이 인간과 똑같이 동물을 대하라는 요구가 아님을 알 수 있다. 돼지는 교육받는데 관심이 없기 때문에 돼지를 교육시킬 필요는 없다. 개가 오페라에 관심이 없는 것도 마찬가지다. 그것이 자선공연이든 아니든 관심이 없다. 평등원칙은 인간과 동물의 관심이 겹칠 때, 무엇을 해야 할지 결정해야 할 때, 각각의 관심을 동등하게 고려해야 한다는 말이다. 인간과 동물을 동등하게 대하라는 말이 아니다.

그렇다면 인간과 동물의 관심이 같은 경우에는 어떻게 해야 할까? 인간이나 개나 모두 살고자 하는 데 관심이 있다는 것은 누구나 인정할 것이다. 불타는 집에 한 사람과 개가 갇혀 있다고 생각해보자. 시간이 촉박해 당신은 그들 중 하나만 구출할 수 있다. 평등원칙에 따르면 개를 구하든 사람을 구하든 어떤 선택을 해도 좋다.

정말 그런 뜻일까? 동전을 던져 임의로 선택할 수 있다는 말일까? 이것은 전혀 옳지 않은 결정이다. 개를 구하기 위해 인간을 죽게 놔둔다면 잘못된 일이라고 생각되지 않는가?

하지만 이런 상황이 발생한다고 해서 평등원칙은 틀린 것이라고 말할 수는 없다. 죽음의 문제, 그리고 이런 상황이 평등원칙에 어긋나지 않는 까닭은 4장에서 자세하게 논의할 것이다. 지금은 요점만 간단히 말하겠다. 다음 상황을 가정해 보자.

앞마당에 특별한 종의 나무를 심고 싶어, 나무모를 사다가 심고 잘 키워 커다란 나무로 만들어냈다. 몇 년 동안, 비가 오나 눈이 오나 마당에 나가 나무에 비료를 주고 물을 주고 말을 걸기도 하며 정성껏 키웠다. 어느 날 옆집에 사는 사람이 당신이 키운 나무를 보고는 자신도 그런 나무를 갖고 싶어 한다. 하지만 그는 당신과 달리, 조경회사에 전화를 걸어 다 자란 나무를 주문하여 정원에 심도록 했다.

당신과 이웃 모두 자기 집 뜰에 이 나무를 키우고 싶어 한다. 당신과 이웃의 관심사가 어떤 의미에서 같다고 말할 수 있다. 다시 말해, 자기 집 마당에 X종 나무를 갖고 싶어 한다는 것이다. 그러던 어느 날 예상치 못하게 이른 서리가 내려 두 나무 모두 죽어버렸다. 이때 누가 더 슬퍼할까? 당신은 옆집보다 '더 많은' 것을 잃었다고 느끼지 않을까?

옆집이 나무에 쏟았던 관심보다 당신이 나무에 쏟은 관심이 훨씬 크다는 것을 직관적으로 알 수 있다. 결과적으로 옆집 나무가 죽었을 때 옆집사람이 잃은 것보다, 당신의 나무가 죽었을 때 당신이 잃은 것이 훨씬 크다. 여기서 깨달을 수 있는 교훈은 두 가지 관심이 '똑같아 보인다고' 해서 '진짜로 똑같지' 않을 때가 많다는 것이다. 결과적으로 똑같은 관심이 좌절된 것처럼 보여도 어떤 사람은 다른 사람보다 더 많은 것을 잃을 수 있다.

인간과 개의 경우에도 똑같이 이야기할 수 있다. 개가 죽을 때보다 인간이 죽을 때 더 많이 잃을 수 있다는 뜻이다. 개보다 인간이 살아남는 것에 쏟는 관심이 더 크다는 뜻이다. 따라서 평등원칙을 따른다고 해도, 개보다는 인간을 구하는 것이 옳다는 뜻이다. 좀더 보편적 의미에서, 인간과 동물의 관심이 똑같은 것처럼 보이는 경우에도 실제로 그 관심은 똑같지 않을 수 있다는 뜻이다. 이 경우 인간의 관심은 동물보다 절실하기 때문에 더 많은 것을 잃는다는 뜻이다. 물론 그렇지 않은 경우도 있을 것이다. 상황에 따라 달라질 것이다.

아무튼 나는 4장에서, 일반적으로 인간이 죽을 때 동물이 죽을 때보다 더 많은 것을 잃는다는 주장을 할 것이다. 이 주장이 옳다면 개보다는 인간을 구하는 선택이 당연할 것이다. 하지만 앞으로 살펴보겠지만 이는 매우 예외적인 상황에 불과하다는 것이 밝혀질 것이다. 대다수 문제는 '누굴 구해야 하는가?'와 같은 문제와는 전혀 다르다. 이는 매우 특별한 상황일 뿐이다. 반면 일반적인 상황에서 우리가 동물을 위해서 할 수 있는 선善은 대부분 우리 자신에게 약간의 불편만 요구할 뿐이다.

요약

우리의 도덕적 사고는 '평등원칙'에 따라 좌우된다. 모든 사람은 동등하게 배려 받아야 한다. 간단히 말해서 도덕적 판단을 할 때, 모든 사람의 관심을 동등한 비중으로 고려해야 한다는 뜻이다. 평등원칙은 '적절한 차이가 없는 한 도덕적 차이도 있을 수 없다'는 주장으로 뒷받침된다. 하지만 평등원칙은 인간에게만 적용되는 것이 아니라, 인간과 적절한 도덕적 차이가 없는 동물에게도 그대로 적용된다.

인간과 동물 사이에 많은 차이가 있지만 어떤 차이도 '도덕적으로 적절한 차이'는 아니다. 그러한 차이는 '어떤 종으로 태어나느냐' 하는 것처럼 개인이 선택할 수 있는 것도 아니며, 지능처럼 기준 자체가 매우 임의적이기 때문이다. 따라서 우리는 인간에게 부여하는 것과 동등한 수준의 배려를 동물에게도 부여해야 한다.

평등원칙은 도덕적 사고의 중심이 되는 또 다른 원칙으로 뒷받침되는데, 이것이 바로 '응보원칙'이다. 우리가 도덕모임에 속한다면, 따라서 도덕적 권리를 갖는다면, 이러한 권리는 우리 힘으로 어쩔 수 없는 요인이나 상황에 의해 제한되어서는 안 된다. 성별, 인종, 눈동자의 색깔 등과 마찬가지로 생물학적 종은 우리 힘으로 선택할 수 있는 것이 아니다. 따라서 어느 종에 속한다는 이유만으로 도덕적 권리를 제약해서는 안 된다. 적절한 차이가 없으면 도덕적 차이도 없다. 응보원칙에 따라 우리의 힘으로 통제할 수 없는 특징은 적절한 차이가 아니다.

평등원칙을 인간뿐만 아니라 동물에게도 적용한다고 해서, 세상이 뒤집힐지 모른다고 겁낼 필요는 없다. 인간과 동물을 똑같이 대하라는 요구는 아니기 때문이다. 삶과 죽음이 갈리는 중대한 순간에도 인간과 동물 사이에서 누구를 구할 것인지 고민해야 한다는 말은 아니다.

당신의 처지를 무지의 장막으로 가려보
라. 인간으로 태어날지, 동물로 태어날지
모르는 상태에 있다고 가정해보라. 세상
은 평등한가?

3

만물을 위한 정의

논증이 많이 진행되었다. 도덕에 관한 우리의 사고는 두 가지 원칙을 중심으로 이루어진다. 평등원칙은 도덕적으로 적절한 차이가 없다면, 누구나 동등한 배려를 받을 권리가 있다고 말한다. 이는 인간에게나 동물에게나 적용되는 원칙이다. 응보원칙은 배려를 받을 자격이 있다면, 자신의 힘으로 어쩔 수 없는 요인이나 상황에 의해 마땅히 받아야 할 배려가 줄어들어서는 안 된다고 말한다.

이 두 가지 원칙은 함께 작동한다. 이 두 원칙은 제각각 동물권을 뒷받침하는 강력한 논증을 제시한다. 이 두 가지 원칙을 함께 적용하면 주장은 훨씬 강력해진다.

타당성 있는 도덕이론이라면 평등의 관념과 응보의 관념을 적절히 고려해야 한다. 구체적으로 동물과 관련된 사안들 — 동물을 음식으로 사용하는 문제, 동물을 실험대상으로 삼는 문제 등 — 을 도덕적 측면에서 논의할 때, 이 두 관념이 씨실 날실처럼 정교하게 엮인 잣대를 활용해야 한다는 뜻이다. 이는 어떻게 가능할까?

내가 선택한 접근방법은, 넓은 의미에서 하버드대학의 철학교수 존 롤즈의 저작에서 힌트를 얻은 것이다. 물론 나의 접근법은 롤즈의 설명과는 많은 면에서 다르다.[7] 실제로 롤즈는 이러한 변형을 전혀 반가워하지 않을지도 모른다. 그러지 않기를 바랄 뿐이다.

본래자리 – 정의로운 세계로 들어서기

당신 자신에 대해 아무것도 모른다고 가정해보라. 가정하기 어렵더라도 노력해보라.

내 성별이 무엇인지, 어느 인종인지도 모른다. 사회에서 어느 위치에 있는지도 모른다. 부유한지 가난한지, 정신노동을 하는지 육체노동을 하는지도 모른다. 재능을 얼마나 타고났는지 행운을 얼마나 타고 났는지 알지 못한다. 신이 지능, 미모, 체력, 매력 등 재능을 나눠줄 때 맨 앞줄에 서서 열심히 받았는지, 아니면 줄도 서지 않고 한쪽 구석에서 담배를 피우다 제대로 받지 못했는지 알지 못한다. 심지어 무엇이 가치 있고, 무엇이 좋은지 나쁜지도 알지 못한다. 원하는 것이 무엇인지, 꿈이 무엇인지 알지 못한다. 말 그대로 자신에 대해 아무것도 알지 못한다. 어떤 사람인지 아무런 정보도 갖고 있지 않다.

이는 롤즈가 말하는 본래자리$_{position}^{original}$를 묘사한 것이다(롤즈 이론의 핵심은 인류의 고전적 숙제인 '자유'와 '평등'을 하나로 통합하는 것이다. 본래자리라는 개념을 통해, 개개인에게 자유로운 판단을 부여하고, 여기서 평등이라는 합의를 도출해 낸다. 한마디로 '자유주의적 사회주의'

이론이라고 할 수 있다. 한국어판 『정의론 (황경식 옮김)』에서는 이를 '원초적 입장'이라고 번역하였다 - 옮긴이). 본래자리는 무지의 장막^veil of ignorance 뒤에 있다. 자신에 대한 어떠한 사실도, 자신이 어떤 사람인지도 알지 못한다. 이렇게 아무것도 알지 못하는 상태에서 우리는 가장 이상적인 인간사회가 어떠해야 하는지 궁구해야 한다고 롤즈는 말한다.

본래자리라는 개념을 왜 이야기하는지 이미 눈치챈 독자도 있을 것이다. 이것은 공정한 분배와 밀접하게 연관되어 있다. 친구와 함께 TV를 보면서 피자를 주문했다고 가정해보자. 욕심 많고 다투길 좋아하는 사람들만 모여 있다고 할 때, 피자를 나누다가 싸우는 일이 많을 것이다. 싸움은 대개 어느 조각이 큰지, 누가 맛있는 부분을 많이 차지하는지 등과 같은 문제 때문에 발생한다. 이러한 논쟁을 끝낼 수 있는 가장 좋은 방법은 무엇일까?

쉽다. 피자를 자르는 사람이 '어느 조각을 누가 먹게 될지' 모르게 하면 된다. 자른 사람이 맨 나중에 선택하거나, 적어도 선택하는 순서를 알려주지 않으면(그래서 자신이 맨 나중에 선택하게 될 수 있다는 것을 인지하면) 된다. 피자를 자르는 사람이 자신이 어느 조각을 먹게 될지 모르면 피자를 공정하게 분배할 수 있다.

이렇게 하면 피자를 자를 때 불공정이나 편파성을 저지를 수 있는 기본적인 유인이 사라진다. 결국 피자를 자르는 사람은 어떻게 행동하는 것이 가장 합리적일까? 간단하다. 똑같이 자르는 것이다. 이처럼 본래자리에서 볼 때 '합리적' 행동이 현실세계에서 '공정하고 적절한' 행동이다.

본래자리는 이처럼 평등한 상황을 찾기 위한 기본적인 토대가 된다. 자신에 관한 구체적인 정보 — 성별, 사회적인 성역할, 재능과 능력, 가치, 목표 등 — 를 전혀 알지 못하는 상태에서 '어떤 사회에서 살고 싶은가?' 묻는다면, 가장 공정하고 적절한 대답을 할 확률이 높다. 자신이 처한 입장을 알지 못하는 경우 어떠한 불공정이나 편파성의 유혹도 존재하지 않을 것이다.

자신이 어떤 사람인지 안다면, 자신의 능력과 자질이 유리하게 작동하는 세상을 선택하고 싶은 유혹을 무의식적으로라도 느낄 수 있다. 하지만 이러한 정보를 모두 제거하면 그러한 편파성이 일어날 가능성도 줄어든다. 자신이 누군지 모르기 때문에, 사회가 어떻게 되면 좋을까 선택할 때 누구에게나 가장 좋은 사회를 선택할 수 있다.

이것이 바로 롤즈가 말하는 본래자리이다. 하지만 내가 사용하는 본래자리는 롤즈가 말하는 것과 약간 다르다. 무엇이 다른지는 곧 알게 될 것이다. 개념의 차이를 분명히 하기 위해 나는 본래자리가 아니라 공평한 자리$_{position}^{impartial}$ 라는 용어를 사용하고자 한다.

공평한 자리 – 평등과 응보의 세계로 들어서기

본래자리를 설정하는 방식은 다양할 수 있다고 롤즈는 말했다.

'공평한 자리'는 평등원칙과 응보원칙으로 빚어낸 본래자리다. 물론 어떠한 본래자리든 평등원칙을 토대로 할 것이다. 자기가 누군지 모른다면, 결코 자신의 이익에 치우칠 수 없다. 무지의 장막 뒤에선 어떠한 편견의 토대도 성립하지 않는다. 그래서 본래자리라는 관념은 우리의 도덕적 사고 속 평등의 관념을 구체화하게끔 도와주는 방편임이 분명하다.

평등원칙만큼 명확하지는 않지만, 본래자리에는 응보원칙도 작동한다. 응보법칙은 실제로 자신에 관한 구체적인 정보를 인식하지 못하게 하는 것에 정당성을 부여한다. 공평한 자리에서 우리가 알지 못하는 자신에 관한 정보는 모두, 자신의 힘으로 결정할 수 없는 특징들이다. 성, 인종, 타고난 지능, 신체조건과 같은 속성은 모두 무지의 장막 뒤로 가려진다. 자신이 통제할 수 없는 것이기 때문이다. 그런 속성은 우리가 직접 획득하거나 유발한 특징이 아니다.

공평한 자리는 이처럼 도덕적으로 적절하지 않은 특징은 모두 무지의 장막으로 가려진다. 선택할 수 있는 결정권이 우리에게 있지 않기에 도덕과는 무관한 요인들이다.

결국 공평한 자리는, 우리가 노력한 대가로 얻지 않은 속성들은 모조리 무지의 장막 뒤에 숨긴 본래자리라 할 수 있다. 무지의 장막으로 가려진 속성들을 나 스스로 선택할 수 있는 것이 아니라 자연이 선택하여 우리에게 주는 것이다. 이로써 우리는 공평과 응보라는 관념을 도덕적 추론 속에 반영할 수 있다.

종의 배제

당신은 어느 종에 속해 있는가? 그것은 당신 힘으로 선택한 것인가? 어떤 식으로든 직접 획득하거나 유발한 것인가? 분명 그렇지 않다. 인간으로 태어나는 것은 당신이든 나든 선택한 것이 아니다. 그렇게 태어났을 뿐이기에 특권이 될 수 없다. 응보원칙에 따라 어떤 종에 속한다는 사실은 인종, 성, 눈동자 빛깔과 마찬가지로 도덕적으로 임의적인 특징에 불과하다.

따라서 공평한 자리에서는 내가 어느 종에 속하느냐 하는 인식도 무지의 장막 뒤에 숨겨야 한다. 다시 말해 자신이 어느 생물학적 종에 속하는지 모른다고 상상해야 한다. 더 나아가 어떤 종의 구성원이 됨으로써 갖는 속성도 모두 배제하여야 한다. 인간으로서 타고나는 지능도 역시 배제하여야 한다. 복잡한 이성적 추리를 할 수 있는 능력, 일정 범위에 속하는 IQ도 모두 무지의 장막 뒤에 가려야 한다. 이런 것들도 우리가 갖고 있든 없든 우리의 힘으로 결정한 것이 아니기 때문이다.

하지만 우리는 가끔씩 지능을 '개발한다'고 이야기한다. 또 때로는 이성적(또는 합리적)이 되려고 노력하라고 이야기하기도 한다. 이는 지능이나 합리성도 스스로 개발하거나 높일 수 있는 것이라는 뜻 아닐까? 이 말이 옳다면, 합리성과 지능은 우리가 결정할 수 없는 자질이라는 말은 틀릴 것이다. 우리가 노력하여 획득한 많은 특성과 마찬가지로 지능과 합리성도 우리가 직접 획득하고 발전시킨 것이라 할 수 있다. 그렇다면 지능과 합리성을 무지의 장막 뒤로 배제해서는 안 될 것이다.

문제는 이러한 논증은 실패할 수밖에 없다는 것이다. 지능을 예로 들어보자. 최근 연구결과에서 지능은 — 적어도 IQ점수의 경우 — 연습을 통해 높아질 수 있다고 한다. 다시 말해 IQ테스트를 미리 공부하면 더 좋은 점수를 얻을 수 있다. 하지만 이는 전혀 놀라운 사실도, 의미 있는 사실도 아니다.

첫 번째, 연습을 통해서 IQ점수를 높인다고 해도 일정 범위를 벗어나지 못한다. 아무리 IQ테스트를 열심히 준비한다 하더라도 20퍼센트 이상 높아질 수는 없다. 물론 IQ점수에서 20퍼센트 차이가 도덕적으로 적절한 차이라고 주장하는 사람은 없을 것이다. 평균보다 20점 높다고 해서 평균 지능을 가진 사람들보다 더 많은 도덕적 권리를 갖지는 않는다. 죽도록 열심히 공부해서 IQ점수를 높인다고 해도 도덕적 권리와는 아무 상관이 없다.

두 번째, 열심히 공부하고 연습해서 IQ를 20점 올릴 수 있다는 것은, 기본적으로 지능을 올릴 수 있는 자질이 있기 때문이다. 예컨대, 이미 IQ 100이 되지 않다면 IQ 120이 될 수 없다. 하지만 이러한 지능의 토대는 직접 획득하거나 유발한 것이 아니다. 생물학적으로 인간이라는 종으로 태어나면서 우연히 갖게 된 속성이다. 어린 시절 특별한 훈련을 거쳐 얻어지는 것도 아니다. 공부를 해서 IQ를 높일 수 있다고 해도 그것은 완전히 자신의 노력으로만 얻은 것이 아니다.

다시 말하지만, 공평한 자리에서 우리가 어느 종에 속하는가 하는 인식은 무지의 장막 뒤에 숨겨야 한다. 종이 되면서 주어진 생물학적 일반특성들, 환경적으로 종의 평균적인 구성원들이 지닌 특성들도 모두 숨겨야 한다. 이로써 자신이 누구인지, 심지어 무엇인지도 모르는 상황에서 질문을 던져야 한다.

"이 세상이 어떠했으면 좋겠는가?"

내가 누구인지, 무엇인지 모르기 때문에 우리는 만인을 위한 세상, 만물을 위한 세상을 선택할 수밖에 없다. 공평하지 않은 토대나 편견은 공평한 자리라는 상황에서 작동하지 않는다. 공평한 자리에서 '불합리한' 선택을 한다면, 그것은 현실세계에서 '부도덕한' 선택이 된다. 이것이 바로 정의가 추구하는 모든 것이다.

도덕적 능동인과 도덕적 피동인

본래자리보다 공평한 자리가 좋은 점이 있다면 '도덕적 능동인能動因agent'과 '도덕적 피동인被動因patient'을 구분하는 것이 용이하다는 것이다. 도덕적 피동인은 간단히 말해서 도덕적으로 배려할 가치가 있는 사람(또는 동물)이다. 도덕적 피동인은 우리가 행동할 때 도덕적으로 고려해야 할 대상으로서, 삶의 질을 경험하는 존재다. 규범적으로 볼 때 나의 행동이 어떤 대상에 영향을 미칠 수 있으며 그것을 배려해야 한다면, 그 대상은 도덕적 피동인이다.

반면, 도덕적 능동인은 도덕적 사고나 추론 능력이 있는 존재를 말한다. 특정한 선택의 기로에 직면했을 때, 도덕적 능동인은 '지금 어떤 행동을 하는 것이 바람직할까?' 스스로 물어볼 수 있다. 도덕적 규범과 원칙을 자신이 처한 상황에 적용할 줄 안다. 물론 도덕적 능동인이라고 해서 언제나 상황에 맞는 공평한 도덕적 원칙을 적용한다는 뜻은 아니다. 자신에게 유리한 원칙만 적용할 수 있기 때문이다. 그보다 도덕적 능동인은 상황에 걸맞은 원칙을 적용할 수 있는 능력, 이러한 토대 위에서 어떤 행동이 옳은지 판단하는 능력이 있다는 뜻이다.

도덕적 능동인은 모두 도덕적 피동인인 반면, 도덕적 피동인은 모두 도덕적 능동인은 아니다. 인간은 모두 도덕적 피동인이다. 반면, 인간은 대부분 도덕적 능동인이지만 전부 그런 것은 아니다. 도덕적 피동인이긴 하지만 능동인이 아닌 사람으로는 누가 있을까?

심각하게 뇌가 손상된 사람, 뇌기능에 이상이 있는 사람, 영구정신이상자, 단기정신이상자, 치매노인, 유아, 어린아이를 예로 들 수 있다. 이들은 상황에 걸맞은 공평한 도덕원칙을 적용할 능력이 없고, 따라서 도덕적으로 올바른 행위가 무엇인지 판단할 능력이 없는 사람들이다.

그럼에도 많은 이들이 이들도 도덕적 피동인이라고 인정한다. 우리 행동이 이 사람들에게 미치는 영향을 도덕적으로 고려해야 한다. 그들이 도덕적 능동인이 아니라는 이유만으로 재미삼아 고문할 사람은 없을 것이다. 도덕적 피동인으로서만 자격을 갖춘 사람은 권리는 갖지만 책임은 지지 않는다. 다른 사람의 도움을 받아야만 한다.

본래자리에서는 자신이 도덕적 능동인인지 아닌지도 몰라야 한다. 도덕적 능동인이 되는 것도 자신의 선택이 아니기 때문이다. 따라서 특권이 될 수 없는 속성이다. 어떤 상황을 도덕적으로 이해하는 능력, 올바른 행위를 판단하기 위해 공평한 도덕원칙을 적용할 줄 아는 능력은 우리가 의도하여 선택한 것이 아니다. 적절한 지능을 갖고 태어났으며 상대적으로 정상적인 사회화 과정을 거쳐 도덕적 능동인이 되었든, 적절한 지능과 사회화 과정 모두 거치지 못했거나 어느 것 하나라도 잘못되어 도덕적 능동인이 되지 못하였든 내가 결정한 것이 아니다.

마찬가지로 도덕적 피동인이 될 수 있는지 없는지 하는 결정 역시 스스로 선택한 것이 아니다. 따라서 본래자리에서 자신이 도덕적 피동인인지 아닌지도 몰라야 한다. 자신이 도덕적 피동인인지 모른다고 해도, 이것이 공평한 자리에서 합리적으로 판단하는 데에는 아무 영향도 미치지 않는다. 왜 그럴까?

당신이 공평한 자리에 있다고 가정해 보라. 자신이 획득하지 않은 모든 속성을 배제하였다고 생각한다. 자신이 속한 종을 포함하여 자신이 도덕적 능동인인지 도덕적 피동인인지도 모른다. 그리고 스스로 묻는다. '이 세상이 어떠했으면 좋겠는가?' 공평한 자리에서 불합리한 선택은 현실세계에서 부도덕한 선택이다.

당신은 인간만 권리와 권한을 갖는 세상을 선택할 것인가? 이런 선택은 불합리하다. 자신이 어느 종에 속하게 될지 모르기 때문이다. 도덕적 능동인만 권리를 갖는 세상을 선택할 것인가?

이 또한 불합리한 선택이다. 도덕적 능동인이 아닌 것으로 판명될 수도 있기 때문이다.

그렇다면, 도덕적 피동인과 그런 지위에도 미치지 못하는 존재를 차별하는 세상을 선택한다면 어떨까? 충분히 가능한 선택이다. 더 나아가 이 선택은 합리적일 수 있다. 자신이 도덕적 피동인도 되지 못하는 존재라면 세상이 어떻게 되든 걱정할 필요가 없기 때문이다. 세상이 어떻게 되든 나와는 아무런 상관이 없다. 예컨대 자신이 돌멩이라면, 나무라면, 테니스공이라면 세상이 어떻든 상관할 바 아닐 것이다.

반면 의식이 있는 존재라면, 관심이 있다면 삶의 질을 경험할 수 있다. 환경이 나에게 좋을 수도 있고 나쁠 수도 있다. 그렇다면 최소한 도덕적 피동인이라 할 수 있다. 도덕적 피동인이 된다고 해서 특권이 발생하는 것은 아니지만, 도덕적 피동인과, 피동인도 되지 못하는 존재를 차별하는 것은 분명히 합리적인 선택이다. 자신이 도덕적 피동인인지 아닌지 모른다고 하더라도, 이러한 선택은 타당한 것이다.

나는 앞에서 롤즈의 본래자리보다 공평한 자리가 좋은 점으로 도덕적 능동인과 도덕적 피동인을 구분하는 것이 용이하기 때문이라고 말했다. 롤즈의 설명에 따르면, 정의란 소위 정의감 sense of justice 이 있는 개인들에게만 적용되는 것이다. 롤즈가 말하는 정의감이란 도덕적으로 사고하고 추론할 수 있는 사람에게만 존재한다. 다시 말해, 본래자리는 도덕적 능동인에게만 허용되는 자리다. 롤즈의 본래자리에서는 누구나 자신이 도덕적 능동

인이라는 사실을 안다. 따라서 롤즈가 규정한 바에 따르면 도덕
적 피동인은 정의의 범주 안에 속하지 못한다.

도덕적 능동인은 되지 못하고 도덕적 피동인으로서만 존재
하는 사람이 얼마나 많은지 앞서 이야기했다. 도덕적 사고를 이
끌어내기 위해 롤즈의 본래자리라는 개념을 사용할 경우, 이들
은 모두 도덕의 범주 밖으로 내동댕이쳐질 것이다. 그렇다면 이
들이 '부당하게' 대우받는다는 말도 성립하지 않는다. 처음부터
도덕적 권리나 권한을 갖지 못하는 것으로 간주하는 것이기 때
문에 어떻게 대하든 상관없다.

적어도 이는 용납할 수 없는 일이다. 어린아이를 고문하는 것
은 분명히 잘못된 행동이다. 어린아이에게 해를 끼치기 때문에
잘못된 것으로 보인다. 어린아이들이 고문을 참아야 할 도덕적
인 이유는 없다. 우리 모두(또는 대부분) 느끼는 이러한 아주 강
렬한 직관을 설명하려면 본래자리보다 좀더 확장된 개념이 필
요하다. 이것이 바로 공평한 자리이다.

평등원칙과 응보원칙을 구현하기 위한 공평한 자리에서는,
스스로 획득하지 않은 속성은 전혀 알지 못한다. 자신이 어떤
종인지, 따라서 종의 구성원이 됨으로써 타고난 능력이 무엇인
지, 또한 자신이 도덕적 능동인인지 피동인인지 모른다. 이러한
상황에서 도덕의 대상이 될 수 있는 범위는, 자신이 어떤 존재
가 되었을 때 세상이 어떤 모습이 될지 걱정할 수 있는 존재들
의 범위와 일치한다. 예컨대 자신이 바위가 될 수 있다고 걱정할
필요는 없다. 내가 바위가 된다면, 세상이 어떻게 되든 나에겐

(바위에겐) 아무 상관없는 일이기 때문이다. 따라서 바위는 도덕의 범주에 속하지 않는다. 하지만 내가 돼지나 소나 개가 될 수 있다면 걱정을 해야 한다. 세상이 어떤 모습인가에 따라 나의 삶은 크게 달라질 수 있기 때문이다.

공평한 자리에서 보는 도덕의 범주에는 삶의 질을 경험할 수 있는 존재는 모두 포함된다. 그리고 이러한 존재들이 어떻게 대우받아야 하는지 판단할 때는 '황금률'을 따라야 한다. 공평한 자리에서 불합리한 선택을 한다면 이는 현실세계에서 부도덕한 결과로 나타난다.

공평한 자리는 가능한가?

공평한 자리란 물론 실제로 존재하지 않는 은유적 표현이다. 철학에서 흔히 휴리스틱heuristic(스스로 깨닫도록 하는) 기법이라고 한다. 생각을 도와주는 방편일 뿐이다.

공평한 자리를 이야기하는 것은, 문자 그대로 그 상황에 처할 수 있다는 말이 아니다. 공평한 자리에 '서다'는 말은, 집이나 버스 안에 서 있거나 건물이 서 있다는 말과는 다르다. 공평한 자리란 사실상 실재하는 공간이 아닐 뿐만 아니라, '상상할 수 있는' 공간도 아니다. 어느 누구도 자신이 타고난 속성을 전혀 모를 수는 없기 때문이다. 자신에 대해 아무것도 모르는 자신을 과연 상상할 수 있는 사람이 있을까?

그렇다면 공평한 자리에 '서라'고 하는 말은 무슨 뜻인가?

우리는 위신이 '섰다'고 말을 한다. 이것은 어떤 사람이 실재할 수 있는 장소가 아니라 어떤 행동방식이나 상황에 대해서도 '서다'라는 말을 쓸 수 있다는 것을 알려준다. 위신이 '서다'는 표현과 마찬가지로 공평한 자리에 '선다'는 표현은 특정한 방식으로 행동을 한다는 말이다. 그렇다면 어떻게 행동한다는 말일까? 기본적으로 특정한 방식으로 추론하기, 또는 특정한 한계 안에서 추론하기를 말한다. 예컨대 다음과 같이 추론하는 것이다.

"사실상, 나는 속성 P(예컨대, 남자라는 속성)를 갖고 있다. 하지만 이 속성을 갖지 못했다면 어떨까? 이 속성을 갖지 못했다면 이 세상이 어떠했으면 좋을까? 더 정확히 말해서 내가 속성 P를 갖지 못한 상태라면 사람들이 어떤 도덕원칙을 채택하기 바라는가?"

따라서 공평한 자리에 '선다'는 것은, 이러한 추론과정을 통해 그 상황 속으로 들어간다는 의미다.

공평한 자리에서 속성 P는 자신이 획득하지 않은 속성을 의미한다. 성별, 인종, 지능, 종, 도덕적 능동인 등이 그러할 것이다. 공평한 자리에 서려면 자신이 획득하지 않은 모든 속성을 이러한 과정을 통해 무지의 장막 뒤로 가려야 한다.

그렇다고 해서 그러한 속성들을 모두 한꺼번에 장막 뒤로 숨길 필요는 없다. "지금 나에게 주어진(스스로 획득하지 않은) 모든 속성이 무엇인지 아무것도 모르는 상태에서 사람들이 어떤 도덕원칙을 채택하기 바라는가?"라고 질문하는 것은 너무 어려운 일이다. 그저 자신이 획득하지 않은 속성을 하나씩 차례대로 되짚어보는 것만으로 충분하다. 다음과 같이 질문을 하면 된다.

"나는 현실에서 남자(또는 여자)라는 속성을 갖고 있다. 하지만 이 속성이 없다면 어떨까? 이 세상이 어떠하면 좋을까?"

이렇게 해답을 찾고자 하는 문제와 직결되는 속성을 하나씩 짚어보는 것만으로도 충분하다. 인종차별이 없는 사회를 꿈꾼다면 이렇게 물으면 된다.

"나는 백인(또는 내가 속하는 인종)이라는 속성을 갖고 있다. 하지만 이 속성이 없다면 어떨까? 이 세상이 어떠하면 좋을까?"

실제로 이보다 훨씬 구체적인 문제에 적용할 수도 있다. 예컨대 송아지고기 요리를 위한 송아지 사육 문제를 도덕적 잣대로 가늠해보고자 한다면, 자신이 인간인지 송아지고기용 송아지인지 알지 못한다고 가정한 다음 "이 세상이 어떠하면 좋을까?" 물으면 된다. 다시 말해 송아지고기용 송아지 사육이 있는 세상이 좋은가? 아니면 송아지고기용 송아지 사육이 없는 세상이 좋은가?(이 문제에 대한 현실은 5장에서 소개한다).

지금 이야기하고 싶은 핵심은 바로, 공평한 자리에 서기 위해 자신의 속성이 모두 사라진 상태를 상상할 필요는 없다는 것이다. 해답을 얻고자 하는 문제에 따라 하나씩 상상해 보는 것만으로도 충분하다.

'상상한다'는 말이 명확하지 않다는 점도 한번 짚어보자. 예컨대 자신이 남자라면, 성평등에 관한 질문에 답변하기 위해 공평한 자리에 서려면 다음과 같은 질문을 해야 할 것이다.

"내게 남자라는 속성이 없다면 이 세상이 어떠하면 좋을까?"

남자라는 속성이 없다고 상상하는 것은 과연 어떤 것일까? 두 가지 의미로 이해할 수 있다. 하나는 자신이 '여자'라고 상상하는 것이고, 다른 하나는 '남자가 아닌 어떤 것'이라고 상상하는 것이다.

그렇다면 '남자가 아닌 어떤 것'은 어떤 것일까? 그 난해함은 말로 설명하기 어려울 지경이다. '여자와 같은 것'은 또 어떤 것일까? 나는 이런 존재를 상상해 낼 수 있을지 전혀 자신하지 못한다. 하지만 진짜 문제는 이런 것을 상상하는데 성공했다고 하더라도 그것이 성공인지 실패인지 판단할 수 없다는 것이다.

공평한 자리에 서기 위해서 '남자가 아닌 어떤 것'을 떠올리는 엄청난 상상의 위업을 달성할 필요는 없다. 여기서는 남자가 아니라고 상상하는 것만으로도 충분하다.

실제로 우리가 '동물과 같은 어떤 것'을 상상할 수 없다는 이유로 동물에게 도덕적 지위를 부여하는 것에 반대하는 사람도 있다. 이러한 상상을 하지 못하는 것은 명백한 사실일 수 있다. 하지만 우리 상상력의 부족은 도덕과 전혀 무관한 문제다. 여자에게 도덕적 권리를 주기 위해 남자들은 '여자와 같은 어떤 것'을 얼마나 상상했는가? 또는, 동물에게 도덕적 권리를 주기 위해 '동물과 같은 어떤 것'을 상상해내야 할 필요는 없다.

합리성의 투쟁 – 이상으로서의 공평한 자리

일단 공평한 자리에 서서 우리가 풀고자 하는 도덕적인 질문을 하고 나면 소위 '황금률'을 따라야 한다. 즉, 공평한 자리에서 불합리한 선택은 현 세계에서 부도덕한 선택이다. 이는 물론 우리가 진정으로 어느 정도까지 합리적일 수 있는가 하는 의문을 갖게 한다.

현세에서 남의 입장은 전혀 고려하지 않는 근시안으로 자기만 위하는 편견에 가득 차 있는 사람에게, 어떤 제한된 상황에서 추론을 하게끔 한다고 그 사람의 결점이 고쳐질 수 있을까? 불행히도 확신할 수 없다. 실제로 모든 사람이 도덕적 추론을 일상화한다고 해도 진정으로 합리적이고 공평한 세상이 오지는 않을 것이다. 하지만 문제될 것은 없다. 여전히 우리는 최선을 다할 수 있기 때문이다.

철학자 비트겐슈타인이 말했듯이 철학이란 지능의 싸움이기도 하지만 의지의 싸움이기도 하다. 철학은 이성적 능력이 우리를 이끄는 대로 따라가기 위한 투쟁이다. 철학은 무수한 유혹을 뿌리치고 우리가 감당할 수 있는 최대한 가혹한 방식으로 이성을 뒤쫓는 투쟁이다.

공평한 자리는 이상이다. 우리가 추구하는 목표다. 목표를 이루지 못한다고 해서 상황이 나빠지는 것은 아니다. 우리가 완벽하게 공평한 자리에 설 수 없다고 해도 공평한 자리에, 공평한 자리의 규율과 제약 속에 서기 위해서 최선을 다할 수는 있다.

요약

'공평한 자리'라는 개념은 도덕적 문제나 논란을 다루기 위한, 아주 효과적인 휴리스틱 도구를 제공한다. 공평한 자리는 도덕적 사고가 평등원칙과 응보원칙에 기반해야 한다는 필요에 의해 고안되었다. 공평한 자리에서는 내가 누구인지, 무엇인지 모르게 함으로써 평등원칙을 구현한다. 또한 자신이 획득하지 않은 속성을 모두 '무지의 장막' 뒤에 가림으로써 응보원칙을 구현한다.

공평한 자리는 문자 그대로 어떤 자리나 상황을 말하는 것이 아니다. 그것은 행동방식을 뜻하는 것일 뿐 공간을 차지하는 실체를 의미하지 않는다. 도덕적 문제를 추론하기 위해 자신이 가지고 있지만 스스로 획득하지 않은 속성을 알지 못한다고 상상함으로써, 제한된 상황 속으로 들어간다는 의미다. 그런 다음 "내가 속성 P를 갖지 않으면, 이 세상이 어떠하면 좋을까?"라고 묻는다.

이 질문에 대답할 때는 '황금률'을 따라야 한다. 공평한 자리에서 불합리한 선택은 현세에서 부도덕한 선택이다. 우리는 이론만큼 완벽하게 합리적이지 못할 수 있다. 하지만 우리는 이 질문에 대답하기 위해 최선을 다할 수 있다.

우리가 동물을 잘못 대하는 것은 상대적
으로 사소한 인간의 관심을 동물의 가장
절대적인 관심보다도 우위에 놓기 때문
에 비롯한다.

4
—
삶과 죽음의 가치

공평한 자리는 우리가 동물을 대하는 방식의 도덕적 문제와 논란을 객관적인 눈으로 바라볼 수 있는 방편을 제공한다. 이제 동물과 관련해 실제 벌어지고 있는 논란을 살펴볼 차례다. 고기를 얻기 위한 동물사육, 동물실험, 동물원, 애완동물 등을 자세히 이야기할 것이다. 하지만 먼저 짚고 넘어가야 하는 훨씬 기본적인 논의가 있다. 우리가 무심코 동물에게 저지르는 행위, 바로 동물을 죽이는 행위에 대해 이야기해보자.

구명보트에 올라타기

동물권이라는 발상 자체가 불합리하다고 주장하는 사람도 있다. 동물권을 엄격하게 받아들여야 하면 개, 소, 돼지를 죽이는 행위는 인간을 죽이는 행위와 마찬가지로 옳지 않은 일이 되기 때문이다. 이런 주장을 '구명보트 비유'라는 방법을 이용해 쉽게 설명할 수 있다.

"구명보트에 인간과 개 중 하나만 구조할 수 있는 상황이라면 누굴 구할 것인가?"

굳이 구명보트가 비유에 등장할 필요는 없다. 다른 비유를 하나 들어 보자.

"불타는 집에 달려 들어가 강아지와 갓난아기 중 하나만 구출할 수 있는 상황이라면 누굴 구할 것인가?"

구명보트가 등장하든 등장하지 않든 이러한 비유 밑에 깔려 있는 가정은 다음과 같다. "인간을 구할 것인지, 다른 동물을 구할 것인지 한 가지만 선택해야 하는 상황에 처했다. 이런 상황의 절박성은 단지 하나만을 선택하도록 허락한다. 누굴 구할 것인가?"

사실, 이렇게 묻는 것은 그리 올바른 방법이 아니다. 어떤 상황에서 어떤 행동을 '취할 것인지' 묻기보다는 어떤 행동을 '취해야 하는지' 물어야 한다. 우리가 '하는 행동'과 '해야 할 행동'이 항상 일치하는 것은 아니기 때문이다.

예컨대 예전에 내가 애지중지 키우던 늑대개가 물에 빠졌다면 어찌 했을까? 아마도 나는 늑대를 구명보트에 끌어올리고 (불타는 집에서 구출하고) 당신은 익사하게 (타죽게) 놔둘지도 모른다. 어떤 상황에서 내가 '취할 행동'이 내가 '취해야 하는 행동'과 반드시 일치하는 것은 아니다. 따라서 구명보트 비유에서 우리는 어떤 행동을 '취해야 하는가'라고 물어야 한다.

실제로 많은 사람들이 동물권을 주장하는 사람들에게 이런 질문을 던진다. 물론 그 의도는, 개를 구하는 것이 인간을 구하는 것과 똑같이 옳다는 대답을 이끌어 내 동물권이라는 것이 얼마나 불합리하고 잘못된 생각인지 지적하며 조롱하기 위한 것이다. 정말 이런 질문을 받았을 때 동전을 던져 어느 한쪽을 선택하듯, 아무나 선택할 수 있다고 대답하는 사람도 있을 것이다.

하지만 인간을 구하는 것이 옳다는 사실은 누구나 직관적으로 알고 있다. 여기서 나는 동물권을 주장하는 사람들이 죽음과 관련한 문제에서 일반적으로 저지르는 오류를 일깨워주려고 한다. 동물권을 주장하더라도 정상적인 사람이라면 거의 모든 상황에서 인간을 먼저 구해야 한다고 대답할 수 있어야 한다. 물론 '거의 모든' 상황에서 그렇다는 것이지, 항상 그렇다는 것은 아니다.

하지만 어느 수준까지 사람이 동물보다 중요하다고 판단할 수 있는지는 신중히 고민해봐야 한다. 실제로 동물권의 가장 뛰어난 철학적 옹호자 톰 리건은 구명보트 비유 상황에서 '동물의 수가 얼마가 되든' 한 명의 인간을 구하는 것이 도덕적으로 옳다고 주장한다. 인간 한 명과 동물 100만 마리 중 어느 한 쪽을 구해야 할 경우, 인간 한 명을 선택해야 한다는 것이다. 동물이 1억 마리든 10억 마리든 아니, 그보다 많더라도 인간을 구해야 한다고 말한다. 하지만 이것은 핵심을 빗나간 주장이다. 빗나가도 한참 멀리 벗어났다. 그 이유를 이 장에서 설명하고자 한다.

구명보트 비유는 인간생명과 동물생명의 '상대적 가치'를 생각해볼 계기를 제공한다. 이러한 비유에 깔려있는 직관은 '인간의 생명이 어떤 의미에서 동물의 생명보다 더 가치가 있고 값지다'는 것이다. 많은 사람들은 이러한 직관을 확신할 것이다. 하지만 왜 그런가?

주장을 확신하려면 먼저 인간생명의 가치는 무엇으로 이루어져 있는지 알아야 하지 않을까? 이에 대해 알지 못한다면 어떻게 인간의 생명이 동물의 생명보다 더 가치가 있다고 말할 수 있겠는가? 인간의 생명이 가치가 있는 것은 분명하다. 의심할 나위 없는 진실이다. 하지만 이러한 가치는 어디에서 발생하는 것일까?

이것은 쉬운 문제가 아니다. 왜냐하면 이 문제를 어떻게 풀어야 할지 접근하는 것 자체가 어렵기 때문이다. 이 같은 질문에 대답을 하려면 대체 어디서 '시작'해야 할까? 그 방법을 찾아내기 위해 질문을 다르게 해보자.

"죽는 것은 왜 나쁜가?"

죽음은 생명을 앗아가는 것이다. 죽는 것이 왜 나쁜지 알아낼 수 있다면, 여기서 생명의 가치를 유추해낼 수 있을 것이다.

죽음은 우리를 해치지 않는다

죽음, 그것이 무엇이건 살아있는 동안에는 일어나지 않는다. 비트겐슈타인이 말했듯이 죽음이란, 생명의 끝이다. 실제로 땅의 경계가 땅 안에 존재할 수 없는 것처럼, 생명의 끝도 생명이 존재하는 한 일어날 수 없다. 이런 논증에 수긍한다면 우리는 곧, 에피쿠로스 하면 떠오르는 바로 그 유명한 논증과 마주하게 된다.

죽음은 우리를 해치지 않는다!

좀더 설명을 하자면 이렇다. 살아 있는 동안 죽음은 일어날 수 없으며(따라서 우리를 해칠 수 없으며), 죽은 다음에는 해침을 당할 것이 남아 있지 않기 때문에 죽음은 우리를 해칠 수 없다. 죽음은 실제로 죽는 순간까지 우리를 해치지 못하며, 죽고 난 다음에는 더 이상 우리가 머물지 않기 때문에 죽음이 우리를 해치지 못한다. 따라서 죽음은 우리를 해치지 않는다. 이 논증에 어떤 오류라도 있는가?

죽음은 삶을 박탈한다

에피쿠로스의 논증에 대한 가장 대표적인 반론은 토마스 네이글의 논증이다.[8] 네이글은 어떤 해악의 돌이킬 수 없는 상대적 특성을 간과하였기 때문에 에피쿠로스의 논증이 잘못되었다고 반박한다. 여기서 네이글이 말하는 '어떤 해악'은 박탈^{deprivation}을 의미한다. 다음과 같은 상황을 상상해보자.

어떤 사람이 뇌에 심각한 외상을 입어 3개월짜리 아기의 정신연령으로 돌아갔다. 하지만 이 사람은 뇌손상과 무관하게 더할 나위 없이 행복하게 살고 있다. 그렇다면 뇌손상은 이 사람을 전혀 해치지 않았을까?

여기서 해침이란 이전 상태와 이후 상태의 '상관관계' 속에 존재한다. 물론 이러한 비유는 완벽하지 않다. 부상 전과 후, 서로 비교할 수 있는 '주체'가 존재하기 때문일 것이다(물론 사고

전과 후의 주체가 동일인물이라고 할 수 있는지는 분명치 않다). 그럼에
도 네이글은 죽음이 끼치는 해악을 이처럼 상관성의 측면에서
이해하여야 한다고 주장한다.

"돌이킬 수 없는 상대적 선과 악이 있다. 이는 '어떤 사람이
일상적인 시간과 공간의 경계 안에 존재하는 상황'과 '그 사람
이 시간도 공간도 차지하지 않는 상황' 사이의 상대적 특징이
다. 상대적 관점에서 전자는 선이고 후자는 악이다. 인간의 삶
에는 '자기 몸과 마음의 경계 밖에서 일어나는 많은 일들'이 개
입한다. 또한 '자기 삶의 경계 밖에서 일어나는 많은 일들'이 개
입할 수 있다." [9]

이는 '한 개인'과 '그 개인의 생명의 경계선 밖에서 일어나는
것'들 사이의 상관성에 주목하게 만든다. 물론 외부에서 발생하
는 일의 주체가 되려면 다른 사람이 아닌 바로 그 개인에게 그
일이 일어나야 하고 그 개인이 경험해야 한다. 또 네이글이 말
하는 선과 악의 대립구도를 만들려면, (지금은 죽고 없는)그 사람
이 더 이상 존재하지 않는 상태에서 '발생한 일'의 주체가 될 수
있는가 하는 문제에 대답할 수 있어야 한다. 네이글은 이 문제
에 대답하기 위해 '희망'과 '가능성'이라는 개념을 끌어들인다.

"인간은 즐기거나 고통스러워하는 능력이 있다는 이유만으
로 선과 악의 주체가 될 수 있다. 하지만 이에 못지않게 실현할

수 있든 없든 '희망'과 '가능성'이 있다는 이유만으로도 선과 악의 주체가 될 수 있다." [10)]

그 사람이 죽고 난 다음에도 그의 희망과 가능성은 남기 때문에 주체는 여전히 존재한다는 주장이다. 그렇다면 희망과 가능성을 실현할 수 있느냐 없느냐 하는 문제는 개인의 생명의 시간적 경계 밖에서 (죽고 난 뒤) 일어나거나 존재하는 상황에 좌우될 것이다. 따라서 희망과 가능성을 실현하는데 실패할 수밖에 없는 치명적인 요인으로써 죽음을 이해한다면, 죽음은 우리를 해치는 것이 분명하다. 심지어 우리 생명의 시간적 경계 밖에서 일어난다 하더라도 말이다.

이 논증은 타당할까? 아니다. 오류가 금방 눈에 띄지 않는가? 희망과 가능성에 호소하는 것은 전혀 동등하게 비교할 수 없는 것이다. 특히 가능성에 호소하는 것은 문제가 많다.

윤리학에서 가능성에 호소하는 논증은 대부분 어떤 식으로든 문제가 된다. 예컨대, 가능성이나 잠재성을 근거로 어떤 존재의 도덕적 권리를 설명하려고 할 때, 이러한 시도를 반박하는 잘 알려진 논증이 있다.

"나는 앞으로 포뮬러1 레이서가 될 가능성이 있는 사람이며, 실제로도 포뮬러1 레이서로서 잠재적 소질이 매우 높다. 아니 세계최고라 해도 과언이 아니다. 포뮬러의 황제 미하엘 슈마허조차 나의 레이싱 솜씨가 얼마나 뛰어난지 알면 잠도 자지 않고 연습에 매달려야 할 것이다. 잠재적으로 그렇다."

하지만 이는 내가 '실제로' 포뮬러1 레이서로서 권리나 권한을 갖고 있다는 의미가 아니다. 아마도 내가 경기장에 가서 내 페라리가 어디 있냐고 묻는다면 미친 사람 취급을 받을 것이다. 내가 포뮬러1 레이서가 될 수 있는 잠재성이 높다고 해서 나에게 주어지는 실질적인 권리나 권한은 전혀 없다. 기껏해야 '잠재적' 권리나 권한만 주어질 것이다. 일반적으로 말해서, 어떤 속성 P를 갖는다는 잠재성만으로 P에게 실제로 주는 권리를 갖지 못한다. 잠재성은 그러한 권리를 잠재적으로 줄 뿐이다.

우리에게서 가능성을 박탈하기 때문에 죽음이 우리를 해친다는 주장 역시 이와 비슷한 난관에 봉착할 위험이 있다. 죽음이 우리에게 해가 된다면, 죽음이 우리에게서 어떤 것, 폭넓게 말해서 어떤 '이익'을 박탈하기 때문이라고 할 수 있다. 하지만 죽음이 우리에게서 박탈하는 것이 '앞으로 가질 수 있는' 어떤 것에 불과하다면, 죽음이 우리에게서 박탈하는 것은 '잠재적인 이익'일 뿐이다. 그렇다면 죽음 역시 우리에게 '잠재적 해악'에 불과하다고 말할 수 있다.

과연 그런가? 이러한 기이한 결론에 도달하지 않으려면, 죽기 전에 우리가 '실제로' 있는 것이 '가능성'이라고 주장해서는 안 된다. 이것은 논리적으로도 모순이다. 논리적으로 타당한 주장이 되려면 우리가 '실제로' 있는 것은 '가능성이 우리에게 제공하는 권리'라고 주장해야 한다. 하지만 포뮬러1 레이서 비유에서 보았듯이, 그런 권리는 한낱 허상에 불과하다.

이처럼 가능성에 호소하는 주장은 태생적으로 한계에 부딪힐 수밖에 없다. 하지만 그러한 한계에도 불구하고, 나는 가능성이나 잠재성에 기반한 도덕적 추론이 어느 정도는 정당한 기능을 할 수 있다고 생각한다. 물론 가능성이나 잠재성에 호소하는 것이 정확하게 어떤 역할을 하는지 세심하게 이해하여야 한다. 나중에 이 문제에 대해 다시 이야기하겠다.

어쨌든 이러한 문제를 인지한다고 해도, 가능성에 기반한 네이글의 논증을 반박하기에는 뭔가 부족한 느낌이 든다. 진짜 문제는, 가능성이라는 개념의 '난잡함'이다. 여기서 난잡함은 두 가지 의미로 사용된다. 하나는 너무나 많은 가능성이 존재한다는 뜻이고, 다른 하나는 가능성을 내 것(또는 네 것)으로 만드는 요인이 무엇인지 불분명하다는 뜻이다.

바로 이 난잡함 때문에 가능성은 죽음이 우리를 해친다는 주장을 뒷받침하는 적절한 근거가 되지 못한다. 지금 내가 죽는다면 이는, 적어도 나에게는, 다소 불행한 일일 것이다. 하지만 죽는 것이 불행한 것은 어떤 가능성을 실현할 수 있는 기회를 박탈하기 때문일까? 그것은 어떤 가능성일까?

1. 천하를 다스리는 제왕이 될 가능성 2. 포뮬러1 레이서가 될 가능성 3. 부동산중개업자가 될 가능성 4. (지각이 있는) 찻잔이 될 가능성(따라서, 실현하지 못할 가능성). 이 모든 것들이 어떤 의미에서 가능성이긴 하지만 죽음이 왜 우리에게 해가 되는지 이해하는 것과는 아무 상관이 없다. 물론 각각의 가능성마다 조금씩 이유는 다를 수 있다. 우선 나는 부동산중개업자가 (찻잔도 마찬가지로) 되고 싶지 않다. 내가 전혀 관심도 없는 것이 될 수

있는 가능성을 박탈하는 것은 나에게 아무런 해악도 주지 못한다.

포뮬러1 레이서나 천하를 다스리는 제왕이 될 가능성은 조금은 나의 관심을 끌기는 한다. 예컨대 신이 나에게 와서 이런 일을 해보겠냐고 제안한다면 동네 복덕방일을 제안할 때보다는 받아들이고 싶을 것이다. 하지만 과속딱지를 몇 번 뗀 것을 제외하면, 나는 이러한 가능성을 실현하기 위해 노력한 적이 없다. 이런 것이 되고자 진정으로 갈망해본 적이 없다. 그냥 주면 좋고 안 줘도 그만인 가능성일 뿐이다. 그런 가능성을 박탈하는 것은 나에게 해를 입히는 것일까? 분명치 않다.

네이글도 가능성에 호소하는 논증에 문제가 있다는 사실을 아는 듯하다. "어떤 가능성을 실현하지 못할 때 불행이 되는지, 가능성에 한계를 설정해야 한다"고 그도 말한다.[11] 하지만 그러한 한계를 설정한다고 해서 문제가 해결되는 것은 아니다. 내가 부동산중개인이 될 가능성은 포뮬러1 레이서가 될 가능성보다 높고, 포뮬러1 레이서가 될 가능성은 천하의 제왕이 될 가능성보다 높다. 그렇다면 부동산중개인이 될 가능성을 박탈하는 것이 포뮬러1 레이서나 천하의 제왕이 될 가능성을 박탈하는 것보다 더 큰 해악이 된다는 말인가? 분명치 않다.

문제의 핵심은 바로 가능성의 난잡함에 있다. 가능성을 끌어들여 풀려고 했던 원래 문제는 한 개인을 그의 삶의 시간적 한계 밖에 있는 일과 어떻게 연결할 수 있느냐, 다시 말해 그 사람이 죽고 난 뒤에 벌어지는 일을 그 사람이 어떻게 경험한다고 말할 수 있느냐 하는 것이다. 네이글은 이 연결고리로 '가능성'을 제시했지만 가능성은 오히려 문제를 더 복잡하게 만든다. 가능성의 본래적인 난잡함 때문에 발생한 일이다. 가능성의 범위는 너무 넓다. 따라서 가능성을 본래 내 것(또는 네 것)이라고 증명할 수 있는 방법은 존재하지 않는다.

미래를 잃다

'가능성에 의존하여' 죽음을 설명하는 네이글의 논증이 불가능하다는 것이 판명됨으로써, 이제 '실재에 의존하여' 죽음을 설명하는 새로운 논증을 찾아야 한다. 죽음의 해악은 개인이 —잠재적일 뿐 아니라 — 실제로 소유하는, 그래서 그 개인이 죽을 때 잃을 수밖에 없는 특성면에서 설명되어야 한다.

   네이글의 논증에서 한 가지는 분명히 옳다. 죽음은 해악이라는 점이다. 죽음이 해악이라면, 그 해악은 소위 '박탈의 해악'이다. 죽음은 그 제물에게서 어떤 것을 박탈한다. 그렇다면 그 '어떤 것'이란 도대체 무엇일까? 물론 생명을 박탈하는 것은 분명하다. 하지만 죽음이 생명을 앗아가기 때문에 우리에게 해를 끼친다고 말하는 것은 어떠한 논의의 진전도 이루지 못한다. 죽음은 생명 이외에 무언가를 앗아간다. 그래야만 생명의 가치가 무엇인지 설명할 수 있기 때문이다. 더 실질적인 해답이 필요하다.

   죽음이 우리에게서 앗아가는 것 중 하나는 '미래'다. 매 순간 우리 삶에 편입되는 것이 무엇인지 생각해보자. 그것은 종에 따라 다르고, 어느 정도 범위 안에서 개인에 따라 다르다. 인간이라면 경험, 믿음, 욕망, 목표, 계획, 행동, 또 그 밖의 많은 다양한 것들이 매 순간 자신의 삶에 편입될 것이다. 매 순간 —지금 이 순간이라도 — 갖는 경험, 믿음, 욕망, 목표, 계획, 행동에 신경을 쓴다면, 또 지금보다 나중 어떤 시간이 있다고 생각한다면, 그 나중 시간이 되어도 이러한 것들을 계속 갖게 될 것이다. 이 말을 이해한다면 내가 말하고자 하는 미래가 무슨 뜻인지 핵심을 이해할 것이다. 나는 '미래'라는 단어를 이러한 것들을 뭉뚱그린 의미로 사용한다. 우리는 죽을 때 이런 의미의 미래를 잃는다. 이것이 바로 죽음이 우리에게 해가 되는 이유다. 간단하다.

하지만 이런 결론은 단순성의 광채만 명확할 뿐이다. 미래를 잃는다는 관념은, 곰곰이 생각해보면 아주 낯설다. 이러한 낯섦은 미래라는 관념의 낯섦에서 온다. 미래는 아직 존재하지 않는 것이다. 그렇다면 우리는 어떻게 존재하지 않는 것을 잃을 수 있을까? 지금 어떤 의미에서 미래를 '갖고' 있어야만 잃을 수 있을 것이다. 하지만 아직 존재하지 않는 것을 어떻게 갖고 있다는 말인가?

여기에서 알 수 있는 것은 이 문맥에서 '갖다'와 '잃다'라는 말이 다른, 좀더 일상적인 문맥에서 일컬어질 때와는 다른 의미로 여겨진다는 점이다. 여기서 갖는다는 의미는 넓은 어깨를 '가졌다'거나 롤렉스시계를 '갖고 있다'는 의미와는 다르다. 또한 살인자가 나의 미래를 '박탈'하였다고 말할 때 이 박탈의 개

넘 역시, 나이 들면서 넓은 어깨를 '잃었다'거나 시계의 소유권을 '박탈하였다'는 것과는 전혀 다른 의미이다. 그렇다면 미래를 갖는 것과 잃는 것은 무슨 의미일까?

사실상 어떤 것이 미래를 '갖는다'고 할 때 우리는 여기에서 세 가지 다른 의미를 구분할 수 있다. 첫 번째, 존재하는 모든 것들이(즉시 파괴되지 않는 한) 갖는 물리적 의미의 미래다. 당신이 보고 있는 이 책 — 손으로 들고 있는 물리적인 대상 — 은 적어도 이러한 의미에서 미래가 있다. 현재가 아닌 나중 시간이 있으며, 그 시간에도 이 책은 존재할 것이라는 의미이다.

물론 불 속에 집어넣어 버린다면 이 책은 더 이상 미래를 갖지 못한다. 불 속에 책을 넣는 행위는 책이 미래를 잃게 되는 원인이 된다. 불길이 책의 마지막 부분까지 모두 태워버리는 순간, 더 이상 이 개별적인 책이 존재하는 '지금보다 나중 시간'은 사라지고 만다. 존재하는 모든 것이 이러한 의미에서 미래를 '갖고' 있으며 바로 이런 의미에서 미래를 '잃을' 수 있다. 이 책을 불 속에 던져 넣는 것은 이 책에 '해'가 된다. 하지만 분명코 이러한 해악은 인간의 생명을 앗아가는 해악과는 매우 다르다. 앞으로 논증하겠지만 박탈이라는 말 역시 책과 사람의 경우에 그 의미가 매우 다르다.

이렇게 '물리적 의미'에서 미래를 갖는 것은 도덕성을 띨 수 없다. 책은 이런 의미에서 미래를 갖는다고 해서 도덕적 권리를 갖지는 못한다. 불 속에 던져 넣을 때 이 책이 미래를 잃는 것을 불쌍히 여기지 않는 것과 마찬가지다. 따라서 어떤 개별자에게서 이러한 물리적 의미의 미래를 박탈하는 것을 토대로 도덕적 주장을 하기는 어렵다.

죽는 것이 무엇 때문에 나쁜지 설명하려면, 물리적 의미의 미래와는 다른, 좀더 실질적인 접근방식을 찾아야 한다. 그 해답은 바로 '미래지향'이라고 하는 특정한 유형의 감정상태를 들 수 있다. 이는 실재에 의존하여 죽음을 설명하는 방법이 될 수 있다. 예컨대 어떠한 의미에서 '지금보다 나중 시간'을 지향하는 특별한 감정상태를 바로 지금 이 시간에 가지고 있다면, 그것은 미래를 가진 것과 마찬가지라 할 수 있다. 그런 감정상태의 대표적인 예로 욕망, 목표, 계획을 들 수 있다.

그렇다면 욕망은 어떤 의미에서 미래지향적일까? 우선 욕망은 '충족하거나 충족할 수 없는' 것이다. 내가 맥주를 먹고 싶어 하는 욕망은 냉장고에 가서 하나 꺼내 먹음으로써 충족된다. 예컨대 냉장고문을 열었더니 아무것도 없다면 나의 욕망은 충족되지 못하고 꺾인다. 욕망을 충족하는 데에는 일반적으로 시간이 걸린다. 냉장고까지 걸어가는 데 시간이 걸리고 병 따는 데 시간이 걸린다. 바로 이 지점에서 욕망은 미래지향적이라고 말할 수 있다. 욕망을 채우는 데에는 시간이 걸린다.

목표와 계획도 마찬가지다. 목표와 계획은 어느 모로 보나 장기적인 욕망이라고 할 수 있기 때문에 훨씬 미래지향적이다. 일주일에 6일 수련을 하는 계획이나, 올림픽 철인3종 경기선수가 되겠다는 목표나 모두 시간이 걸린다(이미 계획을 끝냈거나 목표를 이루었다 하더라도 시간이 걸렸을 것이다). 욕망은 충족하거나 충족하지 못할 수 있고, 목표와 계획은 달성하거나 달성하지 못할 수 있다. 충족하고 달성하는 것은 시간이 걸린다.

따라서 나는 지금 바로 이 순간, 순수하게 이성적인 의미로 '나를 미래로 향하게 하는' 상태를 가질 수 있다. 누구나 가능하다. 이는 모든 욕망이 반드시 미래지향적이어야 한다는 뜻이 아니다. 예컨대 어떤 이는 존재했던(또는 존재하는, 과거에 대한 관점에 따라) 과거가 어떠했으면 좋았을(또는 좋을) 것이라는 바람(욕망)을 가질 수도 있다. 그럼에도 대다수 욕망들은 그것을 충족하는데 시간이 걸린다는 측면에서 미래지향적이다.

물리적 의미에서 벗어나 가능성에 의존하지 않고도 한 개인이 미래를 가질 수 있는 유일한 방법은 '미래로 향하는 상태'를 갖는 것이다. 이러한 감정상태는 현재 내가 가지고 있는 것이다. 은유적이긴 하지만 이런 감정상태는 한 개인을 자신의 미래로 연결해주고, 따라서 완벽한 의미에서 미래를 '가질' 수 있게 한다. 이것은 물리적 의미의 미래가 아니다.

하지만 이것은 1차적인 포괄적 접근에 불과하다. 미래지향적 감정상태에는 미래를 지향하는 두 가지 다른 방식이 있다. 하나는 미래라는 '개념'을 일부분으로 포함하는 감정상태로 개념적 미래지향상태conceptually future-directed state라고 이름 붙일 수 있다. 다른 하나는 미래라는 개념을 조금도 포함하지 않은 감정상태로 몰개념적 미래지향상태non-conceptually future-directed state라고 이름 붙일 수 있다. 몰개념적 미래지향상태는 그 감정상태를 충족하려면 현재 순간을 넘어 일정 시점까지 감정상태의 소유자가 존속해야 한다는 의미에서 미래를 지향한다. 죽음이 우리에게 해를 끼친다는 일반적 도덕관념을 논증하는 작업에서 이러한 구분은 매우 중요한 역할을 한다.

미래의 개념적 상상과 몰개념적 상상

다음 두 상황은 크게 다를 뿐 아니라 각각의 감정상태도 다르다.

상황1: 나는 피자를 먹고 싶다. 이 욕망을 충족하기 위해서 일어나, 부엌에 있는 냉장고로 가서, 남은 피자조각을 집어 들고, 먹어야 한다. 그 욕망을 충족하기 위해 적어도 앞으로 몇 분 동안은 필수적인 단계를 수행하는데 걸리는 시간만큼 존속해야 한다. 따라서 나의 욕망은 미래지향적이다. 이런 의미에서 욕망은 나를 미래로 향하게 하거나 미래에 묶어 놓는다.

상황2: 미래에 대한 계획과, 살면서 무엇을 성취하고 싶은지, 20년 후엔 어떤 모습이 되길 바라는지 써내라는 요청을 받았다. 이러한 계획과 목표를 충족하고 달성하려면 물론 미래의 그 시점까지 존속하여야 한다. 계획과 목표는 이런 의미에서 미래지향적이다. 하지만 이러한 계획과 목표가 미래로 향하는 방식에는 상황 1보다는 더 많은 부수적인 어떤 요인이 있는 듯하다. 이 경우 우리는 계획과 목표가 '미래를 향한' 것이라는 사실을 명백히 안다. 다시 말해 그것들이 지금은 충족되지 못하지만 현

재 행위나 행동이 어느 정도 기여할 수 있다는 사실을 안다. 예
컨대 나는 올림픽 철인3종경기 선수가 되고 싶다. 이 때문에 지
금 매일 열심히 달리기, 헤엄치기, 자전거타기로 하루를 보낸다.
이러한 노력이 지금은 일어날 수 없지만, 운과 노력이 따라준
다면 앞으로 일어날지 모르는 일을 향하고 있다는 사실을 나는
분명히 인식하고 있다.

상황 2에는 상황 1에 없는 미래의 '개념'이 등장한다. 피자를
먹고 싶다는 욕망은, 그 욕망을 충족하는 미래시점까지 존속하
기를 요구한다는 의미에서 미래지향적이다. 하지만 이런 욕망
을 갖기 위해 '피자를 먹는 것은 미래에 일어날 사건으로 나의
욕구를 충족하는 것'이라고 인식할 필요는 없다. 그런 생각을
하는 능력도 필요 없다. 이런 욕망을 갖고, 또 이런 욕망을 충족
시키기 위해서 미래에 대한 어떤 개념이 있어야 하는 것은 아니
다. 욕망은 그 중심에 미래가 이미 포함되어 있다. 굳이 미래라
는 '개념'을 가질 필요는 없다. 그런 '개념'이 없어도 욕망은 충
분히 가질 수 있다.

반면에 상황 2에서는 현재 욕망과 행동(예컨대 10킬로미터를 40
분 이내에 주파하고 싶다는 욕망과 이 욕망을 충족시키기 위해 지금 노력
하는 행동)이 미래의 목표를 향한다는 사실, 지금은 충족시킬 수
없지만 미래에는 충족시킬 수 있다는 사실을 분명하게 인지한
다. 따라서 상황 2에서는 미래를 고민할 수 있는 능력, 또는 미
래를 뚜렷하게 그릴 수 있는 능력을 갖춰야 한다. 상황 2에서

갖는 욕망은 미래의 개념을 전제로 하며, 미래의 개념 위에서만 이해된다.

결국 욕망, 목표, 계획과 같은 감정상태는 우리를 미래로 향하게 하는 두 가지 방식으로 나뉘어진다. 피자를 먹고 싶은 욕망처럼 미래에 대한 명확한 인식을 수반하지 않는 '몰개념적 미래지향'과, 올림픽 철인3종경기에 출전하고 싶은 목표처럼 미래에 대한 명확한 인식을 수반하는 '개념적 미래지향'이다.

이처럼 미래를 지향하는 감정상태 자체가 개념-몰개념 두 가지 방식으로 존재한다면, 한 개별자가 미래를 갖는 것도 두 가지 방식으로 존재한다는 뜻이다. 어떤 사람이 '몰개념적 미래지향상태'에 있다면 미래를 개념적으로 이해하지 못하면서 미래를 갖고 있는 것이고, 어떤 사람이 '개념적 미래지향상태'에 있다면 미래를 개념적으로 이해하면서 미래를 갖고 있는 것이다.

미래의 박탈과 죽음의 해악

지금까지 죽음이 우리에게서 미래를 박탈한다는 것을 설명했다. 우리는 물리적 의미의 미래뿐만 아니라, 개념적 방식과 몰개념적 방식의 미래를 가질 수 있다는 것을 이해했다. 이제 우리가 살펴봐야 하는 문제는 이러한 미래를 갖는 두 가지 방식이 죽음의 해악과 나쁨의 정도에 어떤 차이를 만들어내느냐 하는 것이다. 개념적으로 이해하지 못하면서 미래를 갖는 사람보다 개념적으로 이해하면서 미래를 갖는 사람에게 죽음은 더 나

쓰지 않을까? 정말 그렇다. 왜 그런지 논증해 보이고자 한다.

지금 이 순간 미래는 아직 존재하는 것이 아니지만, 미래로 향하는 상태를 가질 수 있다는 측면에서 누군가는 미래를 갖는다고 말할 수 있다. 그렇다면 몰개념적 의미에서 미래를 갖는 사람보다 개념적 의미에서 미래를 갖는 사람이 좀더 밀접하게 미래와 연결되어 있다고 말할 수 있을까? 직관적으로 볼 때 당연히 그럴 것이다. 하지만 이를 논증으로 뒷받침할 수 있을까? 이것을 증명할 수 있다면 공정하고 보편적이며 '실재에 의존한' 전략이 뒤따라야 한다. 아직 존재하지 않는 미래와의 연관성을 설명해야 할 뿐 아니라, 현재 개인에게 있는 감정상태면에서 연관성의 '세기'를 설명해야 한다. 이런 논증은 성공할 수 있을까?

나는 상당한 수준까지 이러한 논증이 가능하다고 생각한다. 개념적으로 미래를 이해하는 사람은 그렇지 않은 사람보다, 갈망하는 미래의 어떤 상태에 도달하기 위해 훨씬 자신의 행동과 수련을 미래를 향해 집중하고 체계화할 수 있으며 현재의 욕망도 조절할 수 있다.

예컨대 올림픽 철인3종경기에 나가고자 자신의 모든 시간을 달리기, 헤엄치기, 자전거타기에 전념하는 사람은 현재의 많은 시간과 힘을 미래의 목표에 투자한다. 그러한 투자는 미래에 대한 확고한 개념이 있어야만 가능하다. 또한 미래와의 연관성이 강할수록, 현재의 행동, 욕망, 그 밖의 다른 감정상태들을 더 억제하고 집중하고 체계화할 것이다. 이렇게 강한 억제와 집중과 조직화를 할 수 있는 것은 미래에 대한 개념이 있기 때문이며,

이러한 인식의 기초 위에 미래가 어떤 방식으로 되기를 바라는 욕망이 있기 때문이다.

우리는 대부분, 적어도 어느 정도까지는 '내일을 위해 사는' 경향이 있다. 우리가 지금 하는 일 중 많은 것은 현재가 아니라 미래를 위한 것이다. 어려운 공부를 하며 교육을 받고, 상당한 시간을 투자해 경력을 쌓고, 배우자를 위해 이성의 유혹도 뿌리치고, 다이어트를 위해 먹고 싶은 것도 포기하고, 쪼들리는 삶에도 생명보험료를 납입한다. 하지만 훨씬 간단하고 평범한 결정, 때로는 눈에 잘 띄지 않을 정도로 하찮은 결정들도 미래에 영향을 받는 경우가 많다.

"이제 술은 그만 마실래. 더 마시면 내일 일하기 힘들거든."

"싫어, 지금 과자를 먹으면 이따 밥맛이 없을 거야."

신경과민에 가까울 정도로 미래에 집착하는 사람들도 있지만, 평범한 사람들도 지금 하는 많은 일, 아마도 거의 모든 일을 단순한 미래에 기초하기보다는, (훨씬 중요한 의미가 있는) 미래의 '개념'에 기초하여 판단하고 결정한다.

미래를 인식하고, 이러한 인식에 기초하여 개념적으로 자신의 미래를 지향하는 사람은 몰개념적으로 자신의 미래와 연관된 사람보다 미래에 더 많은 투자를 한다. 그런 사람은 자신이 바라는 미래의 개념을 토대로 현재 행동을 확고히 집중하고 체계화하며 현재 욕망을 다스리고 조절하기 때문에 자신의 미래에 훨씬 많은 투자를 한다. 미래에 대한 개념 없이는 불가능한 일이다.

나는 용어를 단순화하기 위해 앞으로 몰개념적 의미에서 미래는 '소극적 의미'에서 미래, 개념적 의미에서 미래는 '적극적 의미'에서 미래라고 말하고자 한다. 이로써 미래를 소극적으로 소유하는 사람과 적극적으로 소유하는 사람을 구분할 수 있다. 이 두 사람은 궁극적으로 미래에 '투자'하는 양이 다르다. 소극적-적극적 미래라는 용어가 아직 생소하게 느껴진다면 비유를 통해 설명해보자.

올림픽 철인3종경기에서 경쟁을 하게 된 두 사람이 있다. 한 사람은 몇 년간 이 경기에 참가하기 위해 욕망을 억제하며 모든 일과를 훈련하는 데 쏟아부었다. 다른 한 사람은 게으르고 나태하지만 선수등록 착오로 올림픽에 출전하게 되었다. 그런데 이 두 사람 모두 메달을 따지 못했다.

우리는 가끔 '메달을 놓치고 말았다'고 말한다. 이것이 자신이 가지고 있던 것을 '놓치는' 것, 즉 잃는 것을 의미한다면, 열심히 준비했던 선수가 훨씬 큰 것을 잃었을 것이다. 그는 이 목표를 달성하기 위해 훨씬 많은 노력과 시간을 쏟았기 때문이다. 그는 삶의 상당 부분을 미래의 목표를 향해 쏟았으나 결국 성공하지 못했다. 적어도 나태한 선수보다 메달을 따기 위해 더 많은 것을 투자한 것은 명백하다. 따라서 그의 손실이 더 크다.

미래를 박탈함으로써 죽음이 우리에게 해악을 미치는 것도 기본적으로 이와 비슷한 이야기다. 현재 욕망과 행동을 억제하고 조절하고 집중하고 체계화함으로써 미래에 투자한다면, 그러한 미래를 얻지 못했을 때 많은 것을 잃고 말 것이다. 죽음을 맞이할 때에도 소극적 의미에서 미래를 가진 사람보다 적극적 의미에서 미래를 가진 사람이 더 많은 것을 잃을 것이다. 죽음은 소극적 의미에서 미래를 갖는 사람들보다 적극적 의미에서 미래를 갖는 사람들에게 더 많을 것을 앗아간다.

이로써 우리는 미래를 가질 수 있는 방식을 세 가지 수준으로 구분할 수 있게 되었다. '적극적 의미'에서 미래를 갖는 것은 '소극적 의미'에서 미래를 갖는 것보다 미래에 더 많이 투자를 하며 미래와 더 밀접하게 연결되어 있다는 뜻이다. 또한 소극적 의미에서 미래를 갖는 것은 '물리적 의미'에서 미래를 갖는 것보다 미래에 더 많이 투자를 하며 미래와 더 밀접하게 연결되어 있다는 뜻이다. 따라서 적극적 의미에서 미래를 가진 사람이 소극적 의미에서 미래를 가진 사람보다 미래를 잃을 때 더 많은 것을 잃는다. 또한 소극적 의미에서 미래를 가진 사람이 물리적 의미에서만 미래를 가진 사람보다 미래를 잃을 때 더 많은 것을 잃는다.

미래의 길이와 질

다시 말하지만, 죽음은 미래를 앗아가기 때문에 우리를 해치는 것이다. 이 주장에는 미래를 갖는 것이 바람직하다는 전제가 깔려 있다. 하지만 미래와 관련한 명확한 사실 하나는 누구나 미래를 갖기는 하지만, 누구나 같은 양의 미래를 갖지는 못한다는 것이다. 미래를 갖는 것이 바람직한 것이라면 ─ 다른 조건이 모두 같을 경우 — 미래를 조금이라도 많이 갖는 것이 좋다고 할 수 있다. 선善은 많을수록 좋다.

물론 다른 의견도 있을 수 있다. 전하는 말에 따르면 그리스 신화의 아킬레스는, 길고 평범한 삶 대신에 짧고 명예로운 삶을 선택했다. 영국의 록그룹 더후The Who의 보컬리스트 로저 달트리는 늙기 전에 죽었으면 좋겠다고 말했다. 그럼에도 아킬레스는 나중에 자신의 결정을 후회하였으며, 로저 달트리는 70살이 넘었음에도 자살할 기미는 전혀 보이지 않는다. 어쨌든 아킬레스 역시 다시 선택할 기회가 있었다면 길고 명예로운 삶을 선택했을 것이다.

왜 그럴까? 일반적으로 우리는, 삶의 가치를 음미할 수 있을 만큼 충분한 시간을 살다 보면 '더 오래' 살고 싶어 한다. 니체가 말했듯이 모든 기쁨은 영원을 갈망한다. 하지만 영원한 기쁨을 얻지 못한다는 현실을 깨닫는다면, 우리가 바랄 수 있는 최선의 선택은 허용하는 한도 안에서 적절한 만족을 얻는 것이다. 우리가 조금이라도 오래 살고 싶어 하는 것은 명백한 보편적 사실이다.

지금 나는 아킬레스와 젊은 달트리 편을 들어야 할 것 같다. 여기서 내가 이야기하고 싶은 것은, 짧고 명예로운 삶이 옳다는 것이 아니라, '어느 시점 T에서' 한 개인의 삶의 가치는 그 개인을 기다리는 미래의 길이와 전혀 무관하다는 것이다. '미래'란 그 사람이 현재시점에 정당하게 가지고 있는 것이라 추정할 수 있는 반면, '미래의 길이(시간상 길고 짧음)'를 얼마나 갖고 있느냐 하는 것은 그렇게 추정할 수 없다.

'어떤 이가 미래를 갖고 있다'고 말하는 맥락에서 '미래를 갖는다'는 말은 '그 사람이 미래지향적 감정상태를 갖고 있다'는 뜻이다. 하지만 '미래를 얼마나 갖느냐' 하는 문제는 이러한 측면에서 설명할 수 없다. 미래가 아직 존재하지는 않지만 현 시점에서 나를 미래로 향하게 하는 상태를 갖는다는 측면에서 우리는 미래를 가질 수 있다. 하지만 미래를 '얼마만큼' 갖는지는 현 시점에서, 내가 갖는 측면에서 설명할 수 없다.

예컨대 나는 오늘 집에 가다 버스에 치어 죽을지도 모른다. 미래의 길이를 어느 정도 갖고 있느냐 하는 문제는 부분적으로, 하지만 결정적으로 내가 제어할 수 있는 것이 아니며, 지금 나에게 있는 감정상태에 의해서 보장되는 것도 아니다. 결국, 미래의 길이를 어느 정도 갖는다는 것은 내가 실제로 가지고 있다는 말이 아니라 '잠재적으로' 가지고 있다는 말이다. 따라서 '미래 그 자체'와는 달리, '어느 길이의 미래'를 도난당하는 것은 나를 실질적으로 해치는 것이 아니라 잠재적으로 해치는 것에 불과하다.

죽음은 어느 길이의 미래를 앗아감으로써 나를 해치는 것이 아니다. 그런 해악은 잠재적인 것에 불과하다. 따라서 내가 (잠재적으로) 미래의 길이를 어느 정도 가지고 있다고 해서 내 삶의 가치가 높아지는 것도 아니다. (잠재적으로) 미래의 길이를 어느 정도 갖는 것은 기껏해야 내 삶의 가치를 '잠재적으로' 높여줄 뿐이다. 긴 미래를 갖는 것이 삶의 가치를 높여 주는 속성은 아니다.

그렇다면 우리가 삶과 죽음을 결정해야 하는 상황에서 예상되는 삶의 길이를 감안하는 것은 어떻게 설명할 수 있을까? 예컨대 구명보트에서 누굴 구할 것인지 선택해야 하는 상황에 있다면, 우리는 미래 삶의 그럴듯한 길이를 '정당하게' 예상하여 구할 대상과 포기할 대상을 선택하여야 한다. 이로써 우리는 구명보트 상황에서 두 가지 문제를 고려하게 된다.

첫 번째, 죽음이 시점 T에 발생한다면 시점 T에 죽음이 빼앗는 삶의 가치는 무엇일까? 두 번째, 삶이 미래의 시점 T+1까지 지속된다면 시점 T+1에 죽음이 빼앗는 삶의 가치는 무엇일까? 삶과 죽음을 결정해야 하는 상황에서 우리는 죽음의 시점에 한 개인이 갖는 삶의 가치와 더불어 어느 시점까지 지속될 삶의 가치를 고려해야 한다. 미래의 어느 시점까지 삶이 지속된다면 그 시점에 그가 갖는 삶의 가치를 예측해야 합리적인 판단을 내릴 수 있다는 말이다.

돌쇠라는 사람이 있다고 가정해보자. 그는 시점 T에 다양한 미래지향적인 감정상태를 소유한다는 의미에서 시점 T에 '미래'를 갖는다. 즉, 돌쇠는 시점 T에 미래를 소유한다. 또한 그는 시점 T에 '어느 길이의 미래'를 잠재적으로만 소유한다. 미래를 가짐으로써 돌쇠의 생명은 실제 가치를 갖고, 어느 정도 길이의 미래를 가짐으로써 돌쇠의 생명은 잠재적인 가치를 갖는다.

하지만 T+2라는 시점에 돌쇠가 여전히 살아 있다면, 그 시점에 살아 있는 것으로 밝혀진다면, 이는 시점 T+2에 돌쇠가 소유한 삶의 가치까지(또, 시점 T에서 T+2 사이의 기간 동안 소유한 가치까지) 고려해야 한다. 물론 다른 모든 조건이 같은 상태라면, 좋은 것은 더 많이 갖는 것이 적게 갖는 것보다 좋다고 전제할 때 그렇다.

그렇다면 돌쇠가 T+1에 죽는다고 가정해보자. 이 또한 다른 모든 조건이 같은 상태에서 좋은 것을 더 많이 갖는 것이 적게 갖는 것보다 좋다고 전제하면, 미래의 길이로 인해 더해지는 가치 역시 적어진다. 이는 생명의 상대적 가치를 추론해야 하는 상황에서 우리가 아는 사실이다. 돌쇠가 T+2까지 산다면 그의 생명은 '그 시점만의' 특별한 가치, 즉 T+1까지만 살았을 때는 결코 갖지 못할 가치를 갖게 될 것이다.

예컨대 구명보트 상황처럼 생명의 상대적 가치를 추론할 때, 종종 시점 T에 개인의 삶이 갖는 가치를 따지는 것만으로 판단하기 힘든 경우가 있다. 이때에는 그 개인의 삶이 갖는 미래가치, 즉 T보다 나중 시간을 갖는 가치를 고려하여 따져야 한다. 그런 식으로 고민할 때 우리는 더 많은 가치를 생산해야 한다는 욕망에만 이끌려, 가치를 생산하는 '시점'에는 별로 관심을 두지 않는 것처럼 보이기도 한다. 하지만 이러한 추론이 부적절하다고는 단정하기 어렵다. 삶과 죽음을 결정하는 판단은, 추상적인 철학적 다양성에서도 보통 뿌리 깊은 무지의 상태에서 이루어진다.

예컨대 구명보트 상황에서, 모두 적극적 의미에서 미래를 갖는 두 명의 개인 중에서 한 명을 골라야 하는 처지라면, 누굴 살리고 누굴 죽게 놔둘지 결정을 해야 한다면, 당신은 누구를 선택할 것인가? 대개 그들이 가진 '미래의 길이'에 대한 전망을 가장 우선적으로 따질 것이다. 우리는 여기서 미래에 생산되는 가치를 더 긴 시간차를 두고 벌려 놓고자 한다. 훨씬 긴 미래의 길이를 가정해보자.

예컨대 다 큰 어른이 죽는 것보다 갓난아기가 죽는 것을 커다란 해악으로 여기고 훨씬 큰 재앙으로 여기는 것이 보통사람들의 직관이다. 이러한 직관을 이성적으로 증명할 수 있는 범위까지(이러한 논증이 가능하다고 주장하는 것은 아니다), 아기를 가엾게 여기는 측은지심이 아니라 '철저히' 도덕논리에 기초한 범위까지(이것이 가능하다고 주장하는 것도 아니다) 논증하여보자. 이러한 논증은 삶과 죽음을 결정하는 상황에서 가치를 생산하거나 보존하는 것을 1차적으로 고려하고, 이 가치가 실증되는 시점을 2차적으로 고려하여야 한다.

죽음이 미래를 앗아갈 때 미래의 길이는 죽음이 앗아가는 가치에 아무런 기여를 하지 못한다. 미래의 길이는 잠재적으로만 기여할 뿐이다. 하지만 이는 삶과 죽음을 결정해야 하는 상황에서 개인이 갖는 미래의 길이를 예상하여 결정하는 것과 모순 되지 않는다. 죽는 시점의 가치를 우선적으로 — 또 적절한 비중으로 — 고려하고, 가치가 실증되는 미래의 시점을 부차적으로 고려한다면 말이다.

미래의 길이뿐만 아니라 미래가 갖는 다른 특성에 대해서도 이와 같은 이야기를 할 수 있다. 삶과 죽음을 결정하는 상황에서 종종 '미래의 질'을 고려하기도 한다. 하지만 시점 T 이후의 미래의 질이 '좋다고 해서' 시점 T의 삶의 가치가 높아지는 것은 아니다. 미래의 길이가 '길다고 해서' 시점 T의 삶의 가치가 높아지지 않는 것과 마찬가지다. 미래의 질은 시점 T에 삶의 주체가 실제로 소유하는 특성 측면에서 설명할 수 없다. 미래의 질 역시 그 주체의 삶에 실실적 가치를 더해주는 특성이 아니라 잠재적인 가치를 더해주는 특성에 불과하다.

그럼에도 삶과 죽음에 대한 올바른 결정을 내려야 때 죽는 순간 가치를 생산하고 보존하는 것을 우선 고려하고, 그 가치가 발생하는 미래의 시점과 더불어 미래의 삶의 질 ─ 측정할 수 있다면 ─ 을 부차적으로 고려한다면, 윤리적 결정을 내릴 때 적절한 요소들을 공정하게 포함한다고 말할 수 있을 것이다.

'어느 길이의 미래를 갖는다'거나 '어떤 질의 미래를 갖는다'고 말할 때 모두 '미래를 갖는다'는 관념이 들어있다는 사실을 꼭 기억해두기 바란다. 이러한 사실이, 죽음이 우리에게서 어떤 것을 박탈하기 때문에 해악이라는 설명, 곧 박탈론 deprivationist에 대한 주요한 반론으로 미래의 길이와 질이 사용되는 것을 막아준다.

예컨대 삶이 계속해서 개인에게 전반적으로 부정적인 가치만 갖는다면, 다시 말해 미래의 질이 지극히 낮다면, 그를 고통 없이 죽이는 행위는 아무런 해도 끼치지 않는다는 말일까? 누군가 이렇게 질문할 수 있다. 하지만 '어떤 질의 미래를 갖는다'는 말에 '미래를 갖는다'는 말이 들어 있다는 것을 명확하게 지적함으로써 우리는 이러한 반론을 막아낼 수 있다. 즉, 한 개인이 갖고 있던 미래를 '빼앗았다'는 사실만으로도 해를 입힌 것이다. 죽음의 해악은 미래를 잃는 것이지 미래의 '어떤 질'을 잃는 것이 아니다. 따라서 삶의 질을 비관하여 자신의 또는 타인의 삶을 끝장내는 경우에도 죽음의 해악이 존재하지 않는다고 말할 수는 없다. 죽음의 해악은 미래의 질에서 나오는 것이 아니기 때문이다.

나는 지금 안락사(또는 자살)가 잘못된 것이라고 주장하려는 것이 아니다. 미래를 잃기 때문에 죽음이 해악이라는 말에는, 죽음이 다른 해악에 비해 더 해롭거나 덜 해롭다는 가치판단이 들어 있지 않다. 나는 지금 죽음이 미치는 해악이 무엇인지 밝히고자 하는 것이다. 다른 해악에 비해 죽음의 해악이 큰지 작은지 이야기하는 것이 아니다. 내 생각엔, 죽음보다 더 해로운 것도 많다.

구명보트로 돌아와서

이 모든 것들을 염두에 두고 구명보트 상황으로 다시 돌아가자. 먼저 이 상황을 최대한 단순하게 만들어보자.

인간과 개가 물에 빠졌다. 둘 중 하나를 선택하여 구해야 한다. '누굴 구할 것인가?' 좀더 정확하게 말해서, '누굴 구해야 하는가?'

이에 답하려면 도덕적 추론을 할 때처럼 우선 '공평한 자리'

에 서야 한다. 공평한 자리에서 우리는 인간이 될지 개가 될지 모른다. 이는 인간을 선택해야 할지 개를 선택해야 할지 알지 못하는 혼란스런 상황을 의미하는 것일까? 도덕적으로 인간과 개가 평등하다는 뜻일까? 전혀 그렇지 않다. 자신이 인간인지 아닌지 모를 뿐, 일반적으로 인간이 적극적 의미에서 미래를 갖는다는 사실은 안다. 개는 어떨까? 개는 소극적 의미에서만 미래를 갖는 것으로 보인다.

물론 이는 잘못된 판단인지도 모른다. 하지만 개들이 자신의 미래가 어떻게 되기를 바라는 '개념'에 기초하여 현재의 많은 행동을 조절하고 현재의 많은 욕망을 억제하는 모습은 보기 어렵다. 이에 반해 사람들은 대부분 미래의 개념에 기초하여 자신의 행동을 조절하고 욕망을 억제한다. 이러한 사실이 옳다면, 평균적으로 개는 인간보다 자신의 미래에 훨씬 적게 투자한다는 뜻이다.

인간에게 현재의 행동을 조절하고 현재의 욕망을 억제하게 만드는 미래라는 개념을 개가 갖고 있는지 없는지 알아내는 것은 경험적 문제empirical question 이다. 다시 말해 안락의자에 앉아 내뱉는 철학자의 말 한마디로 해결되는 문제가 아니라 개의 행동을 자세히 살펴봄으로써 해답을 찾을 수 있는 문제다. 하지만 공평한 자리에서 우리가 알 수 있는 사실은, 인간이 개보다 적극적인 의미에서 미래를 갖는 것이 '매우 확실하다'는 것이다. 일정한 나이를 넘거나, 인식능력에 심각한 이상이 없는 한, 인간이라면 거의 모두 적극적 의미에서 미래를 갖는다는 사실을 우리는 안다. 하지만 개에게선 이런 능력을 보기 어렵다. 적어도 우리가 아는 많은 증거들은 개의 행태가 인간과 다르다고 말한다.

이것이 옳다면, 우리는 공평한 자리에서 다음과 같은 사실을 알 것이다.

"내가 인간으로 판명된다면 죽을 때, 개가 죽을 때 잃는 것보다 더 많은 것을 잃게 될 것이다."

여기서 우리가 인간이라는 사실을 알지 못한다는 점을 명심하라. 공평한 자리에서 우리는 자신이 어떤 존재가 될지 모른다. 하지만 여전히 인간과 개가 죽을 때 상대적으로 잃어야 하는 것이 무엇인지 알 수 있다. 다시 말해 공평한 자리에서 우리가 인간인지 개인지 몰라도, 인간은 — 아마도 — 개보다는 죽을 때 더 많은 것을 잃게 된다는 사실은 알 수 있다.

따라서 공평한 자리에서 볼 때 인간을 제쳐두고 개를 구하는 것은 불합리하다. 자신이 인간인지 개인지 모른다 하더라도 '만약' 당신이 인간이라면 개일 경우보다 죽을 때 더 많은 것을 잃게 된다는 사실은 분명히 알 수 있다. 아니 적어도 강하게 추측할 수 있다. 따라서 개보다는 인간을 구하는 것이 현명한, 합리적인 선택이 될 것이다. 한편 공평한 자리에서 합리적 선택은 현실세계에서 도덕적 선택이라는 사실을 기억하라. 따라서 현실세계에서 도덕적으로 올바른 선택은 개가 아니라 사람을 구하는 것이다.

이로써 이 장을 시작하면서 꺼냈던 반론을 막아낼 수 있게 되었다. 동물권은 인간과 인간 이외의 생명의 동등한 가치를 주장하는 것이 '아니다.' 구명보트 상황에서 동전을 던져 아무나 구해도 된다고 말하는 것이 아니다. 개를 죽게 내버려두는 것과 인간을 죽게 내버려 두는 것이 도덕적으로 똑같이 정당하다고 말하는 것이 아니다. 동물권을 지지하는 사람들은 이제 동물권과 모순 되지 않게 다음과 같은 주장을 할 수 있다.

"다른 조건이 모두 같다면, 구명보트 상황에서 도덕적으로 올바른 선택은 인간을 구하는 것이다. 인간을 살리는 것이 도덕적으로 옳다. 일반적으로 인간은 죽을 때 동물보다 더 많은 것을 잃기 때문이다."

결론은 간단하지 않은가? 하지만 실제로는 그렇지 않다. 도덕에서 예외가 없는 경우는 없다.

혼란 – 잃어버린 삶의 길이

미래를 앗아가기 때문에 죽음이 나쁜 것이라고 나는 주장했다. 이는 미래를 갖는 것이 선이라는 전제가 깔려있다. 물론 이러한 전제가 꼭 사실이 아닐 때도 있지만 대체로 그렇다. 이 때문에 많은 사람들이 자살을 하지 않는 것이다. 따라서 우리가 공평한 자리에서 아는 것 중 하나가 미래는 대부분 갖고 싶어 하는 것이라는 사실이다.

앞에서 논증하였듯이, 미래의 길이는 한 개인의 삶에 가치를 더해주는 것이 아니라, 잠재적으로 그 삶에 가치를 더해줄 뿐이다. 하지만 이러한 사실은 도덕논증을 할 때 또는 생사를 결정할 때 예상되는 미래의 길이를 고려하는 것과 모순되지 않는다. 이를 염두에 두고 몇 가지 구명보트 상황을 이야기해보자.

구명보트1: 바다에 아기와 어른이 빠졌다. 그 중 한 명을 선택하여 구조해야 한다.

아기는 적극적인 의미가 아닌 소극적인 의미에서만 미래를 가지고 있다. 이렇게 생각하는 이유는 많다. 아기는 미래를 개념적으로 인식하지 못한다. 자신이 바라는 미래라는 개념을 얻기 위해 현재의 행동을 조절하고 현재의 욕망을 억제할 수 없다. 그렇다면 누구를 구해야 할까? 공평한 자리에 서서 자신이 어른이 될지 아기가 될지 모른다고 가정해보자.

전혀 고민할 필요도 없어 보인다. 어른은 적극적인 의미에서 미래를 갖고 아기는 소극적 의미에서 미래를 갖는다. 당연히 어른을 구해야 하지 않을까? 하지만 당신은 이에 동의하지 않을 수도 있다. 공평한 자리에서 우리가 아는 것 중 하나는, 아기는 미래와 깊이 연관되어 있지는 않지만 일반적으로 어른보다 더 많은 양의 미래를 갖는다는 사실이다. 따라서 소극적 의미에서만 미래를 갖는다고 해도 미래의 길이가 훨씬 길기 때문에, 어른이 아무리 미래와 더 적극적으로 연관되어 있다 하더라도 아기를 구해야 하지 않을까?

당신의 직관은 어디로 향하는가? 어른을 구할 것인가? 아기를 구할 것인가? 쉽지 않은 결정이다. 삶과 죽음의 문제는 특히 그렇다. 사람마다 의견이 분분하고, 사람마다 무엇이 옳은지 판단하는 직관이 다르다는 사실만 보더라도, 미래와 연관된 세기가 미래의 길이보다 반드시 도덕적으로 중요한 것은 아니라는 사실을 알 수 있다.

구명보트 상황을 좀더 세분화하면 논의가 진전될 수 있을까? a) 아기와 어린아이가 바다에 빠졌다. 그 중 한 명을 선택하여야 한다. b) 아기와 10대 청소년이 바다에 빠졌다. 그 중 한 명을 선택하여야 한다. c) 아기와 2~30대 청년이 바다에 빠졌다. 그 중 한 명을 선택하여야 한다.

필요하다면 더 작게 나눌 수도 있다. 어쨌든 개별 상황마다 공평한 자리에 자신을 세워야 한다. 첫 번째 경우, 당신은 아기인지 어린아이인지 모른다. 두 번째 경우, 당신은 아기인지 청소년인지 모른다. 이런 식으로 가정하고 스스로 이렇게 물어야 한다.

"내가 어느 쪽이 될지 모른다면, 어느 쪽을 선택하여 구하는 것이 옳을까?"

공평한 자리에서 합리적인 결정이라면 그것은 현실세계에서 도덕적으로 올바른 결정이다.

물론 어떤 판단을 내리든 피도 눈물도 없는 냉혹한 결정이 될 수밖에 없다. 상당히 곤혹스러운 결정이기도 하다. 사실 많은 경우, 간단하게 선택할 수 있는 올바른 정답이란 존재하지 않는다. 공평한 자리에서 합리적인 선택이 현실세계에서 도덕적으로 올바른 선택이라는 것은 명백한 사실이다. 하지만 합리성이라는 것 자체가 매우 난해한 개념이다. 심지어 어떤 상황을 완벽하게 합리적으로 분석한다고 해도 정답을 얻을 수 있는 것은 아니다. 아마도 똑같이 합리적인, 따라서 똑같이 올바른 해답이 수도 없이 많이 나올지 모른다.

하지만 현실세계에서는 어떤 경우에서든 완벽하게 합리적일 수 없기 때문에 우리는 합리적이 되기 위해 최선을 다할 뿐이다. 공평한 자리라는 인식억제장치를 통해, 주어진 상황에서 가장 합리적인 선택을 찾아내야 한다. 그리고 그러한 선택을 바탕으로 우리가 생각하는 도덕적으로 올바른 행동이 무엇인지, 또는 올바른 방향이 무엇인지 결정해야 한다.

합리성이 완벽하지 않다고 해도 어떤 결정이 다른 것보다 합리적이라는 사실을 받아들이는 것은 어렵지 않다. 쉽게 설명하기 위하여 다음과 같은 상황을 가정해보자.

"20대 청년과 80대 노인이 물에 빠졌다. 그 중 한 명을 구명보트로 끌어올려야 한다."

공평한 자리에 서서 나는 누가 될지 모른다. 공평한 자리에서 내가 아는 사실 중 하나는 두 사람 모두 — 아마도 — 적극적 의미에서 미래를 갖고 있다는 것이다. 물론 20대 청년이 심각하게 뇌손상을 입은 사람일 수도 있고, 80대 노인은 치매가 심각한 단계에 이른 상태인지도 모른다. 하지만 둘 다 적극적 의미에서 미래를 갖는다고 추정할 타당한 이유가 있으며, 그러한 사실을 공평한 자리에서 우리는 알고 있다.

반면 20대 청년이 80대 노인보다 훨씬 '많은' 미래를 가질 확률이 매우 높다는 사실 또한 안다. 물론 이것은 옳지 않은 사실로 밝혀질 수도 있다. 20대 청년을 구조해 주었더니 곧바로 길가에서 버스에 치어 죽어버릴 수도 있기 때문이다. 하지만 20대가 80대보다 훨씬 많은 미래가 있을 것이라는 개연성은 압도적으로 크다. 물론 이러한 개연성이 20대의 삶에 가치를 덧붙여 주지는 않는다. 잠재적으로만 그의 생명에 가치를 더해 줄 뿐이다.

여타 논쟁을 뒤로하고, 나중 시점 T(예컨대 40년 후)에 20대 청년이 살아있을 가능성을 따져 본다면, 80대 노인이 살아있을 가능성보다 훨씬 크다는 것을 쉽게 알 수 있다. 따라서 시점 T의 세상에 존재하는 가치는 80대 노인보다는 20대 청년이 연속된 존재의 가치가 클 것이다. 이러한 판단은 도덕적 판단 과정에서 정당하게 고려할 수 있다.

내가 누가 될지 모른다고 가정한 상태에서 내리는 합리적 선택은, 아마도 20대 청년을 구하는 것이다. 이것은 20대 청년이 죽을 때 잃는 것이 80대 노인이 죽을 때 잃는 것보다 많다는 뜻이 아니다. 그들이 잃는 미래는 똑같다. 그보다는 20대 청년이 더 오래 살 것이라는 점에서, 나중 시점 T(40년 후)에 이미 죽고 없을 80대 노인이 세상에 가져다주지 못할 가치를 20대 청년은 가져다 줄 수 있다. 따라서 공평한 자리에서 80대 노인보다는 20대 청년을 구하는 선택이 합리적 판단으로 여겨진다. 공평한 자리에서 합리적 선택이라면 현실세계에서는 도덕적 선택이다.

당연한 이야기를 뭐 하러 어렵게 하는가? 그렇게 생각한다면 독자 여러분께 미안하다. 다른 조건이 모두 같다면, 80대 노인보다 20대 청년을 구하는 것이 옳다고 대부분 수긍할 것이다. 이렇게 장황하게 설명한 것은 공평한 자리를 실제 적용하는 예를 보여주고자 한 이유도 있었다. 공평한 자리는 이처럼 우리 대부분 공유하는 직관을 설명하고 정당화하는 역할을 한다. 나는 여기서 한발 더 나아가 많은 이들에게 논란이 될 수 있는 또 다른 상황을 제시하고자 한다.

구명보트2: 바다에 정상적인 성인 인간과(정상이고 다 컸지만 아직 어린) 개가 빠졌다. 그 중 한 쪽을 선택하여 구조하여야 한다. 하지만 인간은 구해준 뒤 잠깐 ― 예컨대 15분 ― 밖에 살 수 없다. 이것을 어떻게 알았는가? 그의 목에 작은 폭탄이 장착된 것을 보았기 때문이다. 폭탄은 목 동맥에 구멍을 낼 정도로 화력이 세다(존 카펜터 감독의 〈뉴욕탈출〉과 비슷한 상황이다). 폭발이 일어나는 순간 분명 그는 죽는다. 또한 이 폭발장치는 절대로 불발되는 일이 없고 떼어내지 못한다. 따라서 그는 분명히 15분 후 갑작스럽게 죽는다.

누굴 구해야 할까? 사람을 구할 것인가? 개를 구할 것인가? 공평한 자리에서 나는 누가 될지 모른다. 이 상태에서 누굴 구하는 것이 합리적일까? 나는 사람을 구하는 것은 합리적인 선택이 '아니라고' 생각한다. 내가 사람이라고 판명된다면, 세상에 가치를 누적하여 더할 수 있는 미래를 (15분밖에) 갖지 못한다. 내가 개라고 판명된다면 내 앞에 놓여 있는 삶을 모두 가질 수 있다. 삶은 진행되는 동안 가치를 누적하여 더할 것이다. 그래서 합리성은 개를 선택하라는 명령을 내릴 것이다. 이것이 공평한 자리에서 합리적인 결정이라면 현실세계에서도 도덕적으로 올바른 결정이다.

이런 판단이 옳다면 인간의 생명이 '항상' 동물의 생명보다 가치 있는 것이 아니라는 사실을 보여준다. 물론 이런 상황은 지극히 작위적이다. 하지만 이것은 전혀 문제되지 않는다. 우리는 도덕 '원칙'을 따랐을 뿐이기 때문이다. 많은 사람들이 인간의 생명이 인간이 아닌 피조물의 생명보다 언제나 더 본질적인 가치나 의미가 있다고 믿는다. 하지만 나는 꼭 그렇지는 않다고 말하고 싶다. 삶의 가치는 다음 두 가지 문제와 깊이 연관되어 있다. 첫 번째, 미래와 얼마나 밀접하게 연결되어 있는가? 두 번째, 얼마나 긴 미래와 연결되어 있는가?

비록 두 번째 문제는 미래가 실제로 전개되어야만 알 수 있는 것이지만 직관적으로 판단할 수 있다. 일반적으로 적극적 의미에서 미래를 갖는 인간은 소극적인 의미에서만 미래를 갖는 동물보다 자신의 미래에 더 밀접하게 연결되어 있다. 하지만 미래와 아무리 밀접하게 연결되어 있다고 해도 미래의 양이나 크기가 엄청나게 차이 날 경우, 무시할 수 있다. 이것이 바로 80대 노인보다 아기를 구하는 것이 도덕적으로 옳은 이유다. 또한 15분 있다 죽을 것이 뻔한 사람대신 어린 개를 구하는 것이 도덕적으로 올바른 이유다.

공평한 자리에서 자신이 아기가 될지 80대 노인이 될지, 개가 될지 사람이 될지 모를 때, 합리적인 선택은 각각 아기와 개를 구하는 것이다. 미래에 아무리 강하게 연결되어 있다고 하더라도 미래의 양이나 크기가 크게 차이날 경우 선택은 달라질 수 있다.

인간은 대부분 동물보다 죽을 때 더 많은 것을 잃는다. 이는 자신의 미래에 강하게 연결되어 있기 때문이다. 따라서 인간의 죽음은 대부분 동물의 죽음보다 더 큰 해를 끼친다. 하지만 반드시 그러한 것은 아니며 항상 그러한 것도 아니다.

일반적인 오류

계속 이야기를 이어나가기에 앞서 사람들이 동물을 죽이는 문제와 관련된 윤리를 생각할 때 저지르는 일반적인 오류를 미리 알아두는 것이 좋을 듯하다(물론 이러한 윤리에 대해 생각조차 하지 않는 경우가 더 많다). 나는 인간의 죽음이 일반적으로 (반드시, 항상 그러한 것은 아니다) 동물의 죽음보다 더 큰 해를 끼친다고 인정했다. 따라서 동물을 죽이는 것은 나쁜 짓이지만, 인간을 죽이는 것만큼 나쁜 짓은 아니다.

그런데 동물을 죽이는 것이 인간을 죽이는 것보다 나쁘지 않다는 주장을, 동물을 죽이는 것은 도덕적으로 아무 문제가 없다는 주장으로 슬그머니 바꿔치기하려는 사람들이 있다. 이것은 옳지 않다. 마치 어떤 사람을 강간하는 것은 그를 죽이는 것만큼 나쁘지 않기 때문에, 강간하는 것은 도덕적으로 옳다고 주장하는 것과 같다. 자신의 오류를 인정하라. 그것 때문에 법정에 서지는 않을 것이다.

어떤 사람(동물)에게 해를 끼치고 나서 '내가 더 큰 해를 입히지 않은 것을 다행으로 알라'고 말하며 용서를 구할 수 없는 것 아닌가?

구명보트 위의 공평성

죽음은 미래를 박탈함으로써 해를 끼친다는 것을 알았다. 이와 더불어 미래를 가질 수 있는 세 가지 방식 — 물리적, 소극적, 적극적 의미의 미래소유 — 이 있다는 것을 알았다. 이로써 우리는 동물권에 대한 전형적인 반론 — '동물의 죽음이 인간의 죽음과 도덕적으로 동등하단 말이냐?' 따위의 주장 — 에서 벗어날 수 있게 되었다. 동물권에는 인간의 죽음과 동물의 죽음이 가치가 똑같다는 의미가 들어 있지 않다. 인간은 죽을 때 일반적으로 (반드시, 항상 그렇지는 않다) 동물이 죽을 때보다 더 많은 것을 잃는다. 인간은 동물보다 자신의 미래와 밀접하게 연결되어 있기 때문이다.

또 우리가 앞서 논의를 통해 알게 된 것은, 동물을 죽이는 행위가 잘못인 이유다. 동물을 죽이는 것 역시 동물의 미래를 박탈하는 것이다. 동물은 소극적인 의미에서만 미래를 갖지만 그럼에도 죽음으로써 미래를 잃는 것은 사실(일 것)이다. 동물의 생리적 관심 역시 이러한 소극적 의미에서 미래를 갖는 것임은 두말할 나위도 없다. 그러한 관심이 꺾인다면 다른 모든 관심도 자동적으로 꺾일 것이다. 동물은 자신의 미래에 적게 투자할 수도 있지만 미래를 잃으면서, 미래가 그에게 가져다 줄 만족의 기회를 모두 잃는다. 동물이 소극적 의미에서 미래를 갖는다는 사실, 죽을 때 미래를 잃는다는 사실, 이러한 상실이 동물에게 매우 나쁘다는 사실, 이러한 사실을 모두 우리는 공평한 자리에서 안다.

이제 동물을 죽이는 것이 왜 나쁜지, 하지만 인간을 죽이는 것만큼 왜 나쁘지 않은지 설명을 할 수 있게 되었다. 하지만 우리는 여기서 더 짚고 넘어가야 할 사실이 있다. 인간의 생명은 —단 한 명일지라도 — 아무리 많은 동물보다도 훨씬 값지다고 주장하는 사람도 있는데, 우리가 찾아낸 설명에서는 그러한 근거를 찾을 수 없다. 동물권을 옹호하는 사람 중에도 실제로 이러한 주장을 수용하는 사람이 많다. 예컨대 톰 리건 역시 세련된 방식으로 동물권을 방어하는 논리를 전개하는 과정에서 소위 '더 나쁜 원칙'worse off principle 이라는 것을 제시한다.

"특별한 배려를 제쳐둔다면, 두 집단의 권리 중 하나를 희생시켜야 하는 상황에 닥쳤을 때 우리는 어떤 결정을 내려야 할까? 우리는 그 권리가 박탈당했을 때 끼치는 해악을 비교해야 한다. 예컨대 소수가 겪는 해악이 다수집단의 구성원이 겪는 해악보다 훨씬 크다면, 다수가 아무리 많다고 해도 그들의 권리를 무시하는 선택을 해야 한다." 12)

이것이 바로 '더 나쁜 원칙'이다. 이러한 원칙은 결국, 예컨대 인간이 죽을 때 개보다 더 많은 것을 잃기 때문에 하나의 인간 생명을 구하기 위해 수많은 개를 희생할 수 있다는 논리다.[13] 그렇다면 다음과 같은 상황을 가정해보자.

당신은 전쟁터, 또는 긴급한 사고현장에 있는 의사다. 긴급하게 치료하지 않으면 다리를 잃게 되는 열 명의 사람들이 있다. 또 한편에는 지금 즉시 치료하지 않으면 죽고 마는 한 사람이 있다. 당신은 선택을 해야 한다. 한 사람의 생명을 구할 것인지, 열 사람의 다리를 치료할 것인지 선택해야 한다.

리건의 원칙에 따르면 당신은 다리를 잃게 되는 열 사람을 봐두고 죽어가는 한 사람을 치료해야 한다. 그 이유는 쉽게 추측할 수 있다. 죽는 것이 다리를 잃는 것보다 훨씬 큰 해악이며 따라서, '더 나쁜 원칙'에 따라 많은 사람들이 조금씩 해악으로 고통받는다 하더라도 더 큰 해악을 회피하기 위해 행동해야 한다.

이 경우 사소한 고통을 받는 사람들은 아무리 많아도 문제가 되지 않는다. 다리를 잃는 사람의 수가 100명이 되든, 1,000명이 되든, 100만 명이 되든 상관없다. '더 나쁜 원칙'에 따라 100만 명이 결국 다리를 잃게 될지라도 한 사람의 생명을 구하는 선택을 해야 한다. 동의하는가? 나는 동의하지 않는다.

공평한 자리에서는 이러한 결론에 도달하지 않는다. 우리를 이끄는 통찰은 바로 공평한 자리에서 불합리한 선택은 현실세계에서 부도덕한 선택이라는 황금률이다. 그러면 공평한 자리에서 합리적인 선택은 무엇일까? 당신은 이성적으로, 의사가 한 사람의 생명을 구하는 세상을 선택하겠는가, 아니면 100만 명의 다리를 구하는 세상을 선택하겠는가?

다리를 잃을 수밖에 없는 사람이 이렇게 많다면, 다리 다친 사람들을 치료하는 세상을 선택하는 것이 분명히 합리적일 것이다(의사 한 명이 어떻게 이렇게 많은 사람들을 동시에 치료할 수 있는가 하는 기술적 문제는 잠시 제쳐두자. 우리가 알아내고자 하는 원칙 문제와는 상관없는 문제다).

또한 당신이 치료받지 못하고 죽는 한 명이 될지 치료받지 못하고 다리를 잃는 100만 명 중 한 명이 될지 모른다고 가정해보자. 치료받지 못하고 죽는 한 사람이 된다면 다리를 잃는 사람들보다 더 많은 것을 잃을 것은 명백하다. 하지만 그 사람이 될 확률은 — 다리를 잃는 사람이 100만 명이기 때문에— 100만분의 1보다 작다. 죽음이 더 큰 것을 잃는 것임은 분명하지만 그 사람이 될 확률은 매우 작다. 따라서 의사가 많은 사람을 치료하는 세상을 선택하는 것이 합리적인 선택임에 분명하다.

또 다른 제한된 상황을 가정해보자.

즉시 치료받지 못하면 한 사람은 죽고, 다른 한 사람은 다리를 잃는다. 다시 말해 두 집단 모두 한 명씩이다. 이 경우, 의사가 죽어가는 사람을 먼저 살리는 세상을 선택하는 것이 공평한 자리에서 합리적인 선택임이 분명하다. 공평한 자리에서 내가 어떤 사람이 될지 모른다고 해도, 죽는 것은 다리를 잃는 것보다 많은 것을 잃는다는 사실을 안다.

이처럼 50대 50 상황에서는 가장 많이 해를 입는 사람, 또는 가장 많은 것을 잃는 사람, 가장 먼저 도움이 필요한 사람을 우선하는 것이 합리적인 선택이다. 하지만 앞에서 본 것처럼 100만 대 1의 상황처럼 집단의 규모에 있어 엄청난 차이가 나는 경우에는 반대의 선택이 합리적이다. 1대 1과 100만 대 1 사이에 합리적인 선택이 무엇인지 결정하기 어려운 회색지대(예컨대 100대 1, 또는 1,000대 1 따위)가 분명히 존재한다. 이러한 문제를 어떻게 동물에 적용할 것인가?

인간이 죽을 때 고통 받는 해악은 동물이 죽을 때 받는 해악보다 크다고 리건은 주장한다(물론 내가 앞서 제시한 이유와는 다른 이유에서 나온 것이다). 따라서 그의 '더 나쁜 원칙'은 한 명의 인간과 한 마리의 동물 중 하나를 구해야 할 때는 물론, 한 명의 인간과 수많은 동물 중 하나를 구해야 할 때에도 인간을 구해야 한다고 말한다. 동물이 얼마나 많건 문제되지 않는다. 한 명의 인간과 100만 마리의 개 중에서 하나를 구해야 하는 상황에 놓여 있다면, 리건에 따르면 100만 마리의 개는 놔두고 한 명의 인간을 구하는 선택을 해야 한다.

내 생각은 이와 상당히 다르다. 공평한 자리에선, 개의 수가 늘어남에 따라 당신이 개로 판명될 확률도 커진다. 공평한 자리에서 볼 때, 무수한 개를 희생하고 한 인간을 구하는 세상을 선택하는 것은 불합리하다. 당신이 인간으로 판명된다면 죽을 때 개보다 더 많이 잃는 것이 사실이다. 하지만 개의 숫자가 늘어남에 따라 당신이 그 한 명의 인간으로 판명될 확률도 줄어든다. 한 인간과 100만 마리의 개 중 하나를 선택해서 구해야 하는 상황이라면 당신이 인간이 될 확률은 100만분의 1보다 작다. 공평한 자리에서는 인간을 희생하고 개들을 살리는 세상을 선택하는 것이 합리적인 결정이다. 공평한 자리에서 합리적인 결정은 현실세계에서 도덕적으로 올바른 결정이다.

나는 도덕적 추론을 잠재적인 손실과 잠재적인 수익을 계산하고 평가하고 비교하고 검토하는 복잡한 과정이라 생각한다. 하지만 여기서 무엇보다 가장 중요한 것은 이 모든 것이 무지의 자리, 즉 공평한 자리에서 이루어져야 한다는 것이다. 도덕적 추론을 할 때 우리는 스스로 최선을 다하고자 노력해야 한다. 될 수 있는 한 비열하고 이기적이고 탐욕스러워지고자 노력해야 한다. 도덕적 추론의 문맥에서 우리는 자신이 누구인지, 무엇인지 모른 척해야 한다. 따라서 우리 스스로 최선을 다하려는 노력을 함으로써 자연스럽게 만물을 위해 최선을 다하게 되는 것이다.

우리는 한 인간의 생명이 동물의 수가 얼마가 되든, 그 생명들보다 가치있다고 생각해서는 안 된다. 한 인간의 생명은 일반적으로 동물 한 마리의 생명보다 더 가치가 있을 수 있다. 꼭, 항상 그런 것은 아니지만 일반적으로 그렇다. 한 인간의 생명이 동물 몇 마리보다는 가치 있을 수도 있다. 하지만 어느 지점에서 인간의 생명이 더 소중하다는 생각은 멈춘다. 공평한 자리에 서서 수행하는 잠재적 이익과 잠재적 손해의 복잡한 계산은 이러한 생각을 어느 지점에서 멈추라고 명령한다.

요약

죽음은 해롭다. 죽음의 해악은 '그 제물로부터 미래를 박탈한다'는 사실에 있다. 하지만 어떤 것이 미래를 갖는 방식에는 세 가지 다른 의미 ─ 물리적 의미, 소극적 의미, 적극적 의미 ─가 있다. 따라서 미래를 잃는 것에도 세 가지 다른 의미가 있다. 적극적 의미에서 가졌던 미래를 잃는 것은 소극적 의미에서 가졌던 미래를 잃는 것보다 나쁘고, 소극적 의미에서 가졌던 미래를 잃는 것은 물리적 의미에서 가졌던 미래를 잃는 것보다 나쁘다.

미래를 잃고 고통받는 손실의 크기는 예상되는 미래의 길이에 영향받지 않고 예상되는 미래의 질에도 영향받지 않는다. 하지만 점차 전개되어 나갈 삶의 가치를 결정하는 요인이기 때문에, 도덕적 판단을 할 때 미래의 길이와 질을 고려하는 것이 정당할 수 있다. 따라서 도덕적 고려를 할 때 잃게 되는 미래의 길이에 엄청난 차이가 있는 경우, 미래와의 적극적인 연관성보다도 미래의 잠재적 길이를 더 비중 있게 여겨야 할 때도 있다.

인간들은 대부분 적극적 의미에서 미래를 갖는다. 동물들은 대부분 소극적 의미에서만 미래를 갖는다고 할 수 있다. 따라서 동물이 죽을 때보다 일반적으로 인간이 죽을 때 더 많은 것을 잃는다. 그러므로 또다시, 동물을 죽이는 것보다 일반적으로 인간을 죽이는 것이 더 나쁘다고 말할 수 있다. 하지만 항상 그런 것은 아니다. 어떤 인간은, 예컨대 어떤 형태의 뇌손상을 입은 사람들은 동물보다 소극적으로 미래와 연결되어 있는 경우도 있다.

또한 어떤 동물의 예상되는 미래가 실질적으로 인간의 미래보다 훨씬 길다면 인간이 자신의 미래와 적극적으로 연결되어 있다 하더라도 이를 상쇄한다. 적어도(연민이나 감정이 아닌) 도덕적 판단결정의 관점에서 보면 그렇다. 결국 인간의 생명이 일반적으로 동물의 생명보다 더 가치 있다는 사실은 한 명의 인간을 살리기 위해 동물은 얼마든지 죽도록 내버려 두어도 좋다는 뜻이 아니다.

이 장은 보편적인 측면에서 서술되었다. 몇몇 사람들의 눈에는 이런 내용이 거슬릴 수도 있다. 단 하나의 인간생명을 구하기 위해 동물은 '얼마든지' 죽어도 좋다는 생각이 잘못된 것이라면, 그 인간을 구하는데 '정확하게 몇 마리까지' 동물이 죽어도 괜찮다는 말일까? 이는 도덕을 흑백논리로 재단하기 좋아하는 사람들이나 물음직한 질문이다. 문제는 도덕적 판단이 이처럼 단순하지 않다는 것이다. 아니 이렇게 단순한 문제는 지금껏 존재하지 않았다.

하지만 여기서 내가 더욱 세밀하게 논의를 밀고 나가지 않는 또 다른 이유가 있다. 앞으로 보겠지만 우리가 동물을 취급하는 방식에서 도달해야 하는 일상적인 결정들은 이런 문제와 전혀 '차원이 다르기' 때문이다. 잠재적 이익과 잠재적 손실의 정확한 균형을 찾기 위해 고민할 필요도 없다. 인간의 이익과 동물의 이익은 엇비슷한 균형을 이루기는커녕 한참이나 어긋나 있기 때문이다. 구명보트 이야기처럼 인간과 동물이 서로 살아남고자 치열하게 경쟁하는 상황은 존재하지도 않는다.

우리가 동물을 잘못 대하는 것은 상대적으로 사소한 인간의 관심을 동물의 가장 절대적인 관심보다도 우위에 놓기 때문에 비롯한다. 이는 먹기 위해 동물을 사육하고 죽이는 분야에서 가장 심각하게 나타난다. 이제 우리가 살펴볼 문제다.

공평한 자리에서 동물이 어떠한 방식으
로 사육되건, 어떠한 방식으로 도살되건
음식으로 쓰이기 위해 사육되고 도살되
는 제도를 선택하는 것은 불합리하다.

5
_

음식으로 먹기 위한 동물사육

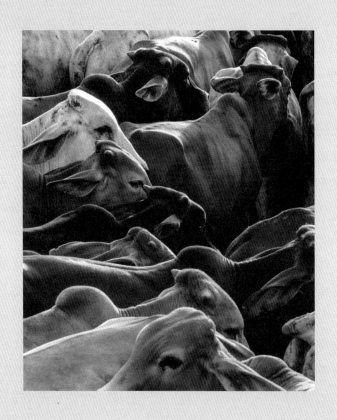

인간 대신 동물이 몇 마리까지 죽어도 도덕적으로 괜찮은지, 몇 마리부터는 도덕적으로 잘못된 것인지 생각해 보았는가? 세상이 어떠하면 좋을지, 공평한 자리에 서서 선택해야 할 것이다. 이런 선택을 할 때는 꼭 황금률을 따라야 한다.

"공평한 자리에서 어떤 상황, 제도, 행동양식을 선택하는 것이 불합리하다면, 현실세계에서 이러한 상황, 제도, 행동양식을 선택하는 것은 도덕적으로 잘못된 것이다."

하지만 공평한 자리에서 세상을 선택한다 해도 전혀 제한이 없는 것은 아니다. 우리가 꿈꾸는 이상세계에 존재하는 도덕적, 사회적, 경제적, 정치적 관계는 그려볼 수 있으나 그 세계의 자연질서가 무엇인지는 알 수 없기 때문이다. 따라서 우리는 현재 주어진 자연법칙이 이상세계에서도 통용한다고 여겨야 한다. 예컨대 우리는(공평한 자리에서) 열역학 제2법칙이 적용되지 않는, 즉 어떠한 동물도 살기 위해 먹을 필요가 없는 세상을 선택할 수 없다. 우리가 선택할 수 있는 권한은 도덕적 질서에 한정된 것이지 자연의 질서까지 선택할 수 있는 것이 아니다.

공평한 자리에서 볼 때, 인간이 동물을 음식으로 사용하는 세계를 선택하는 것은 합리적일까? 공평한 자리에서, 즉 내가 인간이 될지, 인간에게 잡아먹히는 동물이 될지 알지 못하는 상황에서, 현세와 같은 세상을 선택할까? 이런 선택은 합리적인 판단과는 상당히 거리가 먼, 얼빠진 선택이라 할 수 있다.

닭

자신이 닭이라고 가정해보자. 우선 당신은 세상에 태어난다. 하지만 안타깝게도 이로써 일생 동안 누릴 최고의 행복은 이미 끝난 것이다.

당신은 '산란닭'이나 '고기닭' 중 하나로 태어난다. 다시 말해 평생 알만 낳든가, 결국 잡아 먹히든가 둘 중 하나가 된다. 만약 산란닭이면서 수컷으로 태어난 경우에는, 고기로 쓰기에는 고기의 맛이 떨어진다고 생각되기 때문에 일생 또한 짧게 끝날 것이다. 독가스실에서 죽음을 맞이한다면 그나마 운이 좋다. 비닐포대 속에 던져져 다른 병아리들의 무게에 짓눌려 죽을 확률이 더 높다. 또는 산 채로 으깨어질 수도 있다. 미국에서만 매년 1억6천만이 넘는 당신의 형제들이 이러한 운명에 처하고 영국에서도 2천만 가까이 이렇게 생을 마감한다.

당신이 산란닭 암컷으로 태어났다 하더라도 고통은 바로 시작된다. 먼저 세상에 나온 지 하루에서 열흘 사이에 부리가 잘린다. 다시 말해 단두대처럼 생긴 기계를 이용해 시뻘겋게 달군 칼날로 당신의 부리를 자를 것이다. 그래도 1940년대에 태어나지 않은 것만으로도 고맙게 여겨야 한다. 만약 그때 태어났더라면 사람들은 당신의 부리를 용접용 버너로 지졌을 것이기 때문이다.

하지만 부리를 자른다고 얼마나 아프겠는가? 부리는 단순히 밖으로 툭 튀어나온 뿔과 같은 것 아닐까? 손톱을 자르는 느낌과 비슷하지 않을까? 불행히도 전혀 그렇지 않다. 부리 안쪽에는 아주 민감한 내벽, 즉 부드러운 조직이 있어 말초신경들이 퍼져있다. 마치 인간의 손톱 밑에 피부막이 붙어있는 것과 같다. 그래서 부리자르기를 손톱을 깎는 것에 비유하고 싶다면, 손톱을 자르기 위해 손가락 끝을 함께 잘라내는 것이라 할 수 있다.

또한 부리자르기는 그 자체로 고통스러울 뿐 아니라, 다소 서툰 기술로 인해 더욱 고통스러울 확률이 상당히 높다. 칼날이 너무 뜨거우면 잘린 입에 고통스러운 물집이 생길 수도 있다. 칼날의 온도가 너무 낮은 경우에는 잘려나간 입끝에 극도로 고통스러운 종기가 자랄 확률이 높다. 칼날이 무뎌 부리가 제대로 절단되지 않는 경우에는 입천장의 조직이 모두 찢겨 나간다. 부리를 너무 많이 잘라내 거의 콧구멍까지 자르는 경우도 자주 일어난다.

왜 이런 일들이 벌어질까? 이는 순전히 병아리, 닭의 엄청난 수 때문이다. 일렬로 닭을 가두고 달걀을 받아내는 배터리양계장에는 보통 수만 마리에서 수백만 마리의 닭을 키운다. 즉, 잘라야 할 부리가 매우 많다는 이야기이다. 이런 단순 반복 작업에는 금전적 보상이 많지 않기 때문에 부리를 자르는 사람에게

중요한 문제는 잘 자르는 것이 아니라 많이 자르는 것이다. 실수가 생기는 것은 당연하다. 이러한 실수에 수많은 닭들이 피해를 본다.

부리를 잘라낸 다음에는 '발육실'로 보내진다. 예전에는 이 시기에 상대적으로 한가로운 삶을 누릴 수 있었다. 실제로 자유롭게 돌아다닐 수 있었으며 심지어 밖에 나가는 것이 허락되기도 했다. 몇몇 양계장 주인들이 이러한 경험을 하면 병아리들이 장차 닭장 속 가혹한 삶을 더 잘 이겨내고, 더 튼튼해진다고 믿었기 때문이다. 하지만 지금은 커다란 오두막 안에 있는 닭장 속에 갇힐 확률이 높다.

20주가 지나면 다시 한 번 부리를 자르고, 산란시설이 되어 있는 배터리닭장으로 옮겨진다. 만약 미국에서 태어났다면 당신이 들어갈 닭장의 크기는 가로세로 약 30×50센티미터 크기가 될 것이고 유럽에 산다면 대략 46×51센티미터가 될 것이다. 이러한 우리를 혼자 사용한다면 그나마 '웅장한 대궐'이라 할 수 있겠지만 3~6마리의 동료와 함께 사용해야 한다. 달걀값이 올라갈수록 방을 함께 쓸 동료들은 더 늘어난다. 비좁은 공간 때문에 죽는 닭이 늘어나더라도 달걀 생산증대로 얻는 이익이 훨씬 크기 때문이다.

하지만 이 정도의 비좁음은 그나마 복에 겨운 것이다. 몸집이 커져 평균 체격의 닭이 되면, 움직이지 않는다 하더라도 편안하게 앉기 위해선 적어도 637제곱센티미터가 필요하다. 만약 한 바퀴 몸을 돌릴 수 있는 '호사스러운 향락'을 즐기고 싶다면

1,681제곱센티미터가 필요하다. 30×50센티미터의 표준닭장을 다른 동료 넷과 함께 사용한다면 당신에게 주어지는 공간은 약 300제곱센티미터이다. 구석구석 모두 통틀어도 이 정도밖에 되지 않는다(지금 우리가 말하고 있는 면적이 어느 정도 되는지 감이 쉽게 오지 않는 독자들을 위해 참고로 말하자면 A4종이 한 장이 500제곱센티미터 조금 넘는다). 만약 아주 운이 좋아서 딱 세 동료와 닭장을 함께 쓴다고 해도 375제곱센티미터의 공간밖에 주어지지 않는다. 어떠한 경우든, 자신이 날개를 펼 수 있다는 사실을 잊어버려야 할 것이다(닭이 날개를 펼쳤을 때 길이는 약 75센티미터이다).

꼭 끼는 울타리가 몸을 돌리거나 날개를 펼치는 행동만 어렵게 하는 것이 아니다. 정상적인 상호집단행위를 할 수 있는 기회마저 모조리 박탈한다. 닭은 진화를 거듭하면서 군집생활을 몸에 익힌 동물이다. 몇 마리가 모이든 소위 쪼기서열$_{order}^{pecking}$이라는 사회적 위계질서를 형성하고 유지해야 한다. 좀 더 정상적인 조건에서, 서열이 낮은 닭은 자신보다 서열이 높은 닭의 활동영역을 침범하지 않는다.

그러나 30×50센티미터의 닭장에서 어떻게 서로 영역을 침범하지 않고 살 수 있겠는가? 그래서 많은 닭이 자신보다 서열이 높은 닭에게 쪼인다. 당신 역시 그렇게 쪼이는 닭이 될 가능성이 높다. 실제로 닭장 안 4~7마리의 작은 서열구조에서 맨 밑에 처하는 닭이 다른 닭에게 쪼여 죽는 일이 무수히 일어난다.

이제 사람들이 닭의 부리를 왜 자르는지 이해가 되는가? 너무 많은 닭이 쪼여서 죽으면 '이윤'이 떨어지기 때문이다. 이것이 바로 지금까지 축산업이 고수해온 문제해결 방식이다. 동물이 불쾌하고 비정상적으로 행동하는 것은 불쾌하고 비정상적인 환경에서 사육되기 때문이다. 사람들은 이러한 문제를 해결하기 위해 환경을 바꾸는가? 절대 바꾸지 않는다. 그렇게 하면 이윤이 달아나기 때문이다. 대신 불쾌하고 비정상적인 행동으로 일어난 손실이 우리 이윤을 너무 많이 갉아먹지 못하도록, 이상행동을 하는 동물을 잡아 죽인다.

철조망으로 된 닭장에 계속 몸을 비비고, 또 다른 닭들이 쪼아대는 공격을 몇 달 버티고 나면 털이 거의 다 빠지고 만다. 당신의 피부, 특히 꽁지 주변은 시뻘겋게 피가 스미고 껍질이 벗겨진다. 또한 골다공증과 비슷한 증상으로 극심한 고통을 겪을 수도 있다. 이런 증세가 심한 경우, 인간이 만지기만 해도 날개와 다리가 모두 부러지고 흉곽이 함몰한다.

이러한 운명이 되지 않더라도 이즈음 되면 같은 방을 쓰는 동료들은 서로 지나치게 신경이 곤두서 거의 미친 상태에 다다른다. 결국 서로 동족을 죽이는 성향을 보이기 시작한다(이를 축산업에서는 깃털쪼기feather pecking, 또는 카니발리즘cannibalism이라고 한다).

이렇게 한두 해가 지나가고 나면 닭장을 같이 쓰던 동료들 중 35퍼센트는 이미 죽고 없다. 하지만 운 좋게 여전히 살아남았다 하더라도 기력이 쇠약해져 이제는 달걀을 잘 낳지 못한다. 당신이 먹는 사료와 차지하는 공간을 유지하기 위한 비용은 계속 들어가기 때문에 양계장 주인의 이윤은 떨어진다. 이때 주인은 강제털갈이^{force moulting}라는 방법을 통해 몇 달 더 알을 낳을 수 있게 한다. 강제털갈이란 며칠 동안 물도 음식도 주지 않으면서 어둠 속에 방치함으로써 급격한 환경변화로 인해 알을 더 낳을 수 있게 충격을 주는 것이다. 그러나 한두 번의 강제털갈이마저 끝나고 나면 이제 더 이상 당신이 할 일은 없다. 식품가공업자에게 넘겨져 고형수프, 냉동파이, 애완동물사료의 재료가 된다. 그렇게 산란닭의 일생은 끝난다.

만약 산란닭이 아니라 고기닭으로 태어났다면 그나마 나을 것이다. 그토록 오래 살 필요가 없기 때문이다. 태어난 지 하루가 되면 몇 만에서 몇 십만에 이르는 병아리들과 함께 육계사로 보내진다. 거기서 먼저 당신은 부리가 잘린다(아마 발톱도 잘릴 것이다). 육계사는 창문이 없는 널찍한 공간으로 되어있다. 때로는 좀 더 많은 닭을 키우기 위해 철망으로 층을 나누어 놓은 양계장도 있다. 이 우리에서 땅을 밟고 살 수 있다면 당신은 그나마 행운일 것이다.

처음에 육계사는 돌아다닐 수 있을 만큼 공간이 어느 정도 여유가 있다. 당신은 물론 같은 우리를 쓰는 동료들의 몸집이 아직 작기 때문이다. 하지만 모두들 몸집이 커지면서 공간은 점점 비좁아진다. 약 7주 후, 도축될 수 있는 크기로 성장하면 당신이 차지할 수 있는 공간은 약 25×18센티미터 정도밖에 되지 않을 것이다.

시간이 지나면서 당연히, 바닥에 배설물 더미도 점점 수북이 쌓이게 된다. 암모니아는 그 자체로 심각한 건강상의 문제를 일으킨다. 이로 인해 다리에 화상을 입거나 가슴에 물집이 생겨 고통을 받는다. 어찌 이보다 더 나쁜 상황이 존재하겠는가? 당신은 자신의 오줌, 그리고 남의 오줌에 화상을 입는다. 또한 점차 많은 수의 동료들의 시체가 바닥에 나뒹굴 것이다.

이러한 비정상적인 환경에서 오는 불쾌함은 점점 극으로 치닫고, 급기야 다양한 '악행'을 서슴없이 하게 된다. 5만여 마리가 빽빽한 공간에서 함께 생활하는 상황에서 자연적인 집단위계질서를 만드는 것은 불가능하다. 알을 낳는 암탉누이들과 마찬가지로 결국 자기 동료들과 끊임없이 싸워야 하고, 이는 곧 결국 자기 종족을 서로 죽이는 행동(카니발리즘)으로 빠르게 발전한다.

여기서 말장난이 용서된다면, 닭이 서로 잡아먹는 행동은 곧 양계장 주인의 이윤을 잡아먹는 행동과 같다. 이런 상황에 양계장 주인은 어떻게 대처할까? 그러한 행동을 일으킨 환경을 개선할까? 좀 더 정상적인 상황에서 살 수 있게 해줄까? 공간을 더 넓혀줄까? 절대 그렇지 않다. 그런 방법은 이윤을 낮추기 때문이다.

대신, 부리를 다시 자르고 조명을 인위적으로 조절한다. 많은 양계기법에서 이때 조명의 밝기를 2럭스 정도로 어둡게 하라고 말한다(참고로 촛불의 밝기는 10럭스이다). 어둡게 하면 공격성이 감소하는 효과가 있기 때문이다. 이제 당신은 암흑과 가까운 상황에서 몇 주 남지 않은 삶의 마지막을 보내게 된다.

돼지

돼지는 다양한 방식으로 사육된다. 그래서 당신이 돼지로 태어 난다면(상대적으로) 운이 좋을 수도, 나쁠 수도 있다. 하지만 양 돈에도 공장형 생산방법이 적용되기 시작하면서 운이 나쁜 상 황에 처할 가능성이 높아지고 있다. 예컨대, 거의 모든 돼지가 '전반적 환경통제'라는 방식으로 사육된다. 이 방식으로 키워지 면 당신은 평생 햇빛을 보지 못한다. 다시 말해 시장에 죽으러 가는 길에서야 비로소 처음이자 마지막으로 햇빛을 보게 될 것 이다.

태어나자마자 당신은 몇 대의 주사를 연달아 맞고, 송곳니가 잘릴 것이다(거의 잇몸 가까이 잘라낸다). 또 귀에 칼로 자국을 내 표식을 새기고, 마취도 하지 않은 채 꼬리를 자른다. 그런 다음 젖을 뗄 때가 되면, 당신이 남자라면 또다시 마취도 하지 않은 채 거세될 것이다. 그런 다음 인생의 '종착역'이 될 커다란 건물 로 옮겨진다. 이곳에서 도살할 수 있는 크기가 될 때까지 살만 찌면 되는 것이다. 배터리닭장처럼 돼지가 들어가는 칸들이 일 렬로 죽 늘어서 있는 길쭉한 이 건물에서 몇 천 마리 돼지들이 햇빛도 보지 못하고 도축될 때까지 살아간다.

좀더 자연스런 환경에서 사육될 경우 돼지는 안정된 사회집 단을 만들어 공동의 보금자리를 만들고 숲을 돌아다니며 땅을 파헤치는데 시간을 쏟을 것이다. 실제로 돼지들은 대부분 낮 시 간의 약 52퍼센트는 먹이를 찾는데 쓰고, 23퍼센트는 주변을 탐색하는데 쓴다.[14] 물론 이러한 행동은 모두 당신이 현재 처한 환경에서는 할 수 없는 일이다.

또한 좀더 자연스런 환경이라면 당신은 공동의 보금자리에서 충분히 멀리 떨어진 곳에 화장실을 정해놓고 사용할 것이다. 이 또한 전반적 환경통제 사육방식에서는 불가능한 일이다. 배설물이 쌓이는 것을 방지하기 위해 일반적으로 사람들이 취하는 방법은 우리바닥을 철망이나 파이프로 만들어 땅에서 떠어놓는 것이다(이러한 방식은 최근 소를 키우는 축사에도 확산되고 있다). 물론 평생을 철망이나 쇠파이프 위에서 사는 것이 쉽지는 않다. 극도로 불편하고, 기형까지 초래한다. 아니 정확히 말하자면, 그렇게 되기 전에 거의 도살된다.

원래부터 지능이 있는 피조물인 당신에게 가장 힘든 것은 아마도 끊임없는 지루함일 것이다. 당신은 먹고 자고 서고 누울 수 있다. 이것이 끝이다. 할 수 있는 것은 오직 이것뿐이다. 어떠한 잠자리 도구도 갖지 못할 것이다. 자연에서 보금자리를 만들 때 쓰는 짚이나 나뭇잎 같은 것들은 청소를 더 어렵게 하기 때문에 아예 주지도 않는다.

공장형 양계장에서 사육되는 닭들처럼 이러한 환경에서 스트레스를 느끼지 않는다면 이상하다. 사지마비, 피부손상, 숨가쁨, 심지어 급사하는 일도 흔히 발생하는데, 이를 돼지스트레스증후군porcine stress syndrome 이라고 한다.

공장형 양계장에서 사육되는 닭들과 마찬가지로 돼지도 '악행'을 저지를 수밖에 없다. 당신은 옆 칸 동료의 꼬리를 물어뜯을 것이다. 이는 처절한 싸움으로 발전하기도 한다. 농장 주인

이 이 문제를 심각하게 받아들이는 이유는 두 가지이다. 첫째, 싸움은 격렬한 행위이기 때문에 겨우 불려놓은 당신의 몸무게를 감소시킨다. 둘째, 꼬리를 물어뜯거나 싸우는 행위는 그 자체로써 동료를 잡아먹는 행위로 발전할 수 있다. 동료를 꼬리부터 뜯어 먹기 시작하여 궁둥이 속으로 파먹어 들어가 죽게 만들수도 있다(문자 그대로 이것은 양돈장 주인의 이윤을 파먹는 행위이다).

이러한 행동의 이유에는 여러 가지 원인이 있겠지만 스트레스, 과밀한 공간, 지루함이 가장 큰 영향을 미칠 것이다. 결론적으로 잠자리에 쓸 지푸라기 같은 기본적인 물건만 제공해도 실제로 꼬리를 물어뜯는 사건의 발생빈도는 떨어진다. 짚풀은 돼지에게 조금이나마 기분전환을 할 수 있게 하기 때문이다.[15] 하지만 이는 인간에게 청소하는 일을 번거롭게 할 뿐이다. 양돈장 주인 입장에서 더 많은 사람을 고용해야 하고, 더 많은 임금을 줘야 한다.

또한 돼지가 활동을 할수록 살찌는 속도가 느려진다(따라서 더 많은 먹이가 든다). 그래서 꼬리를 물어뜯지 못하게 하는 간단한 방법을 선택한다. 꼬리를 미리 잘라버리는 것이다. 또한 '전반적 환경통제'를 하여 조명을 어둡게 한다. 우리는 이와 똑같은 문제해결방식을 앞에서도 보았다. 불쾌하고 부자연스런 상태에 동물을 두면 불쾌하고 부자연스런 행동을 하게 된다. 인간은 환경을 개선해 이러한 문제를 해결하려 하지 않고 — 그런 방법은 이윤이 줄어들기 때문에 — 동물을 잡아 죽이고 그들의 환경을 오히려 더 나쁘게 만들어 해결한다.

당신이 수퇘지로 태어났다면, 그리고 이 모든 상황을 이겨내 왔다면, 시장에 내다팔 수 있는 무게인 100킬로그램에 달하게 되는 약 20주 후 도살장에 끌려갈 것이다.

한편, 당신이 번식용 암퇘지로 태어났다면 완전히 새로운 고통을 경험해야 한다. 새끼를 배고 나면(아마도 인공수정을 통해서) 바로 수태돈사로 옮겨진다. 여러 암컷들을 작은 우리에서 함께 키우는 농장도 있지만(점점 더 일반화되고 있는) 더 집약적인 방식으로 돼지를 사육하는 양돈장에서는 좁은 칸막이(보통 61×183 센티미터) 속에 가두거나 목에 밧줄을 묶어놓는다. 어쩌면 좁은 칸막이 속에 넣고 밧줄까지 묶어놓을지 모른다. 이제 당신은 섰다가 누울 수 있다. 이것으로 끝이다.

물론 당신은 이러한 감금상태가 마음에 들지 않을 것이다. 적어도 처음에는 여기서 벗어나기 위해 머리를 찧어대고 밧줄을 잡아당기고 비비고 뒹굴며 불만을 표출하려고 할 것이다. 나중에는 칸막이 옆면에 몸을 세차게 박아댈지도 모른다. 이러한 메아리 없는 투쟁을 3시간 가까이 계속 하고 나면 이제 무기력함이 몸에 배기 시작한다.[16] 모든 것을 포기하고 가만히 누워 있다가 가끔 칸막이 틈으로 코를 내밀어 나지막한 신음소리를 내거나 낑낑거리는 것이 전부다.[17] 좀더 정상적인 상태였다면 당신은 하루에 몇 시간씩 음식을 찾아 다니며 먹고 탐험하는 매우 활동적인 삶을 살았을 것이다. 활동하고 싶은 자연적인 욕구는 이제 칸막이 기둥을 하릴없이 갉아대는 일로만 달랠 뿐이다.

여기서 당신은 약 3개월을 머물 것이다. 그 3개월 동안 당신은 어둠 속에 갇혀 이틀 또는 사흘에 한번 꼴로 주어지는 먹이만으로 배고픔을 달래야 한다. 이는 순전히 이윤을 고려한 행동일 뿐이다. 당신은 고기를 얻기 위해 키우는 돼지가 아니기 때문에(어쨌든 지금은 파는 것이 목적이 아니기 때문에) 문제없이 새끼를 낳을 수 있을 정도만 먹인다

새끼를 분만하기 약 일주일 전쯤 당신은 '분만돈사'로 옮겨져 다시 좁은 칸막이에 갇힌다. 여기서도 눕거나 서기만 할 수 있다. 걸어 다니는 것은 물론 몸도 돌리지도 못한다. 칸막이는 먹고 마실 수 있을 만큼만, 또 새끼들에게 젖꼭지를 내놓을 수 있을 만큼만 여유를 준다. 당신의 움직임이 좀 크게 느껴지면 양돈장 주인은 칸막이를 바짝 몸에 붙여, 겨우 섰다 누웠다 할 수 있을 만큼만 공간을 허용할 것이다.

이렇게 하는 이유는 몸을 움직여 새끼들을 뭉개지 못하게 하기 위함이다. 물론 애초부터 당신이 새끼를 깔고 누울 위험은, 편히 활동할 수 없을 정도로 너무 좁은 공간을 주어서 발생한 것이다. 다시 한 번 말하지만 공장형 가축산업의 보편적 규칙은 다음과 같다.

"잘못된 환경에서 발생하는 문제를 해결하는 유일한 방법은 환경을 더욱 나쁘게 만드는 것이다."

새끼들이 젖을 뗄 때쯤 다시 수정을 위해 수퇘지의 커다란 우리에 넣어질 때에만 당신은 이런 감옥에서 풀려나 잠시 그나마 상대적으로 한가로운 휴식을 가질 수 있다. 하지만 인공수정 횟수가 더욱 늘어나면서 번식용 암퇘지만이 누리는 순간적인 쾌

락조차 경험하지 못할 확률이 높아지고 있다. 당신의 삶을 한 마디로 정리하자면, 고립과 통제의 시간에서 또 다른 고립과 통제의 시간으로 이어지는 것이다.

암퇘지는 적어도 1년에 두 번씩 새끼를 밴다. 하지만 그러한 재생산활동조차 더 바빠질 확률이 높아지고 있다. 새끼들에게 젖먹이는 '기계암퇘지'가 등장했기 때문이다. 정상적인 시기보다 훨씬 일찍 새끼들을 빼앗아 가, 깨끗한 환경의 기계암퇘지 앞에 갖다 줄 것이다. 수유를 멈추고 나면 며칠 내에 다시 수정하고, 또다시 캄캄한 철조망 속에 감금되어야 하는 시간이 되풀이된다. 기계의 도움으로 이제는 1년에 평균 2.6회 새끼를 밸 수 있다. 이것이 씨돼지로 당신이 살아야 할 삶의 나날들이다.

소

축산업이라는 이름으로 자행되는 공포의 만신전에서 '송아지고기용 송아지'를 생산하는 사육방법이 가장 꼭대기에 있다는 것은 분명하다. 여기서 송아지고기^{veal}란 '젖을 떼기 전의 송아지'를 잡은 고기를 말한다. 다시 말해 풀을 뜯어먹기 전 젖먹이 송아지의 고기로, 일반 소고기보다 빛깔이 연하고 훨씬 부드럽다.

물론 젖도 떼지 않은 송아지는 아주 작기 때문에 송아지고기는 비싸다. 하지만 1950년대에 이르러 젖먹이 때가 지난, 좀더 큰 ― 이 사실이 중요하다 ― 송아지에게서 젖먹이 송아지와 같은 육질의 고기를 얻는 방법이 발명되었다(이로써 가격도 좀 내려

갔다). 이 방법은 간단히 말해서 송아지에게 죽지 않을 정도로, 적어도 시장에 내다팔 적정 무게에 도달하기 전까지만 죽지 않을 정도로, 심한 빈혈을 유발하는 것이다.

송아지고기로 쓸 송아지가 되려면 먼저 튼튼하고 건강하게 태어나야 한다. 송아지고기용 송아지로 만들어내는 가혹한 환경을 견뎌내야 하기 때문이다. '운 좋게' 이러한 송아지로 선발되면 태어나자마자 어미 소에게서 떼어내, 외부와는 완전히 격리된 건물 안에 층층이 줄지어 늘어선 수천 개의 나무상자 중하나로 옮겨진다. 대략 56×137센티미터(미국표준크기) 넓이로 사방이(바닥도) 나무로 되어 있다. 갓 태어난 어린 송아지조차 몸을 돌리지 못할 정도로 작은 크기인데, 몸집이 커지면서 서고 눕는 일조차 힘들어진다.

3~4달 동안 이 우리, 아니 상자에 갇혀 살아야 하는데, 나중에는 몸을 전혀 움직이지 못하도록 목에 밧줄도 묶는다(그 이유는 곧 알게 될 것이다). 이 기간 동안 당신은 씹을 수 있는 음식은 전혀 먹지 못하고 '대체우유'만 계속 빨아야 한다. 대체우유란 분말 우유제품에 녹말, 지방, 설탕, 첨가제, 풍부한 항생제를 섞어 만든 것이다. 이 기간이 송아지고기용 송아지 생산과정에서 가장 중요한 단계다. 대체우유에는 철분이 '거의' 들어있지 않다. 철분이 전혀 없으면 죽기 때문에 철분을 완전히 빼지는 못하고, 죽지 않을 만큼만 최소한의 철분을 넣는다. 당연히 극심한 빈혈을 겪게 되고 매우 치명적인 상태로 생명만 겨우 유지한다. 철분결핍으로 인해 몸속 적혈구 수가 줄어들고 이로써 살점

의 빛깔은 연해진다. 고기의 색이 연할수록 '최상급' 송아지고 기로 시장에서 좋은 가격을 받는다.

　건초나 짚풀 같은 것은 당신의 식단에 절대 포함되지 않는다. 이런 것들은 철분을 함유하여 살점을 검붉게 만들고, 결과적으로 수익성을 떨어뜨리기 때문이다. 비슷한 이유로 당신은 아무런 잠자리도구도 제공받지 못한다(짚풀을 먹고 싶은 열망을 참다못해 모두 먹어버릴지도 모르기 때문이다). 대신에 당신은 널빤지로 만든 딱딱한 바닥 위에 맨살을 부비며 평생 살아야 한다. 철분을 필사적으로 섭취하고자 하는 욕구는 이제 나무칸막이 벽이라도 뜯어 먹게 만든다. 다양한 소화불량, 위궤양, 만성설사로 고통을 받는 것은 두말할 나위 없다.

　헌데, 왜 하필 작은 상자에 넣는 것일까? 왜 목줄을 매는 것일까? 섬유질, 즉 철분을 공급할 수 있는 원천이 바로 '자신'에게서 나오기 때문이다. 내 몸의 털과 배설물에 철분이 함유되어 있다. 입으로 자기 몸의 털을 고르는 행동조차 철저히 금지해야 하기 때문이다. 또한 정상적인 상태에서는, 다른(송아지고기로 쓰이지 않을) 송아지들처럼 자신의 대소변을 가까이 하지 않겠지만 지금은 지극히 비정상적인 상태다. 철분을 섭취하기 위해서는 자신의 배설물이라도 핥아먹어야 한다. 물론 이조차 허용되지 않는다. 그래서 작은 상자에 넣어 몸을 돌리지 못하게 하고, 목줄을 매어 고개도 돌리지 못하도록 해야 한다.

　이러한 억압으로 인해 발생하는 신체적 문제는, 앞서 본 닭, 돼지들과 마찬가지로 심리적 문제로 더욱 복잡해진다. 당신 곁에는 풀리지 않는 지루함만이 존재한다. 대체우유를 먹는데 걸리는 시간 20분 정도를 빼고 나면 하루 종일 아무것도 할 일이 없다. 어떤 이가 당신을 관찰한다면 이빨을 갈고 꼬리를 흔들고 혀를 핥는 행동을 강박적으로 반복하는 모습을 목격할 것이다. 양계장의 닭들이 강박적으로 무언가를 쪼는 것처럼, 양돈장의 돼지들이 꼬리를 물어뜯는 것처럼, 이는 송아지들의 지루함을 견뎌내기 위한 스트레스 증상이다.

송아지고기를 얻기 위해 키우는 송아지 이야기는 물론 극단적인 경우라 할 수 있다. 그렇다고 해서 다른 소들의 삶은 평온하고 한가로울 것이라 생각해선 안 된다. 당신이 젖소로 태어났다면 지금도 상당시간을 실내에서 보내야 하겠지만, 실내에서 보내야 할 시간은 앞으로 점점 늘어날 것이다. 더욱이 젖소들도 조만간 앉고 서는 일밖에 할 수 없는 넓이의 칸막이에 갇혀 살게 될지도 모른다.

우유가 나오기 위해서는 당연히 먼저 — 대개 인공수정을 통해 — 임신을 해야 한다. 물론 새끼는 태어나자마자 인간이 빼앗아간다. 이는 새끼에게도 공포스러운 경험이겠지만 당신에게도 고통스러운 경험이다. 떼어낸 새끼송아지는 젖소로 사육되든지, 고기소로 사육되든지, 송아지고기용 송아지로 사육될 것이다. 새끼를 낳고서 열 달 동안 젖이 나오는데, 이 기간 동안 하루에 두 번씩, 때로는 세 번씩 젖을 짜낸다.

하지만 우유생산량을 더 높이려면 젖이 나오지 않는 시간을 허용해선 안 된다. 따라서 분만한 지 3개월 정도 지나면 다시 짝짓기를 하여 임신을 하고, 분만하기 약 6주 전까지 계속 젖을 짠다. 새끼가 나오면 떼어내고 또다시 젖짜기 — 임신 — 분만의 과정이 교차하면서 반복된다. 물론 이러한 가혹한 순환을 지속할 수 있는 기간은 5년 정도 밖에 되지 않는다. 이 기간이 끝나고 나면 당신은 '진이 다 빠져버릴' 것이고, 더 이상 쓸모없는 존재일 뿐이다. 결국 도살된다.

다행히 당신이 고기를 얻기 위한 소로 태어났다면, 송아지고기용 송아지와는(그리고 닭이나 돼지들과도) 다르게 광활한 야외공간에서 많은 시간을 보내게 될 것이다. 하지만 현대식 소고기 생산법이 확산되면서, 광활한 야외공간이나 초원목장이 아닌 엄청나게 많은 소들을 빽빽하게 집어넣고 키우는 사육장에서 보내게 될 확률이 점점 높아지고 있다. 대규모 축산업이 발전하면서 이제는 엄청나게 먼 거리를 배를 타고 가야 할지도 모른다.

현대식 사육장의 경우 1에이커 우리에 900마리를 집어넣기도 한다. 여기서 6~8개월 동안 옥수수와 같은 곡식을 먹여 살찌운 뒤 도살장으로 보내진다. 그 기간 동안 뿔을 자르고, 뜨거운 쇠로 낙인을 찍고, 마취하지도 않은 상태에서 거세하는 것은 그리 특별한 일도 아니다. 거세를 하는 일반적인 방법은 네 다리를 모아서 밧줄로 단단히 묶은 뒤 땅바닥에 내동댕이친 다음, 음낭을 칼로 쩬 다음 고환을 확 잡아 뽑는 것이다. 상상만 해도 눈물이 찔끔할 것이다.

공장식 축산업과 공평한 자리

지금까지 묘사한 상황은 모두 지금 일반적으로 실행되는 가축 사육방법들이다. 나의 주장을 뒷받침하기 위해 일부러 특별히 잔인하거나 유별난 사례를 이야기한 것이 아니다. 오늘날 현실 세계에서 무심코 행해지는 일들이다. 우리 식탁 위에 놓인 고기, 달걀, 우유가 대부분 이렇게 생산된다.

모든 동물이 인간의 음식으로 쓰이기 위해 이러한 '집약된' 공장형 생산방식으로 사육되는 것은 아닐 테지만 어쨌든 많은 동물들이 이런 상황에 처한다. 앞서 설명한 방식으로 사육된 뒤 도살되는 고기닭은 미국에서만 '매주' 1억 마리가 넘는다. 영국에서도 매년 7억 1,900만 마리에 달한다. 미국에서만 가스, 질식, 또는 산채로 생매장 당해 죽는 산란닭 수평아리들이 매년 최소 1억6천만 마리가 넘는다.

아무 슈퍼마켓이나 가서 달걀판매대에 진열된 달걀을 살펴보라. 자연방목방식으로 얻는 달걀과 공장형 양계장에서 '생산되는' 달걀의 비율이 어느 정도 되는가? 자연방목으로 사육되는 닭과 공장형 양계장에서 생산하는 닭의 비율이 어느 정도 되는지 짐작할 수 있을 것이다. 지금 우리가 먹는 돼지고기도 대부분 앞에서 묘사한 방식으로 생산된다(영국에서만 1년에 1,300만 마리가 도살된다). 새끼를 낳는 암퇘지들 역시 거의 예외 없이 앞에 설명한 방법으로 처리된다. 송아지고기용 송아지들도 당연히 앞서 설명한 방식, 또는 여기서 약간 변형된 방식으로 생산된다.

간단히 말해서 우리가 먹는 고기는 거의 모두 공장형 축산업, 즉 집약된 방식으로 생산된다. 이 방식들은 예외가 아니다. 축산의 가장 '올바른' 방법이라는 뜻이다. 왜 그럴까? 비용이 적게 들고 따라서 더 '수익성이 크다'는 단순한 이유 때문이다. 공장형 축산업은 음식생산도 자동화된 생산설비를 할 수 있다는 동기와 인식을 가져다 주었다. 물건을 손으로 일일이 만드는 공장보다 자동화된 조립설비를 갖춘 공장의 수익이 높듯이 소규모 농장에 비해 공장형 축산업의 수익이 훨씬 높다. 당연히 느슨하게 운영되는 소규모 전통적 축산업은 궁지에 몰리고 공장형 가축농장이 수적으로 증대하는 추세가 과거 몇 십 년에 걸쳐 이어져왔다.

따라서 이제 고기를 먹는다면, 그 고기들이 앞서 설명한 방식으로 생산되었을 것이라고 추정해도 거의 틀리지 않을 것이다. 이제 우리는 공평한 자리에서 서서 이러한 사육방식이 존재하는 세상을 선택할 것인지 생각해봐야 한다. 혹독한 방식으로 동물을 사육하는 세상을 선택하는 것이 합리적일까?

공평한 자리에서 당신은 인간이 될 수도 있지만 인간에게 잡아 먹히는 동물이 될 수도 있다(인간이 먹지 않는 동물은 현재 논의하는 문제와 무관하기 때문에 여기서는 제외한다). 공평한 자리에서 볼 때 기계적인 음식생산이 합리적인 선택인지 불합리한 선택인지 판단하려면, 그러한 선택으로 자신이 무엇을 얻고 무엇을 잃을지 고려해야 한다.

먼저 자신이 인간에게 잡아 먹히는 동물로 판명되었다고 가

정해보자. 혹독한 음식생산이 존재하는 세상에서 당신은 무엇을 잃을까? 당신이 인간에게 잡아먹히는 동물이 되어, 인간에 의해 가혹한 사육방식으로 길러진다면, 육체적 정신적 박탈과 끊임없는 고문으로 점철된, 처절하게 불행하고 비참하고 황폐한 삶을 살게 될 것이다. 솔직히 살 가치가 없는 삶, 죽어버리는 것이 훨씬 더 나은 삶이다. 그런 삶을 산다는 것은 분명, 사람이든 동물이든 가장 처참한 상황일 것이 분명하다.

그렇다면 공장형 사육방식이 존재하지 않는 세상에서 당신이 인간으로 판명될 경우 무엇을 잃게 될까? '기껏' 식탁 위에서 누릴 수 있는 몇 가지 즐거움에 불과하다. 느슨한 방식으로 음식을 생산한다면 식료품 값은 올라갈 것이다. 급격히 오르지 않는다 해도 상당히 오르기는 할 것이다(자연방목으로 얻은 달걀은 공장형 양계장에서 생산한 달걀보다 30퍼센트 정도 비싸다).

어쩌면 당신은 이러한 부가비용을 지불할 수 없는 사람 중 한 사람이 될 수도 있다. 결국 고기나 달걀이나 우유 등 동물성 식품은 먹는 것을 포기해야 할지 모른다. 하지만 이것은 얼마나 대단한 문제인가? 고기를 먹지 말라는 것은 삶을 포기하라는 것도, 건강을 포기하라는 것도 아니다. 대개의 환경에서 인간은 고기를 먹지 않고도 잘 산다. 아주 잘 산다. 전세계 각지에서 수백만 명의 채식주의자들이 건강하게 살고 있다는 사실만으로도 이는 분명히 알 수 있다.

물론 고기가 중요한 영양공급원이라는 사실은 의심할 여지가 없다. 인간에게 반드시 필요한 모든 종류의 아미노산을 공급한다. 하지만 이러한 이유라면 꼭 고기를 먹을 이유는 없다. 비동물성 단백질을 적절히 배합하여 이를 대체할 수 있는 아미노산을 얻을 수 있기 때문이다. 물론 육식을 선호하는 풍조로 인해 그 방법은 아직까지 보편화되지는 못했지만, 난해하거나 얻기 힘든 지식이 전혀 아니다. 실제로 식단에 단백질, 탄수화물, 지방을 적절히 배분하기 위해 알아야 하는 지식보다 전혀 복잡하지 않다.

인간이 고기를 먹는 것을 포기해야 한다면, 우리가 잃는 가장 중요한 것은 생명도 건강도 아니다. '식탁위의 어떤 즐거움'일 뿐이다. 고기는 적어도 많은 사람들에게 맛난 음식이다. 고기를 싫어한다고 단언하는 채식주의자들도 있지만, 나는 여전히 소엉덩이살로 만든 스테이크 맛이 그립고 돼지고기를 구울 때 나는 소리와 냄새에 군침을 다시던 그 '분별없던' 나날들이 그립다.

고기가 맛있는 것은 사실이지만, 고기를 사용하지 않고도 웬만한 맛은 만들어낼 수 있다. 변변찮은 푸성귀로도 훌륭한 음식을 만들어낼 수 있다. 사실, 채식주의와 맛있는 음식은 거리가 그리 멀지 않다.

이제 공평한 자리에 서서 공장형 축산업이 존재하는 세상을 선택할 것인지 생각해보자. 자신이 잠재적으로 얻을 것과 잃을 것이 무엇인지 따져보면 쉽게 판단할 수 있다. 공장형 축산업이 없는 세상을 선택한다면, 당신이 잃을 수 있는 최악의 것은 식탁 위의 어떤 즐거움일 뿐이고 당신이 얻을 수 있는 최상의 것은 가치 있는 삶이다. 반대로 공장형 축산업이 있는 세상을 선택한다면, 당신이 얻을 최상의 것은 식탁 위의 어떤 즐거움이고 당신이 잃을 수 있는 최악의 것은 죽는 것보다 못한 삶이다.

식탁 위의 즐거움과 가치 있는 생명은 비교할 수 있는 것일까? 결코 교환할 수 없는 것이다. 모든 걸 따진다 해도, 살짝 익힌 소 엉덩이살 스테이크를 얼만큼 주면 당신의 자유나 목숨과 바꿀 수 있겠는가? 따라서 공평한 자리에서 음식을 집약적으로 생산하는 공장형 축산이 존재하는 세상을 선택하는 것은 불합리하다.

사는 동안에 한 인간은 대개 엄청나게 많은 양의 동물을 먹는다. 따라서 공평한 자리에서 바라볼 때 당신은 인간이 되기보다는 인간에게 잡아먹히는 동물로 판명될 확률이 훨씬 더 높다. 이러한 사실에 의해서도 나의 주장은 더욱 뒷받침된다. 따라서 집약적 음식생산방식을 포함하는 세상을 선택하면 당신이 얻을 수 있는 것보다 잃을 수 있는 것이 훨씬 더 클 뿐 아니라, 당신이 손해 보는 처지가 될 확률 역시 훨씬 더 높다.

따라서 공평한 자리에서 합리적인 선택은 분명하다. 공장형, 즉 집약적 음식생산방식을 포함하는 세상을 선택하는 것은 불합리하다. 따라서 현실세계에서 그러한 방법은 비도덕적이다.

동물을 도축하는 방법

가혹한 음식생산방식의 소름끼치는 잔인함을 상세히 설명하면 대부분 느슨한 사육방법을 대안으로 제시한다. 주변에서 이런 주장을 하는 사람들을 흔히 볼 수 있다.

"좋다. 공장형 축산업, 그것이 잘못되었다는 것은 인정하겠다. 동물을 잔인하게 대해선 안 된다. 하지만 동물이 살아 있는 동안에 잘 대우해준다면, 충분한 공간을 주고 자연스러운 습성대로 살 수 있게 해준다면, 또 그 밖의 여러 가지 일을 개선한다면, 인간이 먹기 위해 동물을 죽이는 것은 괜찮지 않겠는가?"

이러한 주장에 따르자면 우리는, 동물을 비참한 환경에서 살도록 강요하는 문제와 동물을 죽이는 문제를 분리해서 생각해야 할 것 같다. 우리는 송아지에게 전 생애를 나무상자 속에서 살도록 강요하는 잔인함을 정당화할 수 없다. 하지만 억압하지 않는 합리적인 방식으로 사육을 한다면 송아지나 그 밖의 다른 동물들을 죽이는 것은 문제없지 않을까?

이러한 주장에 접근하려면 우리는 두 가지 문제를 살펴봐야 한다.

첫 번째, 어떠한 동물사육방법이든 '동물이 죽는다는 사실'이다. 그래서 우리는 공평한 자리에서, 인간의 먹이가 되기 위해 동물이 죽는 세계를 선택하는 것이 합리적인지 살펴봐야 한다. 두 번째, '동물을 죽이는 방법'이다. 그래서 우리는 공평한 자리에서, 인간의 먹이가 되기 위해 동물이 '현재 죽는 방식'으로 죽는 세계를 선택하는 것이 합리적인지 살펴봐야 한다. 동물을 죽이는 방법을 먼저 살펴보자.

우리는 흔히 도살장에서 빠르고 고통 없이 동물을 죽인다고 생각한다. 전류나 포획용 전기총으로 순간적으로 기절시킨 다음, 의식을 잃으면 목을 딴다고 생각한다. 빠르고 깨끗하고 고통도 없을 것 같다. 하지만 현실은 전혀 다르다. 당신이 소라면 당신을 '가공하는' 사람과 아마도 다음과 같이 마주칠 것이다. 약간 다르긴 하겠지만 닭이나 돼지 역시 이와 별다른 차이가 없을 것이다.

냄새 나는 진흙탕 우리에서, 피냄새로 가득 찬 나무바닥으로 된 우리로 옮겨진다. 소를 몰 때 지금은 대부분 전류가 흐르는 봉으로 몸을 지진다. 높은 단 위에 서 있는 한 일꾼이 당신의 머리에 강한 전기충격을 주어 기절시킨다. 쓰러지면 또 다른 사람들이 당신의 뒷다리를 잡아 쇠족쇄에 끼운다. 컨베이어벨트가 움직이면서 거꾸로 매달리게 되고, 이제 다음 사람이 칼로 당신의 목을 쨴다. 당신은 매달린 상태에서 천천히 피를 흘리며 죽는다.

별로 기분 좋은 이야기는 아니다. 가끔 전기충격이 고통스럽지 않다고 말하는 사람도 있지만, 말도 되지 않는 이야기다. 가벼운 전기충격조차 심각한 불쾌감을 준다는 것은 한 번쯤 느껴본 적 있을 것이다. 그렇지 않다면 병원에서 전기충격요법을 시술할 때 왜 전신마취를 하겠는가? 따라서 소가 고통 없이 죽는다고 말하기는 매우 힘들다.

더욱이 깔끔하고 빠르게 죽는 것도 아니다. 앞에서 설명한 것은 모든 일이 완벽하고 순조롭게 진행된 경우를 이야기한 것이다. 당신이 이제 막 도살을 앞두고 있다면, 이것은 당신이 바랄 수 있는 최선의 시나리오다. 예컨대, 쇠족쇄에 발목이 제대로 고정되지 않는다면 당신은 땅바닥에 떨어질 것이고 다시 의식이 깨어날 것이다(흔히 벌어지는 일이다).

어떤 상황이라도 당신이 완전히 의식을 잃는 상황은 그리 많지 않다. 도살장의 컨베이어벨트가 움직이는 속도가 너무나 빠르기 때문이다. 이윤을 높이려면 시간당 도축하는 수를 극대화해야 한다. 도살장 일꾼들조차 이러한 상황에 상당한 압박을 받는다. 미국의 경우, 다른 산업 종사자들보다 도살장에서 일하는 사람들이 다치고 병을 얻는 비율이 높다. 이러한 상황에서 가끔씩 전기충격이 제대로 가해지지 않거나 쇠족쇄에 뒷다리가 제대로 끼워지지 않는 것은 전혀 놀랄 일도 아니다.

사실 전기충격을 받았다면, 그것만으로도 행운이라고 여겨야 한다. 서구사회는 '인도적인 도축'이라는 개념이 도입되면서 전기충격기를 사용하기 시작했다. 하지만 유대인이나 무슬림들은 지금도 동물이 완전히 의식이 깨어있는 상태에서 도살해야 한다는 율법을 지킨다. 서구에서도 이들의 도살방법은 예외로 인정한다.

유대인과 무슬림의 정통신앙 율법은 '건강하게 움직이지 않는' 동물을 죽여서 먹으면 안 된다. 물론 이런 율법은 원래 바람직한 것이었다. 병에 걸리거나 상한 고기를 먹지 않도록 예방하는 것이었다. 하지만 이 율법 역시 무수한 종교적 계율과 마찬가지로, 원래 의미를 잃고 문자에 박힌 그대로만 따르도록 강제하는 독선으로 전락했다. 그래서 이들은 지금도 동물을 죽이기 전 몇 초라도 의식을 잃게 하는 것조차 허용하지 않는다. 살아 있는 상태에서 목을 칼로 쑤시거나 목동맥을 잘라 죽인다.

당신이 미국에서 유대교/이슬람교 율법을 준수하는 도살장으로 끌려가는 소라면, 특히 더 큰 고통을 겪게 될 것이다. 우선 1906년 제정된 '순수식품과 의약품법'에 따르면, 위생상의 이유로 이전 도살한 동물의 피가 다음 도살하는 동물에게 묻지 않아야 한다. 이 법을 준수하려면 당신을 컨베이어벨트에 매달지 않으면 안 된다. 그런데 율법을 준수하려면 마취를 시킬 수 없다. 완전히 의식이 또렷한 상태에서 거꾸로 매달아야 한다.

하지만 당신은 450킬로그램에서 900킬로그램까지 나가는 소다. 뒷다리만 묶어놓아선 버둥대는 몸무게를 버티지 못한다. 당신의 종아리뼈는 으깨어질 것이고 족쇄에 걸린 피부는 찢어져 뼈와 분리될 것이다. 발목관절이 파열되고 뼈가 부서지는 고통과 공포 속에서 당신은 미친 듯이 몸을 흔들어댈 것이다. 당신의 목을 칼로 쑤시거나 목동맥을 자르는 일은 더 힘들어질 수밖에 없다. 더욱이 율법은 동물을 단 한 칼에 죽여야 한다고 규정한다. 당신의 목을 기계로 조이거나 콧구멍을 클램프(죔쇠)에 끼워 움직이지 못하게 한다.

미국동물학대방지협회(ASPCA)는 의식이 깨어 있는 동물을 도살할 때 거꾸로 매달지 않고도 미국의 위생법에 맞게 도살할 수 있는 기계를 개발하였다. 현재 운영되고 있는 유대교/이슬람교 도살장의 80퍼센트가 이 기계를 사용하고 있다. 하지만 송아지를 도살할 때에는 이 기계를 사용하는 비율이 10퍼센트도 되지 않는다.

미국 슈퍼마켓에 가보면 'kosher' 즉 '유대인 율법에 맞는 제품'이라는 딱지가 붙어 있는 고기가 생각보다 많다는 것을 알 수 있다. 그런데 사실은 이런 딱지를 붙이지 않고 파는 고기가 훨씬 많다. 율법에 따르면 가축을 산 채로 죽여야 할 뿐 아니라 정맥, 림프절, 커다란 신경뭉치와 같은 세포조직도 제거하면 안 된다. 그런데 소의 엉덩이와 뒷다리 부위에는 이러한 것들이 많이 모여 있다. 율법에 따르면 이러한 부위도 당연히 먹어야겠지만, 실제로는 동물의 머리와 어깻죽지에서 잘라낸 고운 부위만 일반적으로 '유대인 율법에 맞는' 고기로 팔린다.

그러면 나머지 부위는 어떻게 처리할까? 정맥, 림프절, 신경뭉치를 제거한 뒤, kosher 딱지를 붙이지 않고 일반 슈퍼마켓 선반 위에서 판다. 결국 미국인이 먹는 상당히 많은 양의 소고기가 '비인도적으로' 도축된 것이다.

고기로 쓰이는 동물의 삶은 편안하지 않다. 하지만 그들에게 행복하고 한가로운 삶을 허용하고 사육할 수 있다고 가정해보자. 돼지는 숲을 돌아다니며 즐겁게 땅을 헤집을 것이고, 송아지들은 들판에서 즐겁게 뛰놀 것이며, 닭들은 행복하게 여기저기 쪼아대며 모래목욕을 할 것이다. 그 밖에도 많은 풍경을 그려볼 수 있다. 이렇게 동물을 키울 수 있다면 문제가 없을까? 하지만 여전히 죽음의 문제와 직면해야 한다. 그들을 먹기 위해서는 그들을 죽여야 한다. 그들을 죽이는 방법이 아무리 발전한다고 해도, 여전히 고통스럽고 무서운 것은 어쩔 수 없다. 싸이코

패스 공포소설가가 가장 소름끼치는 잔인성을 묘사한들 이보다 더 잔인할 수 있을까?

공평한 자리로 돌아가 보자. 동물들의 삶이 한가롭다고 할지라도 이런 방식으로 동물을 죽이는 세상을 선택하는 것은 합리적일까? 또 컨베이어벨트에 매달아 죽이는 방식보다 덜 잔인하게 죽인다면 어떨까? 이에 대답하려면 자신의 선택으로 무엇을 얻을지, 무엇을 잃을지 비교해야 한다.

우선 동물을 죽이지 않는 세상에서 당신이 인간으로 판명된다면 무엇을 잃을까? 기껏해야 식탁 위의 어떤 즐거움을 잃을 것이다.

동물을 덜 잔인하게 죽이는 세상에서 당신이 인간으로 판명된다면 무엇을 잃을까? 고깃값이 크게 올라갈 것이고, 많은 사람들이 고기를 사먹기 어렵게 될 것이다. 공평한 자리에서 보면, 당신은 고기를 사먹을 여유가 없는 사람이 될 가능성이 크다. 최악의 경우, 고기를 전혀 먹지 못할 수도 있다. 어쨌든 당신이 잃는 것은 맛으로 느낄 수 있는 어떤 즐거움이다. 그것이 전부다. 이것이 최악의 상황이다. 생명을 잃거나 건강을 잃는 것은 아니다. 단지 식탁 위의 어떤 즐거움을 잃을 뿐이다.

그렇다면 지금처럼 잔인하게 동물을 죽이는 세계를 선택한다면, 당신이 인간에게 먹히는 동물로 판명될 경우 무엇을 잃을까? 당신이 떠올릴 수 있는 가장 소름 끼치는 죽음의 순간을 맞이해야 한다. 반면 덜 잔인한 방식으로 동물을 죽이는 세계를 선택한다면, 그러한 공포에서는 벗어날 수 있겠지만 어쨌든 목숨을 내놓아야 한다. 분명한 것은, 인간이 잃는 미각적 쾌락의 상실보다 훨씬 큰 것을 잃어야 한다. 그렇다고 생각하지 않는 가? 미각적 쾌락이 얼마나 많으면 죽음과 맞바꿀 수 있을까? 신이 당신에게 이렇게 말하면 뭐라고 대답하겠는가?

"네가 원하는 식탁의 즐거움이 무엇이든 그것을 주겠노라. 대신 인간들이 소, 돼지, 양, 닭을 지금 죽이는 방법으로 당신도 죽어야 한다."

동의하겠는가? 전혀 그렇지 않을 것이라고 나는 생각한다. 식탁 위의 즐거움은 물론 좋은 것이다. 하지만 죽음과 바꿀 만큼 가치 있지는 않다.

결국, 공평한 자리에서 지금처럼 동물을 죽이는 세계를 선택하는 것은 합리적이지 않으며, 따라서 현실세계에서 지금과 같은 도축방식은 비도덕적이다. 동물을 사육하는 방식 자체가 비도덕적일 뿐만 아니라, 그들을 죽이는 방식 또한 그에 못지않게 비도덕적이다. 어떠한 것도 옹호해서는 안 된다. 더욱이 지금처럼 동물을 키우고 죽이는 방법이 유지되는 이유는 순전히 '돈' 때문이다. 더 많은 이윤을 위해 무수한 생명을 지옥으로 몰아넣고 있는 것이다.

고통 없이 죽이는 방법

동물들이 평온하고 행복하게 살아갈 수 있게 허용하고, 빠르고 고통 없이 죽일 수 있다면 어떨까? 그런 상황을 가정해보자.

가축들을 자유방목하는 농장이 있다. 돼지들은 즐겁게 땅을 파헤치고 소들은 즐겁게 뛰놀고 닭들은 느긋하게 모이를 쫀다. 또한 이곳 동물들은 도살장으로 끌려가지도 않는다(오늘날 도살장은 대개 외진 곳에 있기 때문에 상당히 먼 길을 실어 날라야 하는데, 수송 중에는 음식이나 물도 주지 않는다). 이곳에서는 동물들이 잠 들었을 때 고통을 느끼지 못하는 치명적인 주사를 놓아 생을 마감하게 한다.

비현실적이기는 하지만, 도덕적으로 볼 때 확실히 올바른 방식 아닌가?

이 방법이 올바른지 아닌지 따져보기 위해서 우리는 다시 공평한 자리에 서야 한다. 그리고 여기서 '인간이 고기를 먹는 세계'와 '인간이 고기를 먹지 않는 세계' 중 하나를 선택해야 한다. 어떤 세계가 합리적인가? 이를 판단하려면 각각의 세계에서 우리가 잠재적으로 무엇을 얻고 무엇을 잃을지 고민해야 한다.

먼저 당신이 인간으로 판명되었다고 가정하면, 당신은 식탁에서 느낄 수 있는 미각적 쾌락 중 하나를 잃을 수 있다. 당신이 인간에게 잡아먹히는 동물로 판명되었다고 가정하면, 당신은 목숨을 잃을 수 있다. 동물이 죽음으로 소극적 의미의 미래만 잃는다고 하더라도, 약간의 미각적 쾌락을 잃는 것과는 결코 비교할 수 없다. 미각의 어떤 즐거움을 박탈하는 것은 사소한 일부에 불과한 일이지만 미래를 박탈하는 것은, 그것이 소극적인 미래라고 하더라도 즐거움의 가능성을 모두 박탈하는 것이며 하고 싶은 일을 만족시킬 가능성을 모조리 박탈하는 것이다.

모든 것이 끝이다.

이러한 결론이 탐탁지 않다면, 다음과 같은 이야기를 떠올려보자.

H.G.웰스의 『타임머신』에는 두 인간집단이 등장한다. '몰록'은 식인집단이고, '엘로이'는 몰록의 먹이가 되는 집단이다. 몰록은 엘로이를 완전히 자유방목한다. 엘로이는 적정 무게에 도달하여 도살되기 전까지 자신들의 선택에 따라 한가롭게 살아간다. 몰록은 엘로이를 잡아다가 혼수상태에 빠뜨려 고통 없이 도살하기 때문에, 자신들이 어떤 운명인지 전혀 모른다.

공평한 자리에서 자신이 몰록이 될지 엘로이가 될지 알지 못한다고 가정해보라. 이 자리에서 몰록-엘로이의 식인체제를 선택하는 것이 합리적일까, 아니면 식인을 하지 않는 세계를 선택하는 것이 합리적일까? 너무나 분명하다. 식인이 없는 세상을 선택하는 것이 합리적이다. 이때 당신이 몰록으로 판명되었다면 어떤 미각적 즐거움을 잃을 것이다(인간은 고기를 전혀 먹지 않고도 살 수 있다). 반대로 식인체제를 선택한다면, 그리고 당신이 엘로이로 판명된다면, 당신은 어느 순간 삶과 함께 모든 것들을 잃고 말 것이다. 식인체제에서 당신의 잠재적 손실은 매우 크고, 잠재적 이득은 거의 없다. 따라서 이러한 체제를 선택하는 것은 매우 비합리적이다.

이제 선택을 합리성의 관점에서 볼 때, 몰록의 식인체제와 인간의 육식체제 사이에는 어떤 차이가 있을까? 거의 없다. 엘로이는 적극적 의미의 미래를 잃는 반면 동물은 소극적 의미의 미래를 잃는다는 차이가 있다고 해도, 다른 생명을 잡아먹는 체제는 모두 불합리하다. 공평한 자리에서 당신이 몰록이 될지 엘로이가 될지, 또는 인간이 될지 동물이 될지 모르기 때문이다.

합리적인 선택은, 당신이 '누가 되든, 무엇이 되든' 자신이 잠재적으로 얻게 될 것은 극대화하고 잠재적으로 잃게 될 것은 최소화 하는 것이다. 식인체제에서 몰록으로 판명되었을 때, 육식체제에서 인간으로 판명되었을 때 당신이 얻게 될 것은, 엘로이나 동물로 판명되었을 때 당신이 잃는 것에 비하면 매우 사소하다. 따라서 이러한 체제를 선택하는 것은 불합리하다.

스스로 생각해볼 수 있는 공평한 자리의 도움을 받아, 도덕적으로 생각해 보면 분명한 결론이 나온다. 동물을 음식으로 쓰기 위해 집약적 공장형 축산업을 하는 것이 옳지 않을 뿐만 아니라, 대안적인 자연방목도 옳지 않다. 자연방목을 하든, 동물을 고통 없이 빠르게 죽이든 마찬가지다.

공평한 자리에서 볼 때 동물을 먹기 위해 사육하고 죽이는 체제는 모두 불합리하다. 동물을 어떻게 사육하든 동물을 어떻게 죽이든 불합리하다. 따라서 현실세계에서 동물을 먹기 위해 사육하여 죽이는 것은 도덕적이지 않다. 어떤 방식으로 사육하든, 어떤 방식으로 죽이든 도덕적이지 않다.

이러한 주장에 대한 일반적인 반론들의 합창을 들어보자.

가축의 멸종

"우리가 동물을 먹기 위해 사육하는 일을 중단한다면 가축들이 모두 어찌되겠는가?"

이러한 반론을 흔히 들을 수 있다. 당황스럽기는 하지만 그리 효과적인 반론은 아니다. '동물해방'이라는 슬로건에 집착하여 '해방'이라는 말을 문자 그대로 받아들이는 사람도 있을지 모른다. 그래서 동물을 순식간에 해방하면 소, 돼지, 닭들이 길거리, 산, 들을 헤매고 다니다 방치된 채 죽어갈 것이라고 상상하는 듯하다.

하지만 우스운 이야기일 뿐이다. 동물권이나 동물해방을 주장하는 것은 농장 문을 열어젖히고 '훠이! 훠이!' 외치라는 뜻이 아니다. 그러한 행동 자체가 잔인한 행동이며 동물들에 대하여 우리가 가진 의무를 위배하는 것이다. 이런 동물들이 우리와 더 이상 함께 하지 않을 때까지 돌보고 책임지는 것까지 우리의 의무에 포함된다.

"우리가 사육을 포기하면 엄청난 수의 소, 돼지, 닭 등 가축이 죽고 사라질 것이다."

앞의 질문을 더 세련되게 포장한 반론이다. 우리가 그들을 먹지 않았다면 많은 수가 처음부터 태어나지 않았을 것이다. 분명한 사실이다. 채식주의가 널리 퍼진다면 그 결과 우리가 먹는 동물의 수는 크게 줄어들 것이다.

하지만 그것이 잘못된 일인가? 예컨대 세상에 소가 4억 마리가 아니라 400마리밖에 없다고 해서 무슨 문제가 되는가? 당신이 소라면, 세상에 소가 400마리밖에 없다는 사실이 당신에게 해를 끼치는가? 아무런 문제도 되지 않는다. 개개의 소에게 어떤 해를 입히느냐 입히지 않느냐 하는 것은 각각의 소의 개별적인 관심에 달려 있다. 개별적 소의 관심이 자기가 속한 종의 구성원 숫자와 연관되어 있다고 생각할 수 있는 것은 하나도 없다. 소가 살아가는데 필요한 정상적인 사회를 구성할 만큼의 동료만 있다면 아무 문제가 없다.

개별적 소의 삶의 질에는 그 종의 수가 400마리이든 4억 마리이든 전혀 영향을 미치지 않는다. 쓸데없는 허영심에 가득 차 있는 골치 아픈 종족인 우리들만이 '인류의 미래'와 같은 것을 걱정할 뿐이다. 그런 것들을 걱정하기 때문에, 또 존재의 우주적인 계획안에서 인간의 역할을 바라보는(부풀려진) 관점이 인류의 지속을 요구하기 때문에, 주변 인간의 머릿수가 우리의 관심대상이 되는 것인지도 모른다. 하지만 소, 돼지, 닭, 양들은 자신들의 종의 규모를 걱정하지 않는다. 정상적인 사회집단을 형성할 수 있을 만큼만 수가 된다면 그들은 행복하다.

종이나 아종의 멸종이 이어질 수 있다는 우려는 사실일 수 있다. 그 종이 우생학적 선별개량법을 통해 인공적으로 창조되었다 하더라도 그렇다. 하지만 채식주의가 종의 소멸을 강요하는 것은 아니다. 진정 이것이 걱정된다면 언제든지 공공기금을 활용하여 동물들이 뛰어 놀 수 있는 공공보호구역을 조성할 수도 있을 것이다. 채식하는 세계에서 이는 아마도, 우리 선조들이 도덕적으로 파산했던 시기를 돌아볼 수 있는 살아 있는 기념관이 될 수도 있을 것이다.

인간 덕분에 태어난 동물들

"우리가 번식시키지 않았다면 존재하지도 않았다!"

분명한 사실이다. 그러나 어쩌라는 말인가? 당신이 번식하지 않았다면 당신의 자식들도 존재하지 않았을 것이다. 자신이 낳았다는 이유만으로 자식을 맘대로, 하고 싶은 대로 할 수 있다는 말인가? 일반적으로 말해서, 어떤 것을 존재하게 하는 것과 그것에 대한 무제한적인 권리를 갖는 것은 전혀 무관하다.

경제에 미칠 큰 재앙

"채식주의의 확산은 경제에 재앙을 몰고 올 것이다."

농민, 공장형 농장주인, 고기포장업자, 수송업자, 소매업자, 수의사 등 많은 사람들이 축산업으로 먹고 산다. 채식주의가 확산되어갈수록 이런 산업은 위축될 것이다. 축산업이 사라진다면, 이들은 문자 그대로 무일푼이 될 수 있다.

여기에는 두 가지 대답을 할 수 있다. 첫 번째는 '그렇지 않다'이고, 두 번째는(듣고 싶은 대답은 아니겠지만) 실제로 그들에게 재앙이라 하더라도 '어쩔 수 없다'는 것이다. 첫 번째 대답부터 시작해보자.

우선 채식주의의 확산에 따른 어떠한 변화가 생긴다면, 이는 아주 서서히 일어날 확률이 높다. 실제로 아마도 '몇 대'에 걸쳐 일어날 것이다. 채식주의 때문에 직업이나 생계를 잃는 사람이 있다면, 직업이나 생계를 잃는 사람들 중에서도 아주 호사스러운 극소수일 것이다. 다른 직업을 준비하고 훈련할 수 있는 시간적 여유가 매우, 극히 충분하기 때문이다.

두 번째로 사람은 여전히 먹어야 산다. 축산업에 직-간접적으로 고용된 많은, 거의 대다수의 사람들은 자신이 원한다면 땅을 경작하는 농사, 또는 이와 관련된 서비스산업을 통해 직-간접적으로 생계비를 벌 수 있다. 비록 전부는 아니더라도, 가축 사육 대신에 밀이나 옥수수, 보리 등을 키울 수 있다. 수송업자는 고기 대신에 곡식을 수송하면 되고 포장업자는 고기 대신에 곡식을 포장하면 된다. 소매업자는 야채를 팔면 된다.

농경산업으로 직접 편입하지 못하는 유일한 집단은 아마도 수의사들일 것이다. 하지만 당신이 수의학과에 입학할 만큼 똑똑하다면, 자신의 직업이 앞으로 몇 년 사이에 상당히 위축될 것이라는 사실을 충분히 예측할 수 있을 것이다. 다른 동물병원에 취업을 하든가 다른 직업훈련을 받으면 된다. 도대체 무엇 때문에 경제적인 재앙이 온다는 말인가?

물론 축산업에 과도하게 투자한 기업은 궁지에 몰릴지도 모른다. 하지만 그런 기업이라면 사업을 다각화하지 못하는 무능한 기업일 뿐이다. 그게 삶이다. 그들은 경작농업에 투자하는 회사로 대체될 것이다. 대규모의 경제적 재앙이 일어날 것이란 예측은 전혀 근거 없는 판단이다.

두 번째 대답에 대해 이야기해보자. 도덕적으로 올바르지 않은 일은 경제적 고려에 호소한다고 해서 정당화될 수 있는 것이 아니다. 아무리 급박하고 중요한 일이라고 해도 마찬가지다. 예컨대 미국 남부에서 노예제를 폐지하는 것은 도덕적으로 올바른 행동이었다. 그것이 남부 전체의 경제를 황폐화하는 충격을 준다고 해도, 또 어떤 이들의 주장처럼 그 여파가 150년이 지난 지금까지 미치고 있다고 해도 이는 올바른 행동이었다. 그럼에도 노예제는 부당한 제도이며, 경제적 폐허를 초래한다고 해도 폐지하는 것은 올바른 행동이었다. 부당하거나 부도덕한 관습은 경제적 효과에 호소한다고 해도 정당화될 수 없다. 우리는 항상 올바른 일을 하기 위해 노력해야 한다. 경제적 낙원에서 쫓겨나더라도 말이다.

도덕적 정당성과 경제적 고려가 무관하다는 것은 공평한 자리라는 개념 속에 함축되어 있다. 경제적 고려는 공평한 자리에서 '전제된' 것이 아니라 여기서 '결정해야' 하는 것이다. 다시 말해 공평한 자리에서 당신은 이렇게 질문할 수 없다.

"노예제를 포기할 때 노예제에 집중되어 있는 모든 경제적 자원들이 절망적인 경제적 공황에 빠진다면, 세상이 어떠했으면 좋겠는가?"

이보다는 다음과 같이 물어야 한다.

"내가 선택하는 세계에서 경제적 자원들이 어떻게 편재되면 좋겠는가?"

세상의 경제적 자원을 편재하는 방식은 공평한 자리에서 당신이 선택해야 한다. 경제적 자원의 집중과 배분은 당신이 공평한 자리에서 '아는' 사실이 아니다. 이는 공평한 자리에서 '선택해야' 하는 문제다. 결국 경제적 고려 자체가 도덕적 규율이나 제도에 정당성을 제공할 수 없다.

이는 경제적 고려가 우리의 도덕적 결정과 무관하다고 이야기하는 것이 아니다. 분명히 상관이 있다. 하지만 경제적 고려는 정의正義의 고려가 만족된 '이후에만' 적용할 수 있다는 말이다. 따라서 부당한 제도나 관습을 정당화하는 구실로 경제적 고려를 이용해선 안 된다. 이는 궁극적으로 경제적 고려를 이용해 축산업을 정당화할 수 없는 이유이기도 하다. 우리가 음식으로 사용하기 위해 동물을 키우고 죽이는 방식에서 정의의 최소한 조건조차 충족시키지 못하는 상황인데 무슨 경제적 고려를 이야기한단 말인가? 따라서 경제적 재앙의 관점에 따른 논증은 아무런 도덕적 힘을 갖지 못한다.

요약

음식을 위해 동물을 사육하고 죽이는 관습이 정당한지 판단하려면 우리는 공평한 자리를 활용한 '황금률'을 따라야 한다.

"공평한 자리에서 어떤 상황, 제도, 행동양식을 선택하는 것이 합리적이지 않다면 현실세계에서 이러한 상황, 제도, 행동양식을 선택하는 것은 도덕적이지 않다."

공평한 자리에서 동물이 어떠한 방식으로 사육되건, 어떠한 방식으로 도살되건 음식으로 쓰이기 위해 사육되고 도살되는 제도를 선택하는 것은 불합리하다. 따라서 음식으로 쓰기 위해 혹독하게 동물을 취급하는 공장형 가축농장뿐만 아니라 자연 방목농장도 잘못된 선택이다. 동물을 빠르게 고통 없이 죽인다 하더라도 결코 자연방목하는 방식이 도덕적으로 옳을 수 없다. 축산업제도를 옹호하는 반론들은 전혀 논리적이지 않다.

거의 모든 동물실험은 인간의 절실한 관심에
부합하지도 않고 기여하지도 않는다.

6
–
동물실험

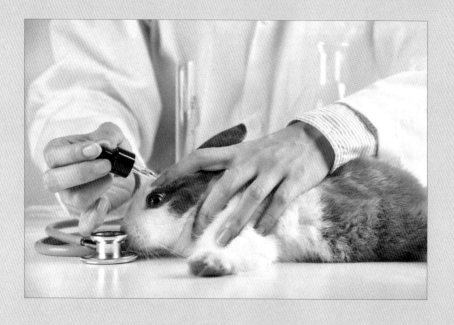

：

아무리 낮게 조사된 수치를 따른다 하더라도 매년 실험용으로 쓰이는 동물은 1억 마리를 훨씬 넘는다. 동물을 실험에 사용하는 목적은 다양하겠지만 크게 네 가지로 나누어 볼 수 있다.

1. 의학실험 2. 제품검사 3. 심리학실험 4. 군사적 실험

하지만 이러한 구분으로 실제 실험을 완벽하게 구별하기는 어렵다. 예컨대 시제품을 개발하는 것을 목적으로 하는 의학실험도 있고, 의학적 성격을 띠는 심리학실험도 있다. 군대에서 수행하는 실험이 의학적으로 응용되거나 결국에는 시장에 출시할 새로운 제품으로 연결될 수 있다.

실험의 형태는 다양하겠지만, 모든 실험에 공통으로 빠지지 않는 용어는 바로 '생체실험'이다. 이 장에서는 동물을 대상으로 하는 실험, 즉 넓은 의미의 생체실험이 도덕적으로 정당한지 아닌지 살펴볼 것이다. 이를 위해서는 생체실험을 하는 목적을 다소 세밀하게 구분해야 한다. 나는 생체실험이 모두 부당하다는 사실을 증명할 것이다.

절실한 관심과 절실하지 않은 관심

앞 장에서 내가 가축을 반대한 이유를 다시 한 번 간단하게 정리해보면 다음과 같다.

"가축을 포기하는 경우 인간이 잃는 것은 음식에서 얻는 즐거움 중 일부에 불과하다. 가축을 유지하는 경우 동물이 잃는 것은 소중한 삶의 가능성 전부다."

우리는 동물의 절실한 문제와 인간의 절실하지 않은 문제를 나란히 놓고 비교한다. 자신이 인간이 될지 동물이 될지 모르는 공평한 자리에서, '사치스러운 관심'이 '죽느냐 사느냐 하는 관심'보다 중시되는 세상을 선택하는 것은 불합리하다. 당신이 동물로 판명되어 절실한 관심이 좌절되는 처지가 될 수 있기 때문이다. 따라서 현실세계에서 절실하지 않은 관심을 절실한 관심보다 중시하는 행위나 이를 뒷받침하는 제도를 찬성한다면 부도덕한 행위다. 이는 동물가축이 부도덕한 이유다.

절실하지 않은 관심을 절실한 관심보다 중요하게 다루는 행위가 비도덕적이라는 논리는 가축뿐 아니라 다른 분야에도 그대로 적용할 수 있다. 동물실험 문제에서도 우리는 이렇게 물을 수 있다.

"이 실험은 인간의 어떠한 절실한 관심에 부합하는가?"

앞으로 살펴보겠지만 실험대상이 되는 동물은 대부분 실험이 진행되는 동안 상당한 고통을 겪고, 실험이 끝나면 거의 도살된다. 고통이든 죽음이든 동물의 처지에서 보면, 절실한 관심을 제물로 삼는 행위임에 틀림없다.

따라서 어떤 실험의 목적이나 결과가 인간이 '죽고 사는 문제'에 관한 것이 아닌데도 이러한 실험을 용인한다면, 절실하지 않은 관심이 절실한 관심보다 중시되는 상황을 인정하는 것이다. 이는 공평한 자리에서 볼 때 불합리하며, 따라서 현세계에서 부도덕한 행위이다. 이와 똑같은 이유로 가축을 도덕적 잘못으로 규정했듯이, 절실한 인간의 관심에 부합하지 않는 생체실험 또한 도덕적 잘못으로 규정할 수 있다.

하지만 생체실험을 뒷받침하는 도덕적 근거는 가축보다 훨씬 설득력 있는 것처럼 보인다. 적어도 몇몇 생체실험은 인간의 절실한 관심에 부합하는 듯하다. 이는 오래, 건강하게 살고 싶은 인간의 관심을 뒷받침하기 때문이다. 생체실험이 이러한 관심을 증진하는데 도움이 된다면 그런 실험을 잘못이라고 말할 수 있을까? 실제로 공평한 자리라는 개념을 사용하여 오히려 생체실험을 지지하는 결론을 얻을 수도 있다.

공평한 자리에서 당신은, 인간이 될지 실험대상이 되는 동물이 될지 알지 못한다. 당신이 인간일 경우 생체실험으로 무엇을 얻게 되는지 생각해보고, 실험대상이 되는 동물일 경우 생체실험으로 무엇을 얻게 되는지 생각해본 다음, 이 두 결과의 무게를 가늠해봐야 한다. 실험대상이 되는 동물이 된다면, 당신은 고통스러워하다 죽을 것이다. 동물은 자신의 가장 절실한 관심을 철저하게 희생해야 한다. 인간이 된다면, 생체실험을 수행하지 않을 경우 당신의 절실한 관심이 꺾일 확률 또한 매우 높아 보인다. 생체실험은 의학의 발전으로 이어짐으로써 인간을 더 오래, 더 건강하게 살 수 있게 하기 때문이다. 수명과 건강은 명백히 인간의 절실한 관심이다.

더욱이 인간은 동물보다 훨씬 미래와 밀접하게 연관되어 있으며, 이에 따라 미래에 훨씬 많은 투자를 한다는 사실을 떠올려보자. 따라서 인간의 죽음은 동물보다 더 많은 것을 잃는다. 이는 살아남고자 하는 인간의 절실한 관심이 살아남고자 하는 동물의 절실한 관심보다 중요하다는 뜻이다. 이런 주장이 옳다면, 생체실험은 왜 정당화되지 못하는 것일까?

지금까지 간단하게 살펴본 결과 어찌됐든, 생체실험을 뒷받침하는 도덕적 논증은 동물가축을 지지하는 논증보다 설득력이 있는 듯하다. 가축에 대한 논의에서는 인간의 사소한 관심이 문제되었을 뿐이다. 하지만 생체실험과 연관된 인간의 관심은 절실한 문제이며, 따라서 이에 상응하는 동물의 절실한 관심보다 우선한 것처럼 보인다. 하지만 나는 여기서 생체실험을 지지하는 도덕적 주장이 설득력 있어 '보일 뿐'이라는 것을 입증해 보일 것이다.

현실은 지금까지 얼핏 생각해본 것과 전혀 다르다. 먼저, 대다수의 생체실험이 인간의 절실한 관심과는 거의 무관하다. 또한, 절실한 인간의 관심과 어느 정도 관련되어 있는 극소수의 경우라 해도 여전히 도덕적으로 정당하지 않다.

생체실험은 인간의 절실한 관심에 부합하는가?

많은 생체실험, 사실상 거의 모든 생체실험이 인간의 건강과 행복의 관점에서 볼 때 전혀 쓸모없다. 여러모로 따져 보더라도 대다수 생체실험이 인간의 절실한 관심과 관련 있다고는 여겨지지 않는다.

제품검사 : 여러 생체실험 중에서 인간의 절실한 관심과 가장 무관해 보이는 것이 바로 기업의 제품을 검사하기 위해 수행하는 생체실험이다. 기업제품검사란 새로 개발한 상품의 독성을 측정하는 실험이다. 시장에 내놓기 전 새로운 제품이 인간에게 얼마나 독성을 미치는지 검사해야 한다. 이러한 검사는 보통 동물을 대상으로 한다. 또한 많은 나라에서 동물에 대한 엄격한 독성실험을 하도록 법적으로 제도화하고 있다. 이런 실험 중 가장 널리 사용되는 독성검사방법은 드레이즈Draize검사와 LD-50검사이다.

당신이 토끼나 개라면, 드레이즈검사의 제물이 될 확률이 아주 높다(지금까지는 주로 토끼를 대상으로 이 검사를 실시해왔으나 점차 개도 많이 이용되고 있다). 실험대상이 되면 당신은 어떤 일을 겪게 될까?

먼저 실험대 위에 차꼬로 사지와 몸을 묶어 머리만 움직일 수 있게 한다(이는 눈을 만지지 못하게 하려는 목적이다). 그 다음 한쪽 눈의 속꺼풀을 잡아 당겨 실험물질을 눈에 집어넣는다(실험물질은 대개 샴푸, 잉크, 표백제, 주방세정제 등이다). 그런 다음 눈을 뜨지 못하도록 눈꺼풀을 누른다. 잠시 후 실험물질을 몇 번 반복하여 주입한다. 그런 다음 눈이 얼마나 부어 오르는지, 고름이 얼마나 생기는지, 병원균에 얼마나 감염되는지, 피를 얼마나 흘리는지, 그 밖에 여러 증상을 관찰한다.

이러한 실험은 최대 3주에 걸쳐 계속된다. 손발이 묶여 전혀 움직일 수 없는 상태로 있는 것만으로도 큰 고통이겠지만, 그 상태로 눈이 타 들어가는 듯한 고통을 견뎌내야 한다. 각막에 심각한 상처를 입고 영원히 시력을 잃는다면, 오히려 다행일지도 모른다. 바로 도살되기 때문이다.

LD-50검사는 구강 독성검사에서 가장 많이 사용하는 방법으로, 어떤 물질이 주어진 동물집단의 50퍼센트를 죽이는 데 필요한 양을 알아내는 검사다. LD-50에서 LD란 lethal dose 즉, 치사량을 말하고 50은 50퍼센트를 의미한다. 당신이 LD-50검사의 실험대상이 된 생쥐라면 다음과 같은 경험을 하게 된다.

실험제품을 강제로 먹인다. 실험을 하는 제품은 대개 립스틱, 치약, 종이 따위가 있다. 유별나게 어리석은 쥐가 아니라면 이런 물질을 스스로 먹지는 않을 것이다. 따라서 실험자들이 이런 것들을 강제로 먹여야 하는데, 입을 잡아 열어 실험제품들을 쑤셔 넣든가, 목구멍으로 관을 집어넣어 위 속에 실험제품을 밀어넣는다. 이러한 과정은 최소 14일에서 최장 6개월까지(물론 그때까지 살아 있다면) 계속된다.

이 시간 동안 당신은 독성에 따라 나타나는 일반적인 증상을 경험할 것이다. 구토, 설사, 근육마비, 경련, 몸속 출혈 등이 일어난다. 이 실험은 실험대상집단 중 절반이 죽어야 끝이 난다. 물론 실험이 끝날 때까지 다행히 살아남은 나머지 50퍼센트는 실험종료 후 도살된다.

이러한 검사들은 두말할 나위 없이 실험대상이 되는 동물들의 가장 절실한 관심을 제물로 삼는다. 극도로 고통스러운 몇 주를 보낸 뒤 죽음으로 마무리 하는 것은 어쨌든 절실한 관심을 꺾는 일이다. 하지만 이러한 검사는 인간의 절실한 관심에 부합하거나 어떤 측면에 기여할까? 전혀 그렇지 않다.

새로운 화학제품의 독성검사는 대개 인간의 절실한 관심에 부합하거나 기여하지 않는다. 이유는 간단하다. 그런 제품들 자체가 인간의 절실한 관심에 부합하거나 기여하지 않기 때문이다. 샴푸, 잉크, 표백제, 립스틱, 주방세정제, 슈퍼마켓 진열대에 쌓인 온갖 신제품을 만들어 내는 일이 우리 인간에게 꼭 필요한 일이라고 진지하게 주장할 사람은 없을 것이다. 빛나는 머릿결, 반짝이는 주방을 가지면 좋기는 하지만, 우리 삶, 건강, 행복에 절실한 것이라 생각하기는 힘들다. 새로운 제품을 만들고 이를 검사하는 것은 절실하든 절실하지 않든 인간의 관심이 아니라 그러한 상품을 생산하는 기업, 보통 다국적 기업들의 '경제적' 관심일 뿐이다. 이러한 신제품으로 돈을 벌 수 있기 때문이다.

사실, 많은 기업들이 대개 인간의 복지보다는 돈을 더 중시한다. 그들이 만들어내는 제품들은 인간의 절실한 관심을 증진하기는커녕 오히려 인간의 절실한 관심을 위태롭게 하는 경우가 많다. 실제로 동물실험을 통해 기업들이 만들어내는 제품들은 대부분, 예컨대 화학무기, 살충제, 제초제 등은 지금껏 인간의 절실한 관심에 막대한 피해를 입혀 왔다(DDT나 다이옥신이 우리에게 어떤 영향을 미치고 있는지 떠올려보라).

오늘날 실행되는 대다수의 독성실험이 식품첨가제에 관한 검사이다. 고지식해서 그럴지 모르겠지만, 내가 보기에 새로운 식품첨가제를 만들어 내는 것은 골칫거리를 더 늘리는 것에 불과하다. 첨가제가 들어있지 않거나 첨가제가 필요 없는 음식을 먹을수록 우리 건강은 오히려 더 좋아진다. 그렇다면 식품첨가제를 검사하는 것이 도대체 인간의 절실한 관심과 무슨 상관이 있는지 이해하기 힘들다.

인간의 절실한 관심에 부합하거나 기여하는 '듯' 보이는 제품이 있다고 해도, 알고 보면 전혀 그렇지 않다. 다양한 의료제품 검사는 좋은 예가 될 것이다. 어쩌면 당신은 지금 이런 생각을 할지도 모른다.

"좋다. 새로운 주방세정제 따위는 없어도 좋다. 하지만 신약은 꼭 인간에게 필요한 것 아닌가!"

신약은 인간의 절실한 관심에 부합하는 것이 분명한가? 하지만 새로 나온 주방세정제 못지않게 신약도 대부분 별다른 유용성이 없기는 마찬가지다. 다른 일반적인 신제품들처럼, 신약을 개발하는 일은 인간의 절실한 관심을 충족시키려고 이루어지는 것이 아니라 기업의 경제적 관심을 충족시키기 위해 이루어진다. 몸살이나 감기증상을 완화하거나, 쑤시고 땡기는 두통을 없애는 수단을 하나 더 갖는 것이 과연 나의 절실한 관심인가?

실험을 하는 상업용 제품들이 대부분 인간의 절실한 관심에 부합하거나 기여하지 않는다고 해도, 그런 실험에서 얻은 '데이터'는 인간의 절실한 관심에 부합하거나 기여하지 않을까? 예컨대 많은 나라들이 국가예산으로 일종의 독성통제센터들을 운영한다. 이러한 센터는 동물을 대상으로 한 독성검사에서 얻은 데이터를 수집하고 정리하여, 사람들이 의심스러운 물질을 삼키는 일이 발생했을 때 도움을 준다. 이는 분명 독성검사를 하여 얻을 수 있는 유용한 기능일 것이다. 이는 인간의 절실한 관심에 부합하는 것이 아닐까?

예컨대 당신의 아이가 락스 한 통을 삼켰다면 어떤 해가 미칠지 알고 싶지 않겠는가? 그럴지도 모른다. 하지만 아이가 정말 락스 한 통을 삼켰다면, 독성통제센터에 전화를 걸 겨를도 없을 것이다. 곧바로 병원으로 달려가야 한다. 그러면 병원에서 의사는 독성통제센터에 전화를 걸어 물어보지는 않을까? 아니면 독성통제센터에서 동물실험데이터를 제공받지는 않을까? 대부분 그렇지 않다. 그 이유는 롱비치캘리포니아의 내과전문의 크리스토퍼 스미스 박사의 말을 들어보면 알 수 있다.

"동물실험결과는 인간이 독극물에 노출되었을 때 독성이 미치는 상황을 예측하거나 치료방법을 알려주는 데 전혀 도움이 되지 않습니다. 나는 지난 17년 이상 전문 응급처방의사로서 우발적으로 독성물질이나 유해물질에 노출된 사람들을 치료해왔지만, 유해물질이 눈에 들어간 사람을 치료하는 데 도움을 얻기 위해 드레이즈검사 데이터를 참고하는 의사는 한번도 본 적이 없습니다. 나 역시 독극물 오염사고를 치료하기 위해 동물실험 결과를 사용해본 적은 한번도 없습니다. 응급처방의사들은 환자를 치료하는 최선의 방법을 찾을 때, 사례보고, 임상경험, 사람을 대상으로 한 임상실험에서 얻은 실질적인 데이터를 참조할 뿐입니다."[18]

결국 상업적 제품검사는 인간의 절실한 관심과는 거의 무관하다. 실험하는 제품 또한 대부분, 어쨌거나 우리가 필요로 하지 않는 것들임에 분명하다. 우리에게 필요해 보이는 것들도 깊이 검토해본 결과, 사실상 필요하지 않은 것으로 판명되었다. 더욱이 이러한 검사로 얻은 데이터들은 그 정확성도 의심스러울 뿐더러 우발적인 독극물 노출사고를 치료하는 데에도 전혀 도움이 되지 않는다.

군사적 실험 : 군대에서 수행하는 많은 동물실험이 인간의 절실한 관심과 관련된 것이라고 이야기하기는 어렵다. 진정으로 그렇게 주장하지는 못할 것이다. 여기 한 동물실험을 예로 들어보자. 이는 국민이 내는 세금으로 수행되는 것이다.

당신은 운도 없이 미국공군에 잡혀 끌려온 원숭이다. 우선 영장류평형접시(PEP)라고 하는 바닥에 발이 묶인다. 그 다음 심한 전기충격을 주어 당신 앞에 있는 조종간 잡는 법을 익히도록 한다. 조종간을 잡는 법을 익히고 나면 접시가 앞으로 기울어진다. 이때, 또 전기충격을 주어 조종간을 뒤로 잡아당기도록 가르친다. 그런 다음 이번에는 접시를 뒤로 쏠리게 하고, 전기충격을 주어 조종간을 앞으로 미는 법을 가르친다. 이러한 과정을 하루에 약 100번씩 반복한다. 이렇게 움직이는 상태에서 접시의 수평을 유지하는 법을 익힐 때까지 전기충격이 가해진다.

이는 두말할 나위 없이 불쾌한 경험이다. 하지만 진짜 불쾌한 경험은 이제 시작에 불과하다.

접시의 수평을 유지하는 요령을 터득하고 나면(기초훈련은 약 10~12일 정도 걸리며, 이 훈련을 거치고 나서 부가적으로 약 20일 간의 '고급'훈련을 실시한다), 당신은 '방사선에 노출된다.' 다시 말해 치사량, 또는 그보다 조금 못 미치는 양의 방사능을 당신에게 쏜다. 때로는 방사능을 쏘는 대신에 소만^{Soman}가스와 같은 화학무기를 살포하기도 한다. 심각한 구토 증세를 보이는 당신을 접시 위에 묶는다. 그런 다음 균형을 잡게 한다. 물론, 전과 같이 전기충격이 가해진다.

이는 한번에 끝나는 실험이 아니다. 일반적으로 가능한 상황의 변수를 감안하여(독성물질의 종류, 원숭이의 종류, 임무 등을 달리하여) 다양한 방식으로 수십 년 동안 진행한다. 이러한 실험은 인간의 어떠한 절실한 관심을 충족시키는 것일까?

이 실험을 하는 목적은 비행기 조종사가 핵이나 화학무기에 노출되었을 경우, 비행능력에 어떤 영향을 받는지 예측하는 것이다. 곧 선제공격을 받은 후에도 반격할 수 있는 능력이 있는지 알아내려는 실험이다. 자, 러시아나 또 다른 어떤 나라에서 미국에 핵폭탄을 떨어뜨렸다고 가정해보자. 이때 미 국방성은 '저놈들에게도 한 방 먹이고 말겠어!'라고 중얼거리며 냉혹한 미소를 짓는다. 과연 이것은 인간의 절실한 관심에 해당할까? 절대 그렇지 않다. 오히려 인간의 절실한 관심을 파괴하는 행위다.

어쨌든 이 실험의 결과는 효용이 있는 것 아닌가? 미 합동참모본부는 동물실험에서 얻은 데이터를 바탕으로 반격 지시를 내릴 것인지 말 것인지 판단하지 않겠는가? 전혀 그렇지 않다. 정확하게 이 문제를 제기한 사람이 바로 도날드 반즈 박사다. 그는 브룩스공군기지에서 영장류평형실험을 책임지고 수행한 사람이다. 그의 상관은 작전사령관이 '그 데이터가 동물실험에 기초한 것인지 모르기' 때문에 동물실험에서 얻은 데이터가 매우 소중하다고 주장했다. 반즈 박사는 직책에서 물러나서 지금은 동물실험에 대한 강렬한 반대자가 되었다. 그럼에도 PEP 실험은 계속되고 있다.

이뿐만 아니다. 예컨대 미국 육군은 정기적으로 비글을 대상으로 실험을 한다. 메릴랜드에 있는 포트디트릭에서 수행되는 일련의 실험에서는 60마리의 개에게 TNT를 먹인다. 이에 따르는 증상은 탈수, 쇠약, 빈혈, 황달, 저체온, 설사, 죽음이다. 동물의 절실한 관심에 악영향을 미치는 실험이 미군에서만 일어나는 것은 아니다. 영국 포튼다운에 있는 방위청연구소에서는 원숭이를 비롯한 여러 동물들에게 반복해서 글루타미나아제를 주사한다. 이는 구토, 경련, 무기력, 설사, 탈수, 죽음으로 이어진다.

실제로 동물을 대상으로 하는 군사적 실험을 하나하나 제대로 설명하려면 책 한 권이 넘을 것이다. 어쨌든 나는 군대에 의해 자행되는 동물학대 사례를 나열하며 이 책의 한 장을 허비하고 싶지 않다. 내가 말하고 싶은 것은 동물의 절실한 관심을 위태롭게 하는 군사적 실험은 무엇이든 면밀하게 감시, 감독해야 한다는 것이다. 그런 실험을 하는 군대의 목적이 인간의 절실한 관심과 일치하는지 우리 스스로 따져보아야 한다. 예컨대 치사량에 달하는 방사능 노출이 비행기조종 임무수행에 어떤 영향을 미치는지 알아내는 것이 과연 인간의 생명, 건강, 행복에 꼭 필요한 사실일까? '아니오'라는 대답이 나올 수밖에 없다고 나는 생각한다.

그렇다면, 그런 실험은 과연 무엇을 알아내기 위한 것일까? 목표가 의심스럽다면 그 결과물 또한 도덕적으로 의심스러울 수밖에 없다. 인간의 절실한 관심에 부합하거나 기여하지 않는 목표를 위해서 동물의 절실한 관심을 제물로 삼아서는 안 된다. 결코 용납할 수 없는 일이다.

심리학실험 : 학술연구라는 이름으로 동물에게 자행하는 잔학성을 나열한다면, 심리학자들이 가장 높은 순위에 오를 것이다. 심리학자들이 동물에게 지금껏 해온, 그리고 아직도 하고 있는 일을 쓰자면 두툼한 책 한 권은 될 것이다.

예컨대 당신이 운 없이 심리학자들에게 붙잡혀 소위 '왕복상자'라고 하는 통 속에 들어가게 된 개라고 가정해보자.

왕복상자는 가운데 나지막한 칸막이로 나뉘어져 있는 통으로, 당신은 어느 한 쪽에 놓일 것이다. 갑자기 발에 강렬한 전기충격이 온다. 바닥이 전기가 흐르는 철망으로 되어 있기 때문이다. 본능적으로 당신은 칸막이를 뛰어 옆 칸으로 넘어간다. 그러면 다시 또 바닥에서 전기충격이 오고 다시 원래 있던 옆 칸으로 넘어간다. 이런 과정이 계속 반복된다.

하지만 칸막이를 뛰어 넘는 일은 점점 힘들어진다. 실험자가 칸막이를 서서히 높이기 때문이다. 게다가 이제는 다른 쪽 칸으로 넘어가는 순간 쉴 사이도 없이 강렬한 전기충격을 받는다. 개가 넘어올 칸의 바닥에 미리 전기충격을 넣는 것이다. 어디로 뛰든 전기충격을 받는다. 그럼에도 충격의 고통은 강렬하기 때문에 아무리 무모한 노력이라 해도 당신은 계속 다른 칸으로 뛰어 넘어가려 한다. 이제는 양쪽 전기바닥을 쉴새없이 왕복한다. 이런 당신의 모습을 보고 실험자는 이렇게 기록할 것이다.

"뛰어 오르면서 날카롭게 낑낑거리다 다른 쪽 전기바닥에 착지할 때 크게 짖음."

이제 실험자는 새로운 시도를 한다. 개가 넘나들던 칸막이 위 공간을 유리판으로 막는다. 전기충격은 계속 오고, 당신은 계속해서 뛰어 넘으려 하다가 유리에 머리를 들이받고 다시 전기바닥으로 떨어진다. 이제 완전히 지쳐 포기한 상태가 되면 전기바닥에 드러누워 오줌과 똥을 싼다. 컹컹 짖고, 날카롭게 울부짖으며, 부르르 떨고, 가끔씩 상자의 벽을 공격하기도 한다. 하지만 실험이 10~12일 정도 지속되면, 전기충격에 저항하는 행동

마저 포기한다.[19]

이는 일부 가학적인 변태 실험자가 수행한 1회성 실험이 아니라, 전세계 심리학실험실에서 무수히 반복된 실험이다. 이 실험은 1953년 하버드대학(R. Solomon, L. Kamin, and L. Wynne)에서 처음 시작되어 지금까지 수많은 대학과 연구소에서 무수한 연구자들에 의해 반복되어왔다. 특히 1960년대 펜실베니아대학(M. Seligman, J. Geer, and S. Maier), 1980년대 템플대학(P. Bersh)에서 수행한 연구가 매우 유명하다.

도대체 이러한 실험으로 무엇을 알아내고자 하는 것일까? 심리학자들에 따르면 이는 우울증의 학습된 무기력 learned helplessness 이라고 하는 심리모형을 입증하기 위한 실험이라고 한다. 다시 말해 우울증은 학습될 수 있다는 주장이다. 많은 심리학자들이 이것을 매우 위대한 연구업적으로 추앙한다.

심리학을 공부하는 학부생이라면 대부분 이 실험에 대해 배우겠지만, 이러한 실험의 비판적인 시각은 잘 모를 것이다. 심리학자들은 이 실험을 실험심리학으로 얻을 수 있는 중요한 결과의 한 사례라고 가르칠 뿐, 실험과정에서 발생하는 미심쩍은 윤리적 문제는 가르치지 않는다. 이 실험은 솔로몬, 카민, 와인의 명예를 높이는 수단이 되었을 뿐이며 셀리먼과 같은 모방실험자들도 그 흐름에 편승하였다.

이 실험은 도덕적으로 정당할까? 이를 평가하려면 우울증의 학습된 무기력 모형이 인간의 절실한 관심을 증진하는데 기여해왔는지 되짚어 봐야 한다. 먼저 이 실험이 이루어진 횟수를 따져보자. 이는 실험심리학자들의 기본적인 마음가짐을 일깨워준다. 솔로몬, 카민, 와인이 학습된 무기력이라는 가설을 우울증의 모형으로 처음 내놓았을 때 이는 아직 '검증'이 필요한 결과였다. 실험심리학자들에게 '검증'이란(모형의 보편성을 검증하기 위해) 원형과는 약간씩 다른 실험을 여러 번 반복한다는 것을 의미한다.

예컨대 개를 움직이지 못하게 하는 방법을 다양하게 변형하여 실험을 반복한다. 넘나들 수 없는 칸막이 대신에 개가 발을 움직이지 못하도록 고정시키기도 한다(Seligman). 실험동물을 바꾸기도 한다. 쥐(Bersh), 금붕어(G. Brown, P. Smith, R. Peters)를 대상으로 실험을 한다. 자, 그래서 30여 년 동안 무수한 동물들을 대상으로 모질고 오랜 육체적, 정신적 고통 속에 처넣는 수백 가지의 실험을 반복한 뒤, 우리가 얻은 것은 과연 무엇일까? 연구한 사람들도 확신하지 못한다. 셀리먼, 기어와 함께 동물실험에 참여했던 마이어는 1984년, 학습된 무기력에 관한 매우 중요한 연구논문을 공동집필하면서 이런 말을 했다.

"그러한 비유를 의미있게 하는 우울증의 특성, 신경생물학, 진행방향, 예방/치료에 대한 어떠한 의견일치가 충분하다고 말하기는 어렵다 … 따라서 학습된 무기력은 어떠한 보편적 의미에서건 우울증의 모형처럼 보이지는 않는다."[20]

마이어는 학습된 무기력이 우울증보다는 스트레스와 이에 대처하는 행동의 모형이 될 수 있다고 주장하면서 지난 30여 년간 수행해 온 실험에서 그나마 무언가 끄집어내기 위해 노력하였지만, 그럼에도 무수한 동물에게 강렬한 육체적, 정신적 고통을 자행한 지난 30여 년이 결국 시간낭비였다는 사실을 인정할 수밖에 없었다.

이러한 실험으로 도움을 받은 사람이 있을까? 자기 업적을 쌓기 위해 동물을 이용한 연구자들 말고는 아무도 없다. 실제로 30여 년의 연구를 끝낸 뒤 여기에 관여한 연구자들도 스스로 이 실험이 도대체 어떤 '의미'를 갖는지 판단하지 못한다. 이 실험이 이렇게 또 저렇게 입증하는 것이 무엇인지, 인간을 치료하는데 어떤 중요성을 갖는지 자신들도 판단하지 못하는 것이다.

이러한 실패가 유별난 것도 아니다. 위스콘신 대학의 유명한 심리학자이자 수년 동안 유명한 심리학 학술지의 편집장으로 일해 온 H. 할로우는 오랫동안 다양한 종의 원숭이들에게 고문을 자행해왔다. 그의 말에 따르면, 이 실험의 목적은 사회적 격리로 발생하는 보편적인 결과, 구체적으로 말해서 어미에게서 새끼를 떼어놓았을 때 어린 원숭이의 정서적 발달에 미치는 영향을 연구하는 것이다. 당신이 할로우의 실험에 참여하게 된 불운한 원숭이라면 다양한 운명을 맞이할 수 있을 것이다. 물론 하나같이 좋은 운명은 없지만 말이다.

당신은 태어나자마자 몇 시간 뒤 어미에게서 떼어져 생애 첫 3개월, 6개월, 12개월을 철조망 속에서 맨살을 부비며 완전히 격리된 상태로 갇혀 지낼 것이다. 또는 '괴물어미'가 있는 우리 속에 던져질 수도 있다. 괴물어미란 천으로 만든 원숭이 인형인데, 새끼가 다가가면 폭력을 가한다. 예컨대, 주기적으로 고압의 공기를 내뿜기도 하고, 난폭하게 몸을 흔들기도 하고, 몸통앞 부분에 날카로운 못이 여러 개 튀어나와 새끼를 찌르기도 한다. 더 나아가 진짜 '살아 있는' 괴물어미가 있는 우리 속에 새끼를 넣는 실험도 있다.

이렇게 자라난 원숭이를 실험자들은 '강간침대'라고 부르는 장치를 이용하여 강제로 교미시킨 다음, 새끼를 낳게 한다. 이 들이 관찰하고자 하는 것은 바로 불행한 어린 시절을 경험한 어 미가 새끼에게 보이는 행동이다. 어미들은 대부분 자기가 낳은 새끼를 방치한다. 당신이 이렇게 태어난 새끼라면, 이렇게 방치 하는 것이 가장 운이 좋은 것이다. 운이 나쁘면 어미는 이빨로 당신의 머리를 으깨어버리거나, 당신의 얼굴을 땅바닥에 내리치 고 앞뒤로 문질러버릴 것이다.[21]

이것이 바로 1951년 할로우와 그의 동료들이 한 실험이다. 이 실험은 과연 인간의 어떠한 절실한 관심에 부합하는가? 도 대체 인간의 어떠한 절실한 관심과 무슨 관련이 있는지 알 길이 없다. 더욱이 사회적 격리나 모성박탈이 인간에게 미치는 영향 은 이미 '인간을 대상으로' 한 연구결과가 자세히 기록되어 있 는 상태였다. 인간의 절실한 관심과는 전혀 무관한, 아무 쓸모 도 없는 실험에 불과했다.

그러면 할로우는 도대체 왜 이런 실험을 한 것일까? 인간을 대상으로 정리해놓은 연구결과를 몰랐던 것일까? 아니다. 영국 심리학자 존 볼비가 전쟁고아, 난민, 공공시설에 수용된 아이들 을 대상으로 실시한 심리학연구는 1950년 발표되어 당대 세계적인 화제를 불러일으켰을 뿐만 아니라, 심지어 볼비가 할로우의 실험실을 방문하여 실험하는 모습을 참관하기까지 하였다.

다시 말하지만, 이는 한번으로 끝나는 실험이 아니다. 할로우의 모성박탈실험 이후 미국에서만 비슷한 실험이 250여 차례 실시되었다. 이러한 실험에는 총 7천여 마리의 동물이 사용되었고 이들은 모두 육체적, 정신적 고문 속에서 시름시름 앓거나 죽어갔다.

왜 자꾸 이런 실험을 하는 것일까? 누가 알겠는가? 그냥 실험을 할 수 있으니까 하는 것인지도 모른다. 심리학자들과 이야기해 본 적이 있다면, 대부분 자신의 연구가 '비과학'으로 치부되는 것에 유별나게 민감하게 반응한다는 사실을 알 수 있다. 거의 편집증적 증세를 보이는 심리학자들도 많다. 심리학자들은 자신의 학문을 '과학처럼' 보이게끔 하기 위해 상당히 노력하는데, 그들에게 과학이란 다양한 실험을 하여 가능한 한 데이터를 많이 축적하는 것을 의미한다. 이는 과학을 편의적으로 이용하는 발상으로, 이를 위해 엄청난 수의 동물을 위태로운 지옥으로 내몬다.

할로우의 추종자 중 하나인 M. 라이트라는 심리학자는 모성박탈실험이 침팬지를 대상으로 실행된 적이 없다는 이유만으로 침팬지를 이용한 모성박탈실험을 실시했다. 침팬지도 학대하고 강간하면 새끼를 죽이는지 확인한 적이 없기 때문에 침팬지에게 똑같은 실험을 해야 한다는 말이다! 라이트는 이 실험의 정당성을 주장하면서 자신의 실험이 인간에게 어떤 혜택을 가져다 주는지는 한마디 언급조차 하지 않았다.

동물을 대상으로 실시하는 실험을 낱낱이 이야기하려면 이 책보다 훨씬 두꺼운 책을 써야 한다. 지금까지 한 이야기들은 '인간의 절실한 관심이 전혀 위태롭지 않은 상황에서도' 우리가 동물에게 어떠한 일을 행하는지 보여주기 위한 맛보기에 불과하다. 많은 동물실험들, 사실상 거의 모든 동물실험들이 인간의 절실한 관심에 전혀 부합하지도 기여하지도 않는다.

기업의 제품검사에 부합하는 목적과 관심은 오로지 그 제품을 생산하고 판매하는 기업의 경제적 관심일 뿐이다. 군사적 실험 역시 인간에게 진정 중요한 관심사를 심각하게 뒤틀리고 삐뚤어진 눈으로 바라보고 있다. 심리학실험 또한 본질적인 지적 호기심을 해소하고 실험자들의 업적을 쌓는 데 기여하기는 하지만, 그것이 진정으로 인간의 절실한 관심사라고 보긴 힘들다.

공평한 자리에서 이러한 실험이 수행되는 세상을 선택하는 것은 전혀 합리적이지 않다. 인간이 될지 동물이 될지 알지 못하는 상태에서 앞으로 당신은, 전혀 절실하다고 할 수 없는 관심에 부합하고 기여하기 위해 자신의 가장 절실한 관심을 희생해야 할지도 모른다. 그런 선택은 공평한 자리에서 불합리한 결정이며 따라서 현실세계에서 부도덕한 행동이다. 동물실험은 도덕적으로 정당화될 수 없으며 따라서 중지되어야 한다.

그래도 의학실험은 확고한 근거 위에서 수행되는 것이 분명하지 않을까? 의학실험은 인간의 수명을 늘여주고, 더 오래 건강하게 살 수 있도록 지켜주고, 따라서 더 행복을 증진하는 일과 관련 있지 않을까? 그렇다면 인간의 절실한 관심이 분명하지 않은가? 하지만 모든 의학실험이 이러한 목표로 이루어진다고 생각하는 것은 순진한 태도일 뿐이다.

심리학실험과 마찬가지로 의학실험을 이끌어가는 것은 대부분 연구자의 지적 호기심이나 자신의 업적을 쌓고자 하는 욕구다. 제품검사와 마찬가지로 의학실험을 이끌어가는 것은 대부분 그 연구에 돈을 대는 기업의 직접적인 경제적 관심이다.

내가 지금 너무 냉소적이라 생각하는가? 그렇다면 의학실험이 모두 인간의 절실한 관심에 부합하는 목표를 갖는다고 가정해보자. 그렇다 하더라도 문제는 달라지지 않는다. 여전히 많은 의학실험들이 정당성을 얻지 못한다. 의학실험들은 거의 모두 인간의 절실한 관심을 증진하는데 전혀 효과가 없거나 그러한 의도와 전혀 무관하게 실행된다. 그 까닭을 살펴보자.

인간을 오히려 위협하는 생체실험

의학용 생체실험이 인간의 절실한 관심과 — 아주 조금이나마 — 관련 있다 하더라도 그 유용성에 심각한 의구심이 존재한다. 동물실험에서 얻은 결과를 인간에게 그대로 적용할 수 있느냐하는 근본적인 문제다. 실제로 지난날 그러한 시도가 비참한 결과로 이어진 사례가 여러 차례 있었다.

인간의 절실한 관심과 관련한 — 물론 이마저도 논란의 여지가 있지만 — 의학실험을 예로 들어보자. 동물을 대상으로 한 의학실험의 상당수가 '쇼크'에 관한 것이다. 여기서 쇼크란 심각한 부상을 입었을 때 동반하는 육체적, 정신적 쇼크 상태를 말한다. 따라서 쇼크를 연구하려면 먼저 쇼크 상태를 만들어내야 한다. 다시 말해 동물에게 심각한 육체적 손상을 입혀야 한다.

부상을 입히는 방법은 실험자들이 임의로 선택할 수 있다. 한쪽 다리를 지혈대로 묶어 피를 통하지 않게 하여 괴사시키거나, 바이스로 다리를 으깨거나, 망치로 내려쳐 근육을 망가뜨릴 수도 있다. 좀더 상상력을 발휘하여 노블콜립드럼^{Noble-Cllip drum}이라는 통을 쓰기도 하는데, 동물을 그 안에 집어넣고 마구 돌리면 동물은 아래쪽으로 계속 굴러 떨어지고 그 와중에 뼈가 부러지고 온몸에 상처를 입는다. 얼리거나(동상) 태우는 것(화상)도 확실한 방법이다. 단방에 효과를 보고 싶어하는 사람들은 총을 쏘기도 한다. 이 실험에서 마취를 하는 것은 바람직한 방법이 아닌데, 의식 있는 상태에서 사고를 당해야만 쇼크 상태를 제대로 만들어낼 수 있기 때문이다.

1970년 개를 대상으로 출혈사고(대개 총상으로 인한 심각한 부상과 이에 따른 엄청난 양의 혈액손실)로 받는 쇼크 연구가 처음 실시되었다. 하지만 이후 연구가 거듭될수록 개가 출혈로 받는 쇼크는 인간과 사뭇 다르다는 사실이 밝혀지고 있다. 이 말은 곧, 개의 출혈에 관해 지금까지 이루어진 모든 연구들이 인간을 치료하는 데 아무런 도움도 되지 않는다는 뜻이다. 아무런 이유 없이 우리는 지금껏 마취도 하지 않은 채 개에게 총을 쏘아댄 것이다.

그렇다고 걱정할 필요는 없다. 어쩌면(위에서 열거한 것 중에서) 총이 아닌 다른 방법으로 유발한 쇼크는 인간과 비슷할지도 모르기 때문이다. 또는 개가 아닌 다른 동물을 대상으로 한 쇼크 실험은 인간과 비슷할지도 모르기 때문이다. 로체스터대학의 연구진들은 이런 점에서 돼지가 인간과 더 가까울 것이라 '생각하여' 돼지를 대상으로 이 실험을 계속해서 반복하고 있다.[22]

사실상, 동물을 대상으로 하는 실험은 대부분 인간에 곧바로 적용하기 어렵다. 동물실험에서 얻은 결과를 인간에게 적용하려는 시도는 비극적인 결말로 이어지는 경우가 많다. 가장 유명한 사례는 아마도 탈리도마이드thalidomide라는 약일 것이다. 이 약은 임신한 여자의 아침 입덧을 완화하기 위한 항구토제로, 엄격한 동물실험을 거친 뒤 시판되었으나 실제로 태아에 심각한 기형을 유발했다. 이 약이 인간에게 기형을 유발한다는 의심을 받는 상태에서 임신한 개, 고양이, 원숭이, 햄스터, 닭을 대상으로 더욱 면밀한 실험을 실시했는데, 전혀 기형을 유발하지 않았다. 토끼의 특정 종을 실험했을 때 겨우 기형을 유발한다는 증거를 찾았다.

더 최근에는 관절염을 치료하는 기적의 신약이라 일컬어지는 오프렌Opren이 일반적인 동물실험 절차를 모두 거친 뒤 시판되었다. 하지만 61명이 죽고, 3,600가지의 부작용이 보고 된 뒤에야 시판이 중지되었다. 과학잡지 《뉴사이언티스》에 실린 논문에 따르면, 오프렌과 직접적인 연관성은 못 밝혔지만 이 때문에 사망하거나 부작용을 경험한 사람은 훨씬 많을 것이라고 한다.

마찬가지로 심장병 치료제 프락토롤^{Practolol} 역시 일반적인 동물실험 과정을 거친 뒤 시판되었는데, 상당수의 사람들 눈을 멀게 하는 결과를 가져왔다. 프락토롤의 부작용은 아직 다른 어떤 동물에게서도 관찰되지 않았다. 기침을 멈추게 하는 약 지페프롤^{Zipeprol} 또한 엄격한 동물실험을 거친 후에 시판되었는데, 이를 복용한 사람 중 일부가 발작과 함께 혼수상태에 빠졌다.[23]

부타졸리딘^{Butazolidine}과 탄더릴^{Tanderil}이라는 진통제는 1만 명이나 되는 사람들을 죽음으로 몰아넣었다. 이는 어느 정도 동물실험의 안전성 문제에서 비롯된 것으로 보인다. 이 약들은 여러 동물을 대상으로 실험을 했는데, 그 중 개의 경우, 탄더릴을 분해하는 데 30분 걸렸고, 부타졸리딘을 흡수하는데 단 몇 시간밖에 걸리지 않았다. 하지만 인간은 탄더릴을 분해하는데 최소 72시간이 걸렸으며 부타졸리딘은 그보다 훨씬 오래 걸렸다. 약이 몸속에서 분해되지 않고 남아있는 시간이 길어지면 위험한데, 때에 따라서 죽음에 이를 정도로 치명적일 수도 있다.

동물실험에서 얻은 결과를 인간에게 대입할 때 발생하는 안전성 문제도 있지만 거꾸로, 인간에게서 얻은 결과를 동물에게 대입할 때 발생하는 안전성 문제도 있다. 다시 말해, 많은 동물에게 해를 끼치는 것으로 알려진 물질들 중에는 인간에게 아무 이상 없는 것들도 있다. 예컨대, 아스피린은 인간에게는 아무 문제가 없지만 임신한 큰쥐, 생쥐, 원숭이, 기니피그, 고양이, 개 등에게 먹일 경우 태아에 문제가 발생한다.

1928년 알렉산더 플레밍이 우연히 페니실린을 발견하였을 때 그는 먼저 토끼에게 약효실험을 했다. 아무런 약효가 없었고 따라서 이 물질에 전혀 관심을 갖지 않았다. 그럼에도 2명의 과학자가 그의 연구를 이어받아 생쥐를 대상으로 한 실험에서 성공을 거두었다. 이 성공은 순전히 운이었을 뿐이다. 토끼는 페니실린을 너무 빨리 배설하여 약효가 퍼지지 못하고, 기니피그는 페니실린을 미량만 먹어도 치명적인 상태가 되기 때문이다.

이 모든 것들을 종합하여 말하자면, 동물실험에서 얻은 결과를 인간에게 대입하는 것은 상당한 어려움이 따르며 종종 위험하기까지 하다. 해부학, 심리학, 유전학, 면역학, 조직학 측면에서 동물은 인간과 다르다. 동물과 인간은 같은 물질에도 아주 다르게 반응하는 경우가 많다.

생체실험을 대체할 수 있는 실험들

생체실험은 대부분 필요없는 것들이다. 이는 적어도 두 가지 이유에서 그렇다. 첫 번째, 많은 실험들이 대개 쓸데없는 반복이다. 미국 환경부 독물관리국 담당자 테어도어 파버는 1987년 이렇게 말했다.

"독물학 연구데이터를 관리하는 업무를 해보니 똑같은 연구가 계속 반복된다는 사실을 알겠더군요."

그 당시 독물관리국에는 4만2천 개의 완결된 실험기록을 보유하고 있었다. 이들 중 상당수가 이미 이루어진 실험을 단순반

복하는 것들이었다. 똑같은 실험을 반복하는 것은 이전 실험결과를 얻는 것이 어렵기 때문이었다.[24]

이러한 쓸데없는 반복은 의학실험분야에서도 상당히 자주 나타났다. 신약제품 실험을 하는 가장 큰 이유는 제약회사의 경제적 관심이다. 따라서 그들은 회사기밀이라는 이유로 자신들이 수행하거나 위탁하여 수행한 동물실험의 세세한 내용을 외부에 알리지 않는다. 심지어 이미 인간에게 실험이 끝난 것을 다시 동물에게 실험하는 경우도 있다. 예를 하나 보자.

1998년 10월 영국에 있는 화이자[Pfizer] 샌드위치연구소는 비글을 대상으로 발기부전치료제 비아그라를 실험했다. 실험을 하기 위해 먼저 여러 수캐의 성기를 불구로 만든다. 그런 다음 성기의 껍질을 벗기고 바늘을 삽입하여 혈압을 측정한다. 성기와 연결된 신경조직에 전기충격을 주고 비아그라를 다양한 양으로 주입하여 그 효과를 연구한다.

나 역시 이런 실험과정을 일일이 기술하는 것이 불쾌하다. 하지만 이보다 더 불쾌한 것은 이렇게 소름끼치는 실험을 정부가 허가하였다는 사실이다(영국 내무성이 실험허가서를 발급하였다). 이때는 사람을 대상으로 한 임상실험도 모두 끝났을 뿐만 아니라, 발기부전 치료제로 이미 처방되고 있는 시점이었다.

생체실험이 필요없는 두 번째 이유는, 동물실험을 대체할 수 있는 방법이 있다는 것이다. 실험동물을 확보하는 것이 쉬웠던 탓에 그동안 개발하고 활용하지 않았을 뿐이다. 몇 가지 대안을 살펴보자.

세포조직배양 : 인간의 세포와 세포조직은 배양액 속에 산 채로 보관할 수 있으며 의학실험에 사용할 수 있다. 인간의 세포를 사용하기 때문에 동물실험 결과를 인간에게 대입할 때 생기는 문제는 발생하지 않는다. 세포조직배양액을 만들어내는 것은 어렵지도 않고 비싸지도 않다. 물론 조직배양만으로는 충분한 실험결과를 얻기는 힘들 것이다. 신약은 작동하는 사람 몸의 모든 기관에 걸쳐 검증되어야 하기 때문이다. 예컨대, 어떤 약은 세포에 직접적으로 독성을 갖지 않더라도 간의 해독과정을 거친 뒤 독성을 갖기도 한다. 조직배양실험으로 해결하지 못한 부분은 다음과 같은 기술로 보완할 수 있다.

물리화학적 방법 : 크게 밀도분광측정과 기체/액체색층분석을 하는 방법이 있다. 이로써 연구자는 실험물질이 어떤 생물학적 물질로 변하는지 알 수 있다. 예컨대 비타민D의 효과와 적정량을 측정하기 위해서 지금까지는 쥐에게 곱사병을 유발한 다음 비타민D가 풍부한 물질을 먹이는 방법을 사용하였다. 이제는 액체색층분석을 활용하여 알아낼 수 있다.

컴퓨터 시뮬레이션 : 생리학적, 약리학적 진행과정에 대한 컴퓨터 시뮬레이션은 교육목적으로 사용하는 많은 동물을 대체할 수 있다. 컴퓨터를 이용한 신약제조는 필요한 효능에 따른 약물제조를 가능케 한다. 컴퓨터를 이용한 의학은 암 연구분야에서 점차 보편화되고 있다.

기계적 모형 : 기계적 모형 역시 몇몇 교육과정에서 사용할 수 있으며 특정한 분야의 동물실험을 대체할 수 있다. 예컨대 GM은 인공목관절 인형을 만들어 그동안 자동차충돌실험에서 사용하던 원숭이를 대체하였다. 실제로 이 '자동차충돌실험용 인형'으로 얻어낸 결과는 유인원을 이용해 얻어낸 결과보다 훨씬 정확하고 실질적이다.

이와 비슷하게 네덜란드의 과학자들은 테크노-텀$^{techno-}_{tum}$이라고 하는 인공창자를 만들어냈다. 이는 장의 움직임을 똑같이 모방한 것으로 화학물질흡수에 관한 연구를 더욱 손쉽게 하였다. 또 다른 예로 혈액순환을 시뮬레이션한 인공기관 POP트레이너$^{POP}_{trainer}$를 들 수 있다. 이를 활용하여 교육과정에서 실시되는 동물실험을 상당수 대체할 수 있다.

이러한 대체방안을 모두 동원한다 해도, 의학실험에 사용되는 동물을 모두 '대체'할 수는 없을 것이다. 하지만 이러한 대체방안들을 제대로 활용하려고 노력하면 동물실험을 상당히 줄일 수 있는 것은 분명하다. 이런 점을 고려할 때 현재 상당수의 동물실험은 불필요한 것이다.

이러한 논의에 더불어, '실험용 동물'로 사육되는 무수한 동물들이(불필요한 실험일 망정) 제대로 사용되지도 못하고 죽는다는 사실도 고려해야 한다. 언제든 실험할 수 있도록 실제 필요한 양보다 이런 동물들을 많이 사육해 놓기 때문이다. 영국의회 노만 베이커 의원이 정부에 이 문제에 관해 질의한 적이 있다. 이에

대한 정부의 답변에 기초하여 생체실험철폐영국연맹(BUAV)이
추산한 바에 따르면 실험용으로 사육한 큰쥐의 85퍼센트, 생쥐
의 80퍼센트가 실험에 쓰이지도 않고 그대로 폐기된다.

이것이 정확한 수치가 아니라고 해도, 실험용으로 키워진 많
은 동물들이 실험에 쓰이지도 못하고 그대로 학살된다는 것은
충분히 예상할 수 있다. 쓸모없는 실험으로 고통스럽게 희생되
는 동물의 수에, 이렇게 쓸모없이 죽어가는 동물들의 수까지 더
해서 고려해야 한다.

생체실험이라는 신화

동물권을 옹호하는 사람들도 대부분 생체실험이 어떠한 소중
한 의학발전에 '이바지' 할 것이라고 생각한다. 물론, 의학발전
의 '기초'가 되는 역할을 할 수도 있을 것이다. 하지만 생체실험
의 중요성이 지나치게 과장되어 왔다는 것은 무수한 역사적 증
거를 통해 발견할 수 있다.

먼저 통계수치를 살펴보자. 1890년대에서 1990년대까지
100년 동안 실험실에서 죽은 동물의 수를 보면, 전체 중 85퍼센
트가 1950년 이후 40년 동안 죽었다. 실제로 영국에서만 1950
년 이후 실험실에서 1억4,400만 마리 이상 죽었다. 하지만 영국
인의 평균수명은 1950년 이후 하나도 변하지 않았다. 1890년
대부터 늘어나기 시작한 영국인의 평균수명은 1950년에 이르
러 거의 정점에 도달한 뒤 더 이상 늘지 않았다. 그 '이후에' 엄

청난 양의 동물실험이 수행되었다는 사실에도 불구하고 말이다.[25]

수명이 급격히 늘어난 것은 과거에 만연했던 결핵, 폐렴, 장티푸스, 백일기침, 콜레라 따위의 '죽을병'들이 쇠하면서 나타난 결과일 뿐이다. 하지만 이러한 병들이 사라진 것은 예외 없이 주거환경, 작업환경, 상수도를 비롯한 위생상태의 개선에 기인한다. 면역주사와 같은 특수한 의료기술은 아무리 따져보아도, 이 과정에 별다른 영향을 미쳤다고 보기 어렵다. 질병들이 거의 사라지고 난 뒤에야 이러한 의료기술이 나왔기 때문이다.

오늘날 인간에게 가장 무서운 질병은 암과 심장병이다. 이러한 질병의 제단 위에 어마어마한 동물들을 제물로 바쳤음에도 여기서 얻은 소득은 미미할 따름이다. 물론 몇몇 암(예컨대 어린이 백혈병)에 대한 극적인 결과를 얻기는 했지만, 수많은 종류의 암을 고려할 때 그리 대단한 것이라고 말하기는 어렵다. 실제로 다양한 형태의 암으로 죽는 사람의 비율은 일정하거나, 오히려 늘고 있다. 특정 유형의 암으로 인한 사망자 수가 전반적으로 줄어드는 사례도 있지만, 이는 의학적 개입보다는 암의 원인에 대한 효과적인 교육과 예방의 결과 때문인 경우가 많다(폐암, 직장암의 사례를 떠올려 보라).

정당성이 없는 생체실험

동물을 이용한 실험이나 동물의 절실한 관심을 침해하고 희생하는 실험이 다음 네 가지 조건 중 어느 하나라도 해당한다면 도덕적으로 정당하지 않다.

1. 인간의 절실한 관심에 부합하고 기여하려는 의도가 없는 동물실험. 2. 이미 알려진 정보나 지식을 확인하려는 동물실험. 3. 동물을 사용하지 않고도 얻을 수 있는 정보나 지식을 얻으려는 동물실험. 4. 실험결과를 인간에게 대입하기 어려운 동물실험.

이러한 조건들이 동물실험의 정당성을 판단하는 올바른 기준인지 아닌지는 공평한 자리에서 보면 알 수 있다. 공평한 자리에서 당신은 인간의 절실한 관심에 부합하거나 기여하지 않는 실험을 하기 위해, 동물의 절실한 관심을 침해하는 세상을 선택하지 않을 것이다. 당신은 그러한 동물로 판명될 수 있으며, 따라서 당신의 절실한 관심이 다른 종의 상대적으로 사소한 관심을 위해 좌절되는 세상을 선택하는 것은 불합리하기 때문이다(조건1).

절실한 인간의 관심에 기여하더라도 이미 알려져 있는 것을 또다시 밝혀내기 위해서 당신의 절실한 관심을 침해하는 세상을 선택하는 것 역시 불합리하다(조건2). 또한 당신의 관심을 침해하지 않는 방법으로 결과를 얻을 수 있음에도 당신의 절실한 관심을 짓밟는 세상 역시 불합리하다(조건3).

마지막으로 인간의 절실한 관심을 증진한다 하더라도 그것이 결과를 제대로 뒷받침하지 못하는 비효율적인 실험이라면, 이로 인해 당신의 관심을 침해하는 세상을 선택하는 것은 불합리하다. 사람을 대상으로 다시 실험을 해야 한다면, 그런 동물실험의 결과는 의심스러울 수밖에 없다(조건4).

공평한 자리에서 바라볼 때 당신은 실험대상이 되는 동물이 될 수도 있다. 인간의 절실한 관심에 부합하지도 기여하지도 않는 실험, 굳이 필요하지도 않은 실험, 다른 방식으로도 충분히 할 수 있는 실험, 별다른 효과도 얻지 못할 실험을 위해 당신의 가장 절실한 관심을 희생해야 하는 세상을 선택하는 것은 불합리하다. 이러한 네 가지 실험들은 도덕적인 정당성이 전혀 없다.

현실에서 자행되는 무수한 동물실험들이 대부분 이 네 가지 범주에 속한다. 정당성이 없는 생체실험은 도덕적으로 옳지 않다. 이런 실험은 모두 중단해야 한다.

인간의 절실한 관심에 기여하는 생체실험

지금까지 살펴본 정당성 없는 생체실험이 도덕적으로 옳지 않다는 것은 이제 여러분들도 인정할 것이다. 그렇다면 인간의 절실한 관심을 증진하려는 의도가 있고, 그러한 관심을 증진하는 데 반드시 필요한 동물실험은 전혀 없는 것일까? 내 생각에 이런 실험은 전체 동물실험 중에서 극소수에 불과하다. 따라서 인간의 절실한 관심을 증진하는 데 필요하지도, 효과적이지도 않은 동물실험만 사라져도 동물실험은 거의 사라지는 것이나 마찬가지라 할 수 있다.

하지만 나는 여기서, 인간의 절실한 관심을 효과적으로 증진하는 동물실험이 존재한다는 믿음에 대해서도 짚고 넘어가고자 한다. 적어도 논증을 위해서 나는, 인간의 절실한 관심을 증진하는 데 꼭 필요한 동물실험이 존재할 수 있다는 전제에 동의하겠다. 그렇다면 '정당성이 없는 동물실험'이 아닌 실험들은 도덕적으로 정당한 것일까? 이런 실험 역시 정당하지 않다는 사실을 나는 증명할 것이다.

인간의 절실한 관심에 부합하고 기여하는 동물실험이 도덕적으로 정당하다는 생각은 인간의 생명이 어떤 의미에서, 동물의 생명보다 더 소중하다는 직관에서 나온다. 4장에서 설명했듯이 이러한 직관은 상당한 정도까지 논리적으로 정당할 수 있다. 인간은 대부분 미래에 적극적으로 연결되어 있어 죽음을 맞이할 때 대개 동물보다 더 많은 것을 잃는다. 미래에 더 적극적으로 연결되어 있는 인간은 일반적으로 동물보다 미래에 더 많은 것을 투자한다.

따라서 인간은 죽을 때 일반적으로 — 반드시 그런 것은 아니다 — 동물보다 더 많은 것을 잃는다. 따라서 동물이 죽을 때 잃는 것보다 인간이 죽을 때 잃는 것이 일반적으로 많다면, 인간의 생명이나 그 밖의 절실한 관심을 증진하기 위해 동물의 생명이나 그 밖의 절실한 관심을 희생시켜도 잘못된 일은 아니지 않을까? 하지만 나는 '그렇지 않다'고 단언하고자 한다. 도덕성에 있어서, 생명을 비롯한 절실한 관심은 이런 식으로 맞바꿀 수 있는 것이 아니다.

어떤 것의 생명과 절실한 관심을 위해 다른 것의 생명과 절실한 관심을 희생시킬 수 있다는 우리의 믿음을 이제 허물어보자.

동물을 대상으로 한 생체실험이 인간의 절실한 관심에 부합하는 한 정당하다고 생각한다면, 태어난 지 6개월 이하의 부모 없는 아이들에게 생체실험을 하는 것도 정당하다고 생각하는가?

왜 아무도 그런 실험에는 동의하지 않는 것일까? 동물실험에서 가장 골치 아픈 문제는 동물실험의 결과를 인간에게 그대로 대입하기 어렵다는 것이다. 인간을 대상으로 실험을 하면 동물실험보다 훨씬 안전하고 확실한 결과를 얻을 수 있을 것이다. 그렇다면 무엇이 문제인가?

대다수 고등한 포유동물, 적어도 유인원, 원숭이, 개, 돼지, 고양이, 쥐 들은 인간유아보다 주변환경은 물론 자신에게 닥치는 일에 대해서 훨씬 잘 인지한다. 인간유아 못지않게 지능이 높으며 고통이나 그 밖의 유해자극에도 민감하다. 부모가 있는 아이들을 대상으로 실험을 하면 부모들이 불안을 느낄 수 있으니 고아를 대상으로 실험을 하면 아무 문제가 없을 것이다. 이것도 좀 미심쩍다면, 조건을 더 붙여도 좋다. 예컨대, '실험에 사용할 유아는 생후 6개월 미만으로, 뇌에 이상이 있으며 이러한 이상으로 인해 지적, 정서적 능력이 생후 6개월 수준에서 더 이상 발달하지 않을 것이 분명한 아이여야 한다.' 이렇게 규정하면 어떻겠는가? 불행하게도 그런 아이를 찾기는 어렵지 않다. 그렇다면 왜 그런 인간을 대상으로 실험하지 않는 것일까?

말도 되지 않는가? 그렇다면 나는 인간생체실험을 주장하지 않겠다. 나도 대다수의 사람들과 마찬가지로 그런 실험계획을 도덕적으로 용납할 수 없다고 생각한다. 그렇다면, 부모가 없는 인간유아 — 뇌가 손상되었든 아니든 — 를 대상으로 실험하는 것을 도덕적으로 용납할 수 없다면, 유인원, 원숭이, 개, 돼지, 고양이, 쥐를 대상으로 실험하는 것은 어째서 괜찮다는 말인가?

2장에서 내가 논증하였듯이 이러한 동물과 인간유아 사이에는 도덕적으로 어떠한 적절한 차이도 존재하지 않는다. 도덕적으로 적절한 차이가 존재한다면, 동물을 실험하는 행위는 도덕적으로 정당한 반면 인간유아를 실험하는 행위는 용납할 수 없다는 주장이 옳겠지만, 적절한 차이가 하나도 없다면 그런 주장을 할 수 없다. 그리고 이 경우 적절한 차이가 없다는 사실은 분명하다. 결국 인간유아를 실험하는 행위가 도덕적으로 옳지 않다면 동물을 실험하는 행위 역시 도덕적으로 옳지 않다.

이러한 논증만으로도 동물에 대한 생체실험이 도덕적으로 정당하다는 믿음을 조금이나마 허물 수 있기를 바란다. 그럼에도 여전히 복잡한 문제가 남는다. 인간은 동물보다 죽을 때 더 많은 것을 잃는다(그런 점에선 뇌에 이상이 있는 인간유아는 동물과 같다). 그렇다면 '정상적인' 인간의 '생명을 비롯한 절실한 관심'을 증진하기 위해, 동물과 뇌가 손상된 인간유아의 '생명을 비롯한 절실한 관심'을 희생시키는 행위는 왜 정당하지 않을까? 그 이유를 알아보자.

어느 날 당신이 소일거리를 하며 집에 있는데, 일단의 사람들이 쳐들어와 당신을 납치하여 수술실로 끌고 갔다. 이유는 무엇일까? 이웃에 사는 사람이 행글라이더를 타다 사고를 당하여 간이 완전히 망가졌고, 새로운 간을 빠른 시간 내에 이식받아야 살 수 있는 상황이 되었다. 그리고 그는 자신에게 간을 제공할 사람으로 당신을 지목했다.

불공평해 보이는가? 절대 그렇지 않다. 공평한 자리에서 당신이 합리적인 판단을 하지 못하고 위험전이세계$^{risk\ transferable}_{world}$ 를 선택했기 때문이다. 위험전이세계의 기본적인 규율은, 위험으로 인해 고통을 받는 사람이 있을 때 누구든 자발적으로 고통을 나누어야 한다는 것이다. 결국 누군가가 자신의 의지와는 무관하게 대가를 치러야 한다.[26]

위험전이세계에서는 말을 타다가 떨어져 목이 부러져도 걱정할 필요가 없다. 누군가 의학실험에 참여하여 당신의 목을 치료해줄 방법을 찾아 줄 것이기 때문이다. 콘돔을 끼지 않고 수많은 이성과 성행위를 즐기다 다소 불결한 병에 걸려도 괜찮다. 당신의 고통을 완화하는 신약을 개발하는 임상실험에 누군가는 반드시 참여해야 하기 때문이다.

하루 종일 소파에 기대어 담배 피우고 술 마시고 소시지를 한없이 집어 먹을 수 있다면 얼마나 좋을까? 괜찮다. 심장에 심각한 문제가 발생하겠지만 이 역시 걱정할 일이 아니다. 당신의 생명을 살리기 위한 생체실험에 누군가 참여해야 하기 때문이다. 이러한 일들이 위험전이세계의 일상적 풍경이다.

공평한 자리에 있다면 당신은 위험전이세계를 선택하겠는가? 진짜 바보가 아니라면 그러지 않을 것이다. 위험전이세계는 너무 '위험한' 세계일 뿐이다. 특히 위험전이세계는 인간에게 아주 소중한 가치자율성을 짓밟는 듯하다. 1장에서 우리는 여러 가지 형태의 자율성을 살펴보았지만 지금 이야기하는 자율성은 소극적 의미의 자율성이다. 자율성이란 간단히 말해서 스스로 원하는 행동을 하는 것이다. 인간은 물론 동물들 역시 소극적 의미의 자율성을 갖는다.

자신이 원하는 행동을 할 수 있는 것은 궁극적으로 삶을 살아갈 가치 있게 만드는 중요한 요소다. 하루 종일 서핑을 하고 싶어 하는 사람도 있을 것이며, 굶주리는 사람을 도와주고 싶은 사람도 있을 것이다. 지금껏 보지 못한 위대한 예술작품을 창작하고 싶어 하는 사람도 있을 것이며, 끝없이 즐기고 싶어 하는 사람도 있을 것이다.

어쨌든 우리는 하고 싶은 일을 하며 살아간다. 물론 하고 싶은 것을 다 하며 살지 못하더라도, 어쨌든 앞으로 언젠가는 그것을 할 수 있다는 희망, 어렴풋할지라도 희망을 가지고 있다. 그래서 우리 삶은 가치가 있는 것이다.

사람마다 바라는 것은 사뭇 다양하다. 바라는 것을 얻으려면 희생을 하고 도박을 해야 한다. 적어도 자기 시간만큼은 희생해야 한다. 욕망을 만족시키는 일은 일반적으로 시간이 걸린다. 하지만 우리에게 시간은 유한하며 새로 채워 넣을 수 있는 물건이 아니다. 희생을 한다는 것은 곧 도박을 한다는 뜻이기도 한데, 열심히 노력하여 바라는 것을 얻었을 때 실제로 바라던 것이 진정 그럴만한 가치가 없는 것일 수도 있기 때문이다. 그럴 경우, 당신이 희생한 시간의 가치는 퇴색한다.

또한 당신이 바라는 것이 실제로 이룰 수 없는 것일 때도 있다. 그럴 경우, 희생한 시간의 가치는 모두 무의미한 것이 된다. 따라서 욕망을 만족시키고자 하는 선택에는 '위험'이 따른다. 욕망을 만족시키기 위해서는 반드시 희생을 해야 하며, 희생은 곧 도박을 수반하며, 도박에는 항상 위험이 따른다. 그래서 소극적 의미의 자율성이란 바로 이러한 '욕망과 위험의 맞교환'을 의미한다.

위험전이세계를 반대할 수밖에 없는 진정한 이유는, 이 세계가 자율성을 훼손하기 때문이다. 위험전이세계에서는 욕망을 충족시키기 위해 스스로 져야 할 위험부담을 다른 사람에게 전가한다. 다른 사람이 자신의 욕망을 충족시키기 위해 무릅쓴 위험을 당신이 져야 한다. 결국 자신이 어떤 위험에 처할지, 또 어떻게 위험에 처할지 스스로 판단하거나 선택할 수 없다.

그런 상황에서는 우리 대부분 자신이 이러한 위험에 처해 있다는 사실조차 전혀 깨닫지 못한 채 살아가야 한다. 언제 어디서 닥칠지 모르는 무한한 위험 속에 노출된 상태로 살아가야 한다. 우리가 전혀 알지 못하는 위험, 자신의 삶을 어떻게 바꾸어 놓을지 예측할 수도 없는 위험 속에서 살아가야 한다.

그래서 위험전이세계는 위험하고, 또 증오로 가득 차 있다. 결국 자율성이란, 자신의 욕망을 추구하는 대신 그 대가를 치를 위험을 스스로 감수하라는 규칙이다. 하지만 자신의 선택과 무관한 결과를 책임지도록 강제한다는 측면에서 사람들은 증오로 가득 찰 수밖에 없다. 공평한 자리에서 우리가 알 수 있는 한 가지 분명한 원칙은 다음과 같다.

"자발적으로 위험을 무릅쓰겠다고 나서지 않는 사람에게 위험을 전가하는 행위는 도덕적으로 옳지 않다."

이 원칙을 선택하지 않는다면 삶을 살만한 가치가 있도록 하는 자율성을 훼손하여 터무니없이 위험한 세상을 선택하는 것이다.

위험전이세계의 모순을 드러내기 위해 제시한 앞의 논증에서, 다른 사람이 무릅쓴 위험이 얼마나 '큰'지는 전혀 고려할 대상이 아니라는 점을 주목하기 바란다. 예컨대, 사고로 신체가 마비된 이웃이 실험대상으로 당신을 지목했다면 과연 당신은 수긍하겠는가? 이웃이 스카이다이빙을 하다가 추락했든, 횡단보도에서 무고하게 버스에 치었든 당신과는 아무 상관없는 문제다. 남이 무릅쓴 위험에 대한 대가를 대신 지불하라고 강요받을 때 생기는 못마땅한 감정은 그들이 무릅쓴 위험의 크기와는 무관하다.

공평한 자리에서 위험전이원칙에 따른 세계를 선택하는 것이 불합리하다면 실제세계에서 이러한 원칙을 주장하는 것 역시 비도덕적이다. 진정으로 인간의 절실한 관심을 증진하고자 하는 꼭 필요한 의학실험이라 할지라도 도덕적으로 옳을 수 없다는 뜻이다. 인간이 스스로 무릅쓴 위험을 대신 해결해줄 목적으로 동물을 실험하는 것은 도덕적으로 정당하지 않다. 고통 받는 인간의 가장 절실한 관심을 해치는 문제를 해결하기 위한 동물실험도 마찬가지로 정당하지 않다. 마약중독에 관한 의학실험을 예로 들어보자.

켄터키대학에서는 밸륨Valium과 로라제팜Lorazepam에 의한 금단현상을 연구하려고 비글을 이용해 실험을 했다.[27] 개에게 강제로 마약을 중독시킨 다음 2주마다 안정제 주사를 중단하였다. 금단증상으로는 무의식적 근육떨림, 안면근육뻐침, 온몸전율, 장기간의 발작, 급격한 체중감소, 공포, 불안 등이 나타났다. 밸륨주사를 중단한 지 40시간이 지나자 9마리 중 7마리가 심각한 발작을 일으켰다. 4마리는 죽고 두 마리는 계속 발작을 하고, 2마리는 급격하게 체중이 감소했다.

다운스테이트의료센터의 한 연구소에서는 붉은털원숭이를 속박의자에 묶었다.[28] 원숭이들에게 버튼을 눌러 스스로 코카인을 주입할 수 있도록 훈련을 시켰다. 한 보고서에 따르면 실험원숭이들은 버튼을 계속 눌러댔으며 심지어 경련이 일어난 후에도 계속 눌러댔다. 그들은 잠도 자지 않았으며, 평소에 먹던 양의 5~6배되는 음식을 먹으면서도 몸이 계속 야위어갔다. 대부분 코카인에 중독되어 발작을 하다가 죽었다. 가끔씩 코카인 공급을 중단할 경우, 자신들의 털을 잡아 뽑고 급기야는 자신의 손가락과 발가락을 물어뜯어 버리기도 했다.

마약중독은 엄청난 인간의 비극이다. 마약중독은 '도덕적으로 정당한 범위 내에서' 가능한 모든 수단을 써서라도 도와주어야 한다. 하지만 직접적이든 간접적이든 위험전이원칙을 용인하는 실험을 하는 것은 도덕적으로 정당하지 않다. 마약중독을 치료하는 것은 중독자들의 가장 절실한 관심임에 분명하다. 그럼에도 그런 관심을 위험전이원칙을 통해 해결하려는 시도는 도덕적으로 정당화될 수 없다. 공평한 자리에서 이 원칙을 선택하는 것은 불합리하다. 따라서 이 원칙을 현실세계에서 주장하는 것은 비도덕적이다.

우리는 누구나 수많은 위험을 무릅쓰며 살아간다. 큰 위험도 있겠지만 대부분 사소한 위험들이다. 그래서 우리는 그런 위험을 무릅쓴다는 사실조차 알지 못한 채 살아간다. 삶은 도박이다. 전기주전자 코드를 꽂을 때마다, 출근길에 운전을 할 때마다(또는 길을 걸을 때마다), 수도꼭지를 틀어 물을 마실 때마다, 담배연기 자욱한 술집에서 숨을 쉴 때마다, 나는 위험을 무릅쓴다.

오늘날 가장 큰 인류의 위협은 심장병과 암이다. 이러한 병은 상당부분 생활습관에 의해 발생한다. 심장병과 암으로 고생하는 사람들은 대개 자기가 결정한 선택으로 상당부분 스스로 병을 초래한 것이다. 적어도 이것은 오늘날 상식이다. 운동도 하지 않고 고지방식단을 먹으면 심장병에 걸릴 확률은 상당히 높아진다. 담배를 피운다면 폐암과 심장병에 걸릴 확률도 따라서 높아진다. 이런 사실에 이의를 제기하는 사람은 없을 것이다.

그렇다면 우릴 괴롭히는 질병 중에서 많은 유형이 상당한 범위까지, 스스로 선택한 결과에서 비롯되었을 확률이 높다. 결국 이 말은, 인간이 스스로 선택한 위험을 동물에게 떠맡긴다는 뜻이다. 우리는 이런 상황이 당연하다고 생각한다. 이 때문에 실험 대상이 되는 동물들이 고통을 당한다. 이제는 자신의 선택을 다른 사람이나 동물이 대신 고통을 짊어져주길 바라지 말고 우리 스스로 책임을 져야 한다. 그렇게 하지 않는 것은 위험전이원칙을 용인하는 행위다. 또한 위험전이원칙을 인정하는 것은 도덕적으로 사악한 행위다.

물론 우리가 겪는 고통을 모두 우리 스스로 선택한 결과라고 주장하는 것도 우스꽝스러운 일이다. 헤로인 중독자와 백혈병으로 고통 받는 아이는 전혀 다르다. 백혈병은 자신이 선택해 발생한 증상이라 볼 수 없다. 이런 질병에 관한 동물실험은 괜찮지 않을까? 이런 경우 동물사용은 도덕적으로 허용되지 않을까?

이러한 문제는 다소 논란이 있을 것이다. 하지만 나는 궁극적으로 이 역시 동물실험은 부당하다고 생각한다. 다시 한번 우리는 이렇게 되물어야 한다.

"우리는 생후 6개월 된 부모 없는 아기를 대상으로 이런 실험을 할 것인가?"

인간유아를 사용하는 것과 예컨대, 6개월 된 비글을 사용하는 것은 무슨 차이가 있는가? 도덕적으로 적절한 차이를 찾을 수 없다면, 또 그러한 차이가 없다면, 아기를 실험하는 것이나 동물을 실험하는 것이나 모두 똑같이 부도덕하다.

또는, 이웃이 행글라이더를 타다가 간을 다친 것이 아니라 어쩔 수 없는 이유로 간을 다쳤다고 가정해보자. 예컨대 강도에게 총을 맞았거나, 유전적인 질병이 발병했다. 스스로 위험을 무릅쓴 것이 아니다. 어쨌든 당신은 간을 내놓아야 한다. 그러면 당신이 자율성을 상실한다는 사실에는 어떤 차이가 생기는가?

당신의 자율성이 훼손되는 것은 그가 스스로 처한 위험으로 인해 간을 잃었을 때나 그렇지 않을 때나 전혀 다르지 않다. 그래서 만약 위험전이원칙이 전체적으로 너무나 위험하고, 특히 자율성을 훼손하기 때문에 불합리하다면 해악전이원칙 harm transferability principle 또한 당연히 그럴 것이다. 해악전이원칙이란 자신의 해악을 다른 사람에게 전이할 수 있다는 원칙이다. 공평한 자리에서 어떤 사람의 고통을 덜어주기 위해 다른 개인들에게 그 고통을 전가할 수 있는 세상을 선택하는 것은 불합리하다. 이 말이 옳다면 현실세계에서 그러한 행위를 용인하는 것 역시 옳지 않다.

요약

거의 모든 생체실험은 인간의 절실한 관심에 부합하지도 않고 기여하지도 않는다. 그 이유는 다음 세 가지로 정리할 수 있다.

첫 번째, 많은 생체실험이 인간의 절실한 관심을 증진하려는 '목표'는커녕 그러한 '의도'도 없이 실행된다. 오히려 인간의 생명, 건강, 행복과는 거리가 먼 관심에만 몰두한다.

두 번째, 인간의 절실한 관심을 증진하려는 생체실험이라 할지라도, 그만큼 '효과'가 없다. 동물은 해부학, 생리학, 유전학, 면역학, 조직학의 측면에서 인간과 다르다. 그래서 동물실험 결과를 인간에게 대입하는 것은 매우 어렵고 때로는 위험하기까지 하다.

세 번째, 생체실험은 인간의 절실한 관심을 증진하는 데 전혀 '필요' 없는 것일 때가 많다. 실험에서 얻어내려는 정보가 이미 존재하거나 다른 방법으로 얻을 수 있는 것이기 때문이다. 인간을 괴롭히던 대다수의 죽을병들이 19세기와 20세기 초 의학적 연구가 아닌 주거환경, 작업환경, 상수도, 위생의 개선만으로도 훌륭하게 극복되었다는 사실만으로도 알 수 있다. 20세기 후반 엄청난 동물실험이 진행되었음에도 그 효과는 매우 미미하다.

인간의 절실한 관심을 증진하려는 의도도 없고, 그러한 관심에 효과적으로 기여하지도 못하고, 이러한 관심을 증진하는데 필요하지도 않은 생체실험은 정당성이 없는 생체실험이다. 공평한 자리에서 이러한 생체실험을 수행하는 세상을 선택하는 것은 불합리하다. 따라서 실제세계에서 그러한 생체실험을 용인하는 것은 도덕적이지 않다.

그럼에도 인간의 절실한 관심을 증진하는 결과를 낳는 생체실험이 조금은 있을지 모른다. 또한 인간의 절실한 관심을 증진하는 데 필요한 생체실험이 있을 수도 있다. 그러한 생체실험은 정당성이 있을 수 있지만 그럼에도 여전히 '정당하지 않다.' 이러한 생체실험이 정당하지 않다는 논증을 이론적으로 뒷받침하는 근거는 바로 '위험전이원칙'과 '해악전이원칙'이다. 공평한 자리에서 이러한 원칙을 선택하는 것은 개인의 자율성을 무참히 훼손할 뿐만 아니라 매우 위험하다. 따라서 이 원칙들은 전혀 도덕적이지 않다. 인간의 절실한 관심을 효과적으로 증진하는 생체실험이 존재한다고 하더라도 그것을 정당화하는 이유는 될 수 없다.

동물원은 인간의 절실하지도 않은 관심이나
동물원이 효과적으로 증진하지도 못하는 관
심을 증진한다는 명목으로 동물의 가장 절
실한 몇몇 관심을 희생시킨다.

7
–
동물원

우 리는 지금까지 많은 지면을 할애해 인간이 동물에게 하
는 두 가지 행위 — 동물사육/도축과 동물실험 — 를 살
펴보았다. 사실 이 두 문제는 까다로운 문제다. 역사적으로 보
면, 무구한 시간 동안 동물을 먹어오면서도 우리는 식육행위에
대해 어떠한 부자연스러움도, 의구심도 느끼지 못했다. 또한 오
랫동안 동물실험이 인간의 건강과 행복의 토대가 된다는 이야
기를 들어오면서 동물실험의 정당성을 의심하지 않았다. 그런
이유로 이 행위들에 대한 굳건한 믿음을 허무는 데 상당한 시간
과 노력, 그에 따른 날카로운 논증이 필요했다.

하지만 인간이 동물에게 저지르는 나쁜 행위는 여전히 많이
남아 있다. 이러한 행위들에 대한 논의는 앞의 사안들만큼 오래
걸리지는 않을 것이다. 이 장에선 동물원에 대해 이야기한다.[29]

동물원과 공평한 자리

동물원 zoo는 원래 동물학공원 zoological garden을 줄여
부르는 말로, 간단히 말해서 사람들에게 동물을 보여주는 공공

유원지다. 동물원은 도덕적으로 정당할까? 이 문제를 살펴보려면, 우리는 또다시 공평한 자리에 서야 한다. 공평한 자리에서, 동물원이 존재하는 세계를 선택하는 것이 합리적인가? 그렇다면, 동물원은 도덕적으로 정당하다. 그렇지 않다면, 도덕적으로 정당하지 않다. 동물원 문제를 따져보기 위한 공평한 자리에서는, 당신이 동물을 구경하는 인간이 될지, 아니면 동물원에 감금된 동물이 될지 알지 못한다. 각각의 경우에 당신이 무엇을 얻고 무엇을 잃을지 가늠해 보아야 한다. 이런 판단을 하고 나면, 동물원이 있는 세계를 선택하는 것이 옳은지, 옳지 않은지 결정할 수 있다.

동물의 처지에서 본 동물원

당신이 동물원에 갇힌 동물이라면, 무엇을 잃겠는가? 가장 분명한 것은 자유다. 1장에서 '소극적 자율성'이란 내가 원하는 것, 또는 내가 선택한 것을 할 수 있는 상태라고 설명했다. 자신이 무슨 일을 하는지 알고 있으며, 행동을 강제하는 외부의 영향을 받지 않고 자신의 의도대로 행동하는 능력이다. 동물원에 갇히는 것은 분명히 어떠한 동물에게든 자율성에 깊은 상처를 준다.

동물의 가장 자연스런 행동은 대부분, 부자연스러운 환경에 의해 뒤틀려버린다. 자신만의 방식대로 먹이를 사냥하거나 채집하지 못한다. 여기저기 돌아다니고, 때로는 먼 거리를 여행하기도 하고, 먹이를 쫓아다니는 등, 다양한 활동을 할 수 있는 공간을 갖기 힘들다. 또한 자신만의 적절한 사회질서를 구성하지 못한다. 실제로 동물원에서 동물들은 고독하게 홀로 살아가야만 한다.

동물이 하고자 하는 행동 중 많은 부분은 수백만 년 동안 진화를 거쳐 형성된 결과이다. 이러한 행동을 우리는 '자연습성'이라 한다. 부자연스러운 환경에서 자연스러운 행동을 할 수 없는 것은 당연하다. 동물원은 가장 대표적인, 매우 부자연스러운 환경이다. 따라서 동물원에선 동물들이 하고 싶어 하는 많은 행동을 하지 못한다. 자율성을 박탈하는 것이다.

이 모든 것은 틀림없는 사실이다. 동물의 자율성을 박탈하는 행위는 동물의 가장 절실한 관심을 꺾는 것임에 틀림없다. 우리 삶이 가치 있는 것은 내가 원하는 행동을 할 수 있기 때문이다. 적어도 그런 행동을 할 수 있는 시간만큼은 궁극적으로 가치 있는 삶을 살 수 있다. 따라서 자율성을 박탈하는 행위는 곧, 삶을 가치 있게 만드는 고갱이를 짓밟는 일이다. 공평한 자리에서 당신은 '동물을 동물원에 가두는 행위는 동물의 가장 절실한 관심 중 하나를 짓밟는 일임에 틀림없다'는 사실을 안다.

동물원의 환경은 대부분 단순히 자연스럽지 않은 정도가 아니라, 동물에게 고통을 준다. 단적으로 한 예를 들어보자. 늑대는 민감한 사회적 동물로서 밤에 사냥을 할 때는 80킬로미터나 멀리 떨어진 숲 속까지 헤매고 다닌다. 스페인의 한 동물원의 작고 황량한 콘크리트 사육장에 홀로 격리되어 사는 늑대를 떠올려 보라. 그 불행한 늑대의 삶이 이루 말할 수 없이 비참할 것이라는 사실은 굳이 별다른 지식이나 상상력을 동원하지 않더라도 느껴지지 않는가?

자율성의 상실과 더불어, 처음에 동물이 동물원에 어떻게 잡혀오는지도 생각해봐야 한다. 예컨대 침팬지를 야생에서 포획할 때 일반적인 절차는, 어미를 총으로 쏴 죽이고 새끼를 잡아온다. 견디기 힘든 공포와 충격 속에서 사로잡힌 상태로, 수송선에 갇혀 어딘지도 모르는 곳으로 ― 대개 먼 거리를 ― 이동한다.

다시 말하자면 동물원은 일반적으로 동물의 가장 절실한 몇몇 관심을 짓밟는 공간이며, 동물들이 처음에 동물원으로 잡혀오는 과정 역시 상당한 고통을 수반하는 경우가 많다. 이는 공평한 자리에서 당신이 아는 사실이다.

인간의 처지에서 본 동물원

동물원은 인간에게 어떤 이득을 주는가? 동물원을 통해 인간이 누리는 이득은 무엇일까? 물론 상대적으로 그다지 중요하지 않은 이득이지만 말이다. 동물원이 정당하다는 주장은 다음 네 가지 이득에 호소한다.

1. 동물원은 즐거움을 준다.
2. 동물원은 사람들에게 동물에 대한 교육적 기능을 한다.
3. 동물원은 과학연구에 이바지한다.
4. 동물원은 멸종동물을 보호하는 역할을 한다.

이들 주장을 하나씩 살펴보자.

동물원은 즐거움을 준다 : 사람들은 즐거움을 얻고자 동물원을 찾는다. 대부분 '휴일'에 몰려들기 때문에 한꺼번에 몰려드는 사람들을 수용하기 위해 동물원은 시설을 늘려야 하고, 이로 인한 비용을 충당하기 위해 동물원들은 대부분 '어린이 세상'과 같은 수익시설을 운영한다. 샌디에이고 동물원처럼 아주 수준 높은 동물원조차 '춤추는 곰' 같은 동물놀이공원을 운영한다.

즐거움을 찾고자 하는 관심도 중요하긴 하지만 자율성을 갖고자 하는 관심과는 비교할 수 없다. 자율성을 갖고자 하는 것은 절실한 관심이지만 즐기고 싶은 것은 절실한 관심이 아니다. 문제는 이렇게 간단하다. 공평한 자리에서, 즐기고 싶은 상대적으로 표면적인 관심에 의해 자율성이라는 내면적이고 핵심적인 관심이 일상적으로 짓밟히는 세상을 선택하는 것은 불합리하다. 바로 당신이 자율성이 짓밟히는 동물 중 하나가 될 수 있기 때문이다.

따라서 현실세계에서 표면적인 관심이 삶의 절실한 관심을 짓밟을 수 있는 제도를 용인하는 행위는 비도덕적이다. 동물원이 '즐거움'을 주기 때문에 정당하다는 주장은 분명 이러한 생각에 기초한다.

동물원은 사람들에게 동물에 대한 교육적 기능을 한다 : 동물원을 옹호하는 사람들은 어떠한 경우라도, 오락과 여흥을 제공하는 것이 동물원의 본래 기능이라 말하지 않는다. 그들은 대개 동물원의 교육적 측면을 강조한다. 동물원은 사람들에게 동물의 특징과 습성에 대한 교육을 하며, 그리하여 사람들로 하여금 자연세계에 대한 관심, 멸종위기 동물보존, 서식지 보존 등의 중요성을 일깨워주는 역할을 하기 때문에 중요하다고 말한다.

이러한 주장은 받아들이기 힘들다. 우선, 동물원이 어떠한 막중한 교육적 임무를 수행한다는 주장은 현실에 입각하여 볼 때 전혀 사실이 아니다. 한 연구보고서에 따르면, 동물원을 방문하는 사람들이 동물에 대해서 갖는 편견이나 보통사람들의 편견이나 별반 다르지 않다. 방울뱀을 싫어하는 사람은 73퍼센트, 독수리를 싫어하는 사람은 52퍼센트, 코끼리를 싫어하는 사람은 4퍼센트라는 것은 동물원 방문객이나 일반인이나 똑같이 일치한다. 이 보고서는 또한 동물에 대해 전혀 모른다고 하는 사람들에 비해 동물원을 방문하는 사람들의 동물에 대한 지식이 전혀 높지 않다는 것을 보여준다.[30]

또 다른 보고서는 미국인들을 대상으로, 동물을 묘사할 때 어떤 표현을 가장 많이 사용하는지 조사하였다. 귀여운^{cute} 웃기게 생긴$^{funny-looking}$ 게으른^{lazy} 불결한^{dirty} 기괴한^{weird} 이상한^{stange} 따위가 가장 대표적인 표현들이었다.[31] 이것이 과연 교육받은 결과인가? 동물원이 스스로 주장하는 교육적 임무를 수행하는 데 완전히 실패한 이유는, 동물원들이 교육에 실질적인 노력을 기울이지 않는다는 사실뿐만 아니라, 동물원을 방문하는 사람들 대다수가 이런 의도에 무관심하며 그 가치를 음미하려 하지 않기 때문이라고 여겨진다.

동물원이 내세우는 교육적 목표를 달성하지 못했다는 사실보다 훨씬 심각한 문제는, 동물원이 나아가야 할 올바른 성공의 모형이 무엇인지조차 알지 못한다는 사실이다. 동물원이 사람들에게 가르쳐야 하는 것은 무엇일까? 동물의 생리학에 관한 내용일까? 동물의 습성에 관한 내용일까? 그렇다면 동물을 왜 감금상태에 두어야 하는 것일까? TV, 영화, 강의를 통해 이런 목표를 달성할 수는 없을까? 멸종위기에 처한 동물에 대한 어떤 안타까움을 느끼기 위해 동물원이 필요한 것일까?

다시 한 번 말하지만, 이런 교육적 목표를 달성하기 위해서 동물을 가둬 두어야 하는 이유는 무엇일까? 동물에 대한 연민을 더 느끼라고? 동물을 가둬 두는 것이 이러한 목표를 성취하는데 조금이나마 도움이 되는 것일까? 동물원은 자신들이 말하는 교육적인 목표를 수행하는데 실패했을 뿐만 아니라 그 이전에, 그러한 목표를 위해 왜 동물을 감금해야 하는지 그 까닭을 전혀 설명하지 못한다.

동물원이 교육적 기능을 하는 곳이라는 주장을 설령 받아들인다고 해도, 여전히 문제는 남는다. 이 세계의 어떠한 측면을 이해하고자 하는 '지적 관심'이 자유롭게 살고자 하는 '생존의 관심'과 동등한 절실한 관심이라고는 볼 수 없다. 우리는 또다시 절실하다고 할 수 없는 인간의 관심을 위해 동물의 절실한 관심을 침해하는 행위를 하고 있는 것이다. 공평한 자리에서, 이러한 침탈이 일상적으로 벌어지는 세상을 선택하는 것은 불합리하다. 따라서 현실세계에서 그러한 침탈을 용인하는 것은 비도덕적이다.

동물원은 과학연구에 이바지한다 : 동물원의 혜택으로 자주 언급되는 것으로 동물원이 과학연구에 이바지할 가능성이 있다는 것이다. 우리는 이미 앞 장에서 이 문제를 다루었다. 과학연구를 위해 동물원의 동물을 사용하는 일은 앞서 보았듯이 다음 세 가지 조건 중에 하나라도 해당한다면 정당성이 없다.

① 인간의 절실한 관심을 증진하려는 의도가 없는 경우

② 인간의 절실한 관심을 증진하는 효과가 별로 없는 경우

③ 인간의 절실한 관심을 증진하는 데 필요가 없는 경우

물론 이러한 조건에 해당하지 않는다고 해서, 동물에 대한 실험이 도덕적으로 정당화되는 것은 아니다.

동물원은 또한 과학연구에 재정적 지원을 한다고 주장한다. 동물원이 내세우는 과학연구는 크게 두 가지가 있는데, 동물들의 자연서식지(현장) 연구와 이미 감금된 동물들에 대한 연구다.

하지만 동물원이 서식지 연구를 후원할 이유는 무엇일까? 실제로 서식지 연구를 조금이라도 지원하는 동물원은 거의 없으며, 동물원의 지원 자금규모 역시 정부와 비정부단체에서 지원하는 자금에 비춰 볼 때 극히 미미할 뿐이다. 동물원 입장에서 진짜 중요한 연구는 동물원에 갇혀있는 동물을 대상으로 수행하는 연구다. 습성연구와 해부학/생리학연구로 크게 나누어 볼 수 있다.

하지만 동물원 동물을 대상으로 행하는 습성연구의 가치는 지극히 의심스럽다. 동물원은 동물들에게 매우 비정상적인 환경을 제공하며, 이러한 비정상적인 환경은 필연적으로 비정상적인 행동을 낳기 때문이다. 따라서 동물의 습성을 알아내는 것이 목적이라면, 감금된 동물을 연구하는 것은 바람직하지 않다. 야생상태의 동물을 연구해야 더 정확한, 따라서 더 의미있는 결과를 얻을 수 있다.

해부학/생리학연구는 동물원 연구의 가장 일반적인 형태다. 이러한 연구를 하는 목적은 무엇일까? 우선, 동물원에 있는 동물들의 건강을 개선하는 것이다. 이는 기특한 목표이긴 하지만 동물을 동물원에 가둬야 한다는 사실을 전제로 하는 경우에만 타당하다. 동물원에 갇혀있는 동물들의 건강을 개선하기 위해 동물원이 유용한 연구를 수행한다고 해서, 동물원에 동물들을 가두는 것이 타당하고 말할 수는 없다. 판단력을 상실한 사람이 아니라면 누구나 쉽게 알 수 있는 논리적 오류다. 철학계에서는 이것을 '순환논증'이라고 한다. 논증하려는 결론 — 동물원에 동물을 가두는 것이 정당하다는 결론 — 을 전제로 미리 깔고 있다.

동물원에서 이루어지는 해부학/생리학연구의 또 다른 목적은, 그들의 주장에 따르면 인간의 건강에 기여하는 것이다. 인간 질병에 대한 동물모형을 제시함으로써 인간의 건강에 기여를 한다는 주장인데, 그러한 동물모형은 어떻게 제시할 수 있는 것일까?

사실, 그런 모형은 결코 제시할 수 없다. 이유는 동물원 동물에서 얻어낸 결과는 기존의 임상실험 ─ 동물을 대상으로 한 실험이든, 인간을 대상으로 한 실험이든 ─ 에서 얻어낸 결과와 다를 확률이 높다. 더욱이 대다수의 국가들은 동물원 동물을 실험대상으로 삼는 것을 실험실 동물을 실험대상으로 삼는 것보다 까다롭게 규제한다(그런 까닭에 실험실 동물을 대상으로 한 실험이 훨씬 거침없으며, 노골적으로 잔인하다). 이는 결국 동물원 동물을 대상으로 해부학/생리학실험을 하는 것 자체가 불필요하거나 무의미하다는 뜻이다.

예를 하나 들어보자. 인간과 동물원 동물, 즉 근본적으로 같은 도시환경에 사는 두 집단 모두 오염된 공기를 들이마심으로써(또 실제로는 울타리나 차단벽에 발라진 페인트를 씹어 먹음으로써) 같은 증상 ─ 예컨대, 납중독 ─ 이 나타날 것이라는 가설을 증명하기 위한 연구가 실시된 적이 있었다. 이런 가설이 사실이라 가정해보자. 먼저 납중독으로 고통 받는 수많은 사람들을 모아 연구하여 먼저 인간의 납중독 모형을 만들 수 있을 것이다. 자, 이제 동물의 납중독 모형을 만들 차례이다. 이를 위해 여러 동물원들이 제공한 동물을 몇 마리 모아서 연구를 할 것이다. 제대로 된 질병모형이 나올 수 있을까? 아무리 한다고 해도, 유용한 데이터는 나오지 않는다.

동물원에서 실시하는 연구가 인간의 질병모형을 제시하는데 유용하다 하더라도, 실험실 동물 실험의 정당성을 판단한 기준으로 동물원 동물실험의 정당성도 판단해야 할 것이다. 앞 장에서 논증한 내용이 옳다면, 동물원 동물실험이 인간의 절실한 관심을 효과적으로 증진한다 하더라도 도덕적으로 옳을 수 없다.

동물원 동물을 대상으로 하는 해부학/생리학연구의 마지막 목표는 동물원의 주장에 따르면, 동물을 위한 지식을 얻는 것이다. 나는 지식에 반대하지 않는다. 지식이라고 할 수 있는 것이라면 무엇이든 가치가 있다. 하지만 목표가 수단을 정당화하지는 않는다. 우리는 흥미로운 지식을 얻을 수 있다고 해서 어린 아이를 실험대상으로 삼지 않는다.

인간은 근본적으로 호기심이 많은 동물이다. 지식을 탐구하지 않는 삶은 살 가치조차 없는 삶이라고 생각하는 사람도 있을 것이다. 그럴 수 있다. 하지만 우리의 지적 호기심을 채우는 방법은 다양하다. 동물이 고통을 겪어야 할 필요는 전혀 없다.

동물원은 멸종동물을 보호하는 역할을 한다 : 동물원의 정당성을 역설할 때 자주 등장하는 주장으로, 동물원이 멸종위기에 처한 동물을 보호하는 데 도움된다는 것이다. 동물원의 번식프로그램은 실제로 상당한 성과를 올리고 있다. 그런 성과가 없었다면, 사실상, 유럽들소, 몽골야생말은 이미 사라져 버렸을 것이다. 하지만 동물원의 이러한 역할을 과장해서는 안 된다.

첫 번째, 실제로 이러한 번식프로그램을 실시하는 동물원은 극소수에 불과하다. 또한 이미 실행되는 번식프로그램 역시 대부분 심각한 멸종위기에 처한 동물을 위한 것이 아니다. 따라서 이러한 주장은 기껏해야 극소수의 경우에만 타당하다.

두 번째, 동물원의 주요 번식프로그램은 대부분 번식만을 전문적으로 수행하기 위해 설립한 별도의 시설에서 이루어진다. 이런 시설은 동물원 방문객들의 발길이 닿지 않는 곳에 있다. 예컨대 미국 브롱스동물원은 조지아주 세인트캐서린 섬에 희귀동물생존센터를 운영한다. 미국국립동물원은 버지니아주 세난도아벨리에 종보존연구센터를 운영한다.

하지만 대다수의 동물원들은 이러한 의미 있는 번식프로그램을 수행하기 위해 인력을 고용하지도 않고, 시설을 만들지도 않는다. 동물원의 목적이 진정으로 멸종위기에 처한 동물을 보호하는 데 이바지하는 것이라면, 동물원 전체를 거대한 규모의 번식센터로 대체해야 할 것이다.

공평한 자리에서 본 동물원

당신이 인간인지 인간에게 잡혀 동물원에 처넣어지는 동물인지 알지 못하는 공평한 자리에서 당신은 동물원이 존재하는 세계를 선택할 것인가? 그것은 불합리한 선택이다. 동물원이 존재하는 세계를 선택하는 것은, 자율성 측면에서 동물이 갖는 절실한 관심을 짓밟아 동물원에서 얻는 인간의 상대적으로 사소한 관심을 충족시키는 행위다.

축산업과 동물실험에서 경험한 패턴이 동물원에 대한 논의에서도 그대로 반복된다. 즐거움은 인간의 절실한 관심이 아니다. 동물원을 정당화하는 것은 공평한 자리에서 볼 때, 불합리하다.

또한 교육과 과학연구가 인간의 절실한 관심이라고 해도, 동물원은 그러한 관심을 효과적으로 증진하지 못한다. 그래서 다시 한 번 말하지만, 이러한 이유에 호소하여 동물원을 정당화하려는 주장은 공평한 자리에서 볼 때 불합리하다.

물론 멸종위기에 처한 동물을 보호하려는 노력은 — 적어도 환경주의자들의 주장에 따르면 — 인간의 절실한 관심이라 할 수 있다. 하지만 동물원들은 이러한 관심을 증진하는 데 필요하지도 않고, 효과적이지도 않다. 따라서 이러한 이유에 호소하여 동물원을 정당화하는 것은 공평한 자리에서 볼 때, 또다시 불합리하다.

동물원의 정당성을 주장하는 이유는 모두 같은 결점을 가지고 있다. 인간에게 절실하지도 않은 관심에 호소하거나, 동물원이 효과적으로 증진하지도 못하는 관심에 호소함으로써 동물에게 절실한 관심을 희생시키는 것이 정당하다고 주장한다. 공평한 자리에서 이러한 맞교환이 이루어지는 세계를 선택하는 것은 불합리하다. 따라서 현실세계에서 그러한 맞교환을 용인하는 것은 비도덕적이다.

요약

동물원은 인간의 절실하지도 않은 관심이나 동물원이 효과적으로 증진하지도 못하는 관심을 증진한다는 명목으로 동물의 가장 절실한 몇몇 관심을 희생시킨다. 공평한 자리에서 이러한 불

공평한 맞교환이 일어나는 세계를 선택하는 것은 불합리하다. 현실세계에서 이러한 맞교환을 용인하는 것은 비도덕적이다. 동물원은 도덕적으로 정당하지 않으며, 폐쇄되어야 마땅하다.

사냥은 사냥의 대상이 되는 동물의 가장
절실한 관심을 꺾어버리는 행위다.

8
–
사냥

•

•

•

공평한 자리에서, 인간의 절실하지 않은 관심에 부합하고 기여하기 위해 동물의 절실한 관심을 침해하는 세상을 선택하는 것은 불합리하다. 어떤 상황이든 예외는 없다. 공평한 자리에서, 당신은 인간이 될지 동물이 될지 모르기 때문이다. 따라서 현실세계에서, 그런 상황을 용인하는 것은 비도덕적이다. 축산업, 생체실험, 동물원이 옳지 않은 것은 바로 이것 때문이다.

사냥 역시 이와 마찬가지로, 거의 모든 면에서 똑같다. 사냥에는 동물을 죽이는 행위가 반드시 포함된다. '생명을 죽이는 행위'는 당연히, 그 대상이 갖는 절실한 관심을 모조리 짓밟는 것이다. 사냥이 그에 준하는 인간의 관심에 부합하거나 기여하는 행동이 아니라면, 사냥이 벌어지는 세계를 공평한 자리에서 하는 선택은 불합리하다. 거의 모든 사냥은 인간의 절실한 관심에 부합하거나 기여하지 않는다. 따라서 거의 모든 사냥은 비도덕적이다.

사냥이 정당한 경우

사냥이 정당한 경우는 인간의 절실한 관심에 부합하고 기여할 때뿐이다. 쉽게 말해서, 사냥을 하는 사람의 생명이나 건강을 지키기 위해 사냥을 꼭 해야 하는 경우에만 허락된다는 뜻이다. 인간은 대부분 이런 경우에 해당하지 않는다.

하지만, 고기를 먹지 않으면 살 수 없는 '생존의 극한상황'에서 유지되는 인간사회도 있다. 이유는 간단하다. 식물성 단백질 공급원이 희귀하거나 전혀 존재하지 않기 때문이다. 이누이트는 분명한 예라 할 수 있다. 그런 경우 인간은 사실상 육식동물, 즉 고기를 먹지 않고는 살지 못하는 동물로 분류해야 한다. 공평한 자리는 그런 사람들이 고기를 먹는 행위마저 도덕적으로 거부하지 않는다.

공평한 자리에서 이누이트 같은 사람들이 고기를 먹는 행위마저 금지해야 한다고 규정하는 것은 불합리하다. 그런 규정은 결국 그들을 죽음으로 몰아넣는 것이기 때문이다. 더 보편적으로 말하자면, 어떠한 이유에서건 고기를 먹지 않고서 살 수 없는 인간집단이 존재한다면 그들은 육식동물과 같은 선상에서 다루어져야 한다. 곧 살펴보겠지만, 그런 사람이나 동물이 고기를 먹는 것은 지극히 정당한 행위다. 더 나아가 그들이 잡아먹는 동물을 구해 주어야 할 의무 역시 없다.

하지만 이런 규정이 허용되는 경우는 극소수에 지나지 않는다. 살아남기 위해, 또 건강을 유지하기 위해 꼭 동물을 죽여야 하는 인간의 사냥행위는 문제되지 않는다. 물론 그것도 자신의

절실한 관심을 충족하는 데 꼭 필요한 만큼만 죽이는 것이 허용
될 뿐이다.

예컨대 당신이 1년 동안 생존하기 위해 물개 50마리가 필요
하다고 가정해보자. 그렇다면 당신이 1년 동안 물개 50마리를
잡는 것은 정당한 권리가 될 수 있다. 하지만 물개 가죽을 시장
에 내다팔기 위해, 또는 수산업자가 물고기 어획량을 늘리기 위
해 물개를 잡아주면 돈을 주겠다고 해서, 1,000마리를 잡는 것
은 결코 정당화될 수 없다. 이는 생존과 건강을 위해 반드시 필
요한 범주에 속하는 것이 아니며, 따라서 인정할 수 있는 동물
사냥의 경계를 넘어선 것이다.

사람마다 자신이 살고 싶은 곳을 선택할 수 있다면, 동물을
사냥해야만 생존할 수 있는 곳에 살겠다는 사람들은 비난의 대
상이 될 수도 있다. 하지만 현실세계에서는 그러한 선택이 어렵
다. 생존의 극한상황에서 살아가는 사람들에게 그런 선택권이
없다는 것은 더더욱 분명하다. 그런 몇몇 사람들이 동물 몇 마
리 죽이는 문제에 신경 쓸 여유가 있다면, 우리 주변을 먼저 신
경 쓰는 것이 바람직하다(예컨대, 대규모 축산농장에서 잔인하게 사
육되는 동물들을 떠올려보라!).

사냥을 정당화하려면 생명과 건강이 가장 중요한 기준이 되
어야 한다고 말했다. 그렇다면 다른 요인, 예컨대 '행복'은 기준
이 되지 못할까? 예컨대 사냥만이 인생의 유일한 행복이라고 주
장하는 사람이 있다면 어떻게 할까? 사냥을 하지 못하게 하면
차라리 죽어버리겠다고 말하는 사람이 있다면 어떻게 할까? 그

런 사람들에게 사냥은 절실한 관심이 아닐까?

　이러한 주장을 나는 두 가지 이유로 반박하겠다. 첫 번째, 아무리 그러한 욕구가 강렬하다고 하더라도, 행복은 생명과 건강과 대등할 정도로 절실한 관심이 되기는 힘들다. 실제로 우리 주변에는 특별히 행복을 느껴본 적 없이 살았다고 말하는 사람들이 많다. 그 중에서 자신의 삶이 살 가치도 없다고 말하는 사람은 몇 명이나 있는가?

　두 번째, 인간이 느끼는 행복은 무한하다고는 할 수 없겠지만 어디서든 찾을 수 있다. 어떤 것이 너무나 소중하여 그것 없이는 살 가치조차 없다는 말은, 한마디로 자신의 경험이 너무나 미천하다는 것을 스스로 입증하는 것에 불과하다. 우리 인간은 다양한 방식으로 행복을 도모할 수 있다. 어떤 특별한 대상이 자신에게 너무나 소중해서 결코 포기 못 한다는 말은 대부분, 경험이 미천하여 비교할 만한 적절한 경험이 없기 때문이다.

동물의 사냥과 인간의 사냥

"인간이 동물을 사냥하는 것과 동물들이 서로 잡아먹는 것은 뭐가 다른가?"

　이는 사냥이 정당한 행위라는 주장의 근거로 사람들이 가장 흔히 내세우는 논리다. 늑대가 순록을 사냥하는 행동이 도덕적으로 잘못이 아니라면, 우리가 순록을 사냥하는 행동은 왜 잘못된 것인가? 반대로 우리가 순록을 사냥하는 행동이 도덕적으로 잘못이라면, 늑대가 순록을 잡아먹는 행동에 대해서는 왜 비난하지 않는가?

인간과 늑대가 다른 점은 두말할 나위도 없이, 늑대는 도덕적 능동인이 아닌 반면 인간은 도덕적 능동인이라는 사실이다(도덕적 능동인/피동인에 대해서는 3장에서 설명했다). 늑대는 자신이 선택한 도덕원칙에 비춰 자기 행위를 냉정하게 되돌아봄으로써 도덕적 평가를 내릴 수 없다. 따라서 늑대가 순록을 잡아먹었다고 해서 도덕적으로 비난할 수 없다.

하지만 여기서 우리는 한 걸음 더 나아갈 수 있다. 늑대의 행동을 비난할 수 없다고 하더라도, 우리는 늑대에게 잡아먹히는 순록을 돌봐야 하지 않을까? 예컨대 '의도하지 않은 위협'이라 하더라도 그로 인해 피해를 보는 사람이 있다면 우리는 그런 피해자를 보호해야 한다. 예를 한번 들어보자.

갓난아기가 장전된 총을 만지고 놀다가 지나가는 행인을 향해 쏘았다. 이 아기는 도덕적 능동인이 아니기 때문에 비난받아야 할 어떠한 책임도 지지 않는다. 말하자면 '의도하지 않은 위협'이다. 그럼에도 내가 갓난아기와 가까우면서도 안전한 위치에 있다면, 아기에게서 총을 빼앗는 것은 도덕적 의무이다. 위험에 빠진 행인에게 도움을 주어야 한다. 이와 마찬가지로 순록을 잡아먹는 늑대를 비난할 수 없다 하더라도, 순록을 도와줘야 할 의무가 우리에게 있는 것은 아닐까?

하지만 먹이가 되는 동물을 도와주어야 하는 보편적인 의무가 우리에게 있다는 주장은 어리석은 주장에 불과하다. 인간과 육식동물들 사이에는 커다란 차이가 존재한다. 우리는 고기를 먹지 않아도 살 수 있다. 하지만 육식동물은 고기를 먹지 않으면 살 수 없다. 육식동물은 기본적으로, 풀을 소화할 수 있는 기능이 없다(우선, 소화관이 너무 짧다). 육식동물은 고기를 먹어야 하고, 고기를 먹지 못하면 죽는다.

이런 점을 염두에 두고 공평한 자리에 서보라. 당신은 육식동물로 태어날지 초식동물로 태어날지 모른다. 그렇다면, 이 세상이 어떠했으면 좋겠는가? 특히, 당신이 먹이를 잡아먹으려 달려들 때마다 인간이 끼어들어 방해하는 세상이 되었으면 좋겠는가? 동물도 모두 사냥을 하지 못하게 하는 세상을 선택하는 것은 불합리하다. 그런 선택을 했다면, 당신이 육식동물로 판명되었을 경우 굶어 죽을 수밖에 없는 처지가 될 것이다.

초식동물로 판명된다 하더라도, 이것은 불합리한 선택이다. 공평한 자리에서 당신이 아는 또 다른 사실 하나는 — 공평한 자리에서는 자연세계의 보편적인 법칙을 모두 알고 있다 — 포식자가 사냥을 할 때 상대 동물집단에서 약한 동물을 가려낸다는 것이다. 예컨대 한 무리의 늑대들이 순록을 사냥할 때, 상당한 시간을 들여 순록무리에 여러 차례 거짓공격(실제 공격은 하지 않으면서 공격하는 척하는 행동)을 한다. 이런 행동의 목적은 무리에서 가장 약한 놈이 누구인지 알아내는 것이다. 그런 다음 그 한 놈을 향해 덤벼든다.

이는 거의 모든 포식자의 행동에서 보이는 보편적 특징이다. 육식동물이 진화를 거치면서 이렇게 행동하는 데에는 당연한 이유가 있다. 힘센 동물보다는 약한 동물을 잡아먹는 것이 수월하기 때문이다. 이러한 진화는 결국 포식자가 어떤 동물을 잡아먹든, 그 동물집단에서 가장 약한 동물을 잡아먹는 보편적인 결과로 나타난다. 이는 개체수가 불어나 과도하게 풀을 뜯어먹지 못하게 하고, 또한 초식동물 집단에게 주어진 먹이가 고갈되지 않도록 하는 역할을 한다. 또한 초식동물집단에 질병이 퍼지는 것을 방지한다. 젊고 건강한 동물보다 늙고 약한 동물들에게 병이 있을 확률이 높기 때문이다.

자연상태에서 천적이 모두 멸종해버리면 — 물론 이런 일은 거의 인간에 의해 일어나겠지만 — 그런 동물의 개체수는 폭발적으로 늘어날 것이며, 그에 따른 질병과 굶주림이 뒤따를 것이다. 공평한 자리에서 당신은 이러한 사실을 모두 안다. 그래서 자신이 잡아먹히는 동물에 속하는 것으로 판명된다 하더라도, 당신을 사냥하려는 포식자의 시도를 인간들이 줄기차게 가로막는 세계를 선택한다면, 이는 곧 질병과 굶주림의 나락으로 떨어질 확률이 높은 세계를 선택하는 것이다. 그러한 세계를 선택하는 것은 불합리하다.

그러한 세계에서 당신이 육식동물로 판명된다면, 굶주리다 서서히 고통스럽게 죽고 말 것이다. 당신이 먹잇감이 되는 동물로 판명되더라도, 약탈자의 손에 상대적으로 갑작스런 종말을 맞지는 않겠지만, 역시 굶주림과 질병으로 서서히 고통스럽게 죽고 말 것이다. 따라서 먹이가 되는 동물을 도와줄 보편적인 의무가 우리에게 있다고 생각해서는 안 된다. 포식자와 먹이의 관계에서 우리가 기억해야 할 가장 바람직한 충고는 단순하다. "마음대로 하게 내버려두어라."

이처럼 사냥에서 인간과 동물 사이의 결정적인 차이는, 우리는 살아남기 위해 사냥을 하지 않지만 동물은 살아남기 위해 사냥을 한다는 것이다. 이누이트처럼 생존의 극한상황에서 살아가는 특정한 사람들을 제외하고는, 사냥을 하지 않는다고 해서 인간의 절실한 관심이 위태로워지는 상황은 없다. 하지만 동물이 사냥을 나서는 것은 그들의 절실한 관심이 매우 위태로운 상황에 처해 있기 때문이다. 따라서 인간의 사냥을 동물의 사냥에 빗대어 정당화할 수 없다.

'인간에게 해가 되는 동물'을 없애기 위한 사냥

"인간에게 해가 되는 동물이 늘어나지 못하게 하기 위해선 사냥을 해야 한다."

이는 사냥이 정당한 행위라는 주장의 근거로 사람들이 가장 흔히 내세우는 또 다른 논리다. 무엇 때문에 어떤 동물이 인간에게 해가 된다고 치부하는 것일까? 그 독특한 습성이 인간의 관심, 특히 경제적인 관심에 악영향을 미치기 때문이다. 이것은 영국에서 여우사냥의 정당성을 옹호하는 사람들이 내세우는 가장 일반적인 주장이다.

여우는 농민들의 생업에 지장을 주기 때문에 인간에게 해가 된다. 따라서 여우의 개체수가 일정 수준이상 늘어나지 못하도록 해야 한다. 이런 식의 주장을 따라가 보면, 사냥개를 이용한 여우사냥이 이런 일을 하는데 가장 '효과적인' 방법이라는 결론에 다다른다. 이는 올바른 주장일까?

여기에는 몇 가지 오류가 있다. 첫 번째, 여우의 개체수를 조절해야 한다는 주장에 일단 수긍한다면(잠시 후 알겠지만 이는 절대 수긍할 수 없는 사실이다), 개를 이용한 사냥은 정당할까? 우리는 '무엇이 가장 효과적인 방법인가' 묻기보다 '무엇이 가장 인도적인 방법인가' 물어야 한다. 산속에서 수 킬로미터씩 쫓기느라 지치고 겁에 질린 여우가 굴 속으로 숨으면, 마구 쑤셔 밖으로 다시 끄집어내 총을 쏘거나 사냥개에게 갈기갈기 찢어발기도록 하는 것이 우리가 보기에 가장 인간적인 방법일까? 그렇다고 말할 사람은 없을 것이다('여우사냥'은 영국의 대표적인 민속놀이다. 17세기 영국농촌의 골칫거리였던 여우들을 가을-겨울에 대대적으로 소탕하던 것이 기원이 되어 스포츠로 확립되었으며, 이것이 미국, 캐나다, 뉴질랜드, 오스트레일리아 등으로 퍼져나갔다. 여우사냥에 적합하게 개량한 개를 폭스하운드$^{Fox}_{Hound}$라고 한다. 2003년 7월 영국하원에서 여우사냥을 전면 금지하는 법안이 통과되었다 - 옮긴이).

두 번째, 여우의 행동이 농민의 관심에 피해를 입힌다고 하는데, 정확히 농민의 어떤 활동에 피해를 주는 것일까? 여우는 옥수수, 밀, 보리를 뜯어먹지는 않는다. 여우는 사육하는 동물, 특히 양을 공격한다. 하지만 오늘날 농민들이 양을 키우는 것은 대개 털을 얻기 위한 것이 아니라 고기를 얻기 위한 것이다. 양털은 수지타산이 맞지 않는다.

시장에 내다 팔 정도로 크면, 양은 도축된다(죽는 과정은 5장에서 자세히 설명했다. 소를 도축하는 과정과 거의 같다). 도축되기 전 양들도 대부분 먼 거리를 이동한다. 머나 먼 거리를 실로 무덥고 비좁은 공간에서, 먹이도 물도 먹지 못한 채 실려 간다. 이 책에서, 특히 5장에서 전개한 논증이 옳다면, 동물을 먹기 위해 키우는 것은 도덕적으로 정당한 일이 아니다. 도덕적으로 정당하지 않은 일에서 얻는 이득을 보호하기 위해, 여우사냥과 같은 행위가 정당하다고 주장하는 것은 바람직하지 않다.

이는 자신의 이득을 보호할 목적으로 경쟁자를 살해하는 행위가 정당하다고 주장하는 조직폭력배와 같은 논리다. 부정한 수단으로 얻거나 비도덕적인 방식으로 벌어들이는 이득을 챙기거나 지키기 위한 행위를 정당화하는 이유로 그 이득을 내세우는 것은 논리적 모순이다.

물론 경작하는 곡식을 먹는 동물도 있다. 예컨대 토끼와 들쥐는 보리를 먹는다. 그렇다면 보리농사를 보호하기 위해 이런 동물들을 사냥하는 것은 정당할까? 첫 번째 해야 할 일은 충돌하는 이해관계를 비교해 보는 것이다. 실제로 자연농법 — 현대적인 농사방법에 의해 수립된 경작방식에 있어 '자연'이라는 단어가 의미하는 범위 안에서 — 에서 들쥐나 토끼, 그 밖의 '인간에게 해를 끼치는 동물'들에 의한 손실은 굉장히 미미하다.

어쨌든 들쥐와 토끼의 관심과 농민의 관심을 비교해보자. 들쥐와 토끼의 관심은 생존하기 위한 절실한 관심이고 농민은 경제적 관심, 즉 절실하지 않은 관심이다. 전혀 상대가 되지 않는다. 물론 들쥐, 토끼, 그 밖의 위해동물의 수가 지나치게 늘어나, 그들이 미치는 경제적 손실이 농민의 절실한 관심을 위협하는 지경에 이를 수도 있다. 하지만 그런 상황이 왜 일어났는지 되짚어봐야 한다. 그런 상황은 예외 없이 여우 같은 천적이 사냥으로 사라졌기 때문이다.

'엽총외교(또는 함포외교)'라는 표현은 대영제국시절 자주 사용되는 표현이었다. 이는 원주민들이 조금이라도 제국에 불만을 표하면 가차 없이 함포나 이에 준하는 군대를 동원해 위협을 가해 압박하는 외교정책을 일컫는 말이다. 오늘날 산업화된 국가는 '엽총생태학'이라는 것에 위협을 받고 있다. 영국에서 일어나는 일을 돌아보자.

우리는 먼저 대형 육식동물들 — 늑대와 곰 — 을 싹쓸이하여 생태계에서 차지하는 인간의 지배력을 넓혔다. 여우가 양을 공격한다는 이유로 여우도 계속 잡는다. 증거는 명확하지 않지만 결핵을 옮긴다는 '의심'을 받는 오소리도 머지않아 인간에 의해 소탕될 것이다. 인간의 건강에 그다지 위협이 되는 것은 아니지만 소에게 위협이 될 수 있다고 여겨진다.

우리는 깨우치지 못하고 있지만, 포식자들을 이렇게 제거해 나갈 때마다 그 동물의 먹이가 되는 동물과, 그 동물과 경쟁하는 동물들의 개체수는 계속 늘어난다. 이에 대한 우리의 해결책은 다시 또 엽총(또는 그에 상당하는 무기)을 꺼내 드는 것이다. 이런 방법으로는 어떠한 문제도 해결되지 않는다. 단지 문제를 한 단계 아래 생태계로 밀어붙일 뿐이다. 여우를 죽이면, 토끼가 늘어나고, 토끼를 잡으면 온통 먹을 것이 들쥐 차지가 될 것이다. 쥐약을 놓아 들쥐를 잡으면, 생쥐들의 먹이가 풍부해진다. 생쥐 마저 잡아버리면, 토끼를 잡아서 보호하려 했던 바로 그 곡식을 갉아먹는 벌레들이 창궐한다.

이러한 어처구니없는 재앙은 실제로 여러 번 발생한 적이 있다. 그 중에서도 가장 유명한 사건이 바로 1950년대 중국에서 '녹색혁명'이라는 역설적인 이름으로 자행된 것이다. 중국정부는 수백만 명을 동원하는 새잡기운동을 대대적으로 벌였다. 곡식을 먹어 치우는 새를 쫓기 위해 수백만 명이 농번기 내내 하루도 쉬지 않고 북을 치며 시끄러운 소음을 냈다. 겁에 질려 먹이도 먹지 못하고 굶주리던 새들이 결국 엄청나게 죽어나갔다. 새잡기운동은 대성공이었다.

하지만 이것이 끝이 아니었다. 벌레가 몰려왔다! 자신들을 잡아먹던 새들이 사라지자 벌레들이 폭발적으로 불어나 곡식을 모두 먹어 치워 버렸다. 결국 그 해 중국은 역사상 최악의 흉작을 기록하고 말았다. 웃지 못할 이런 생태적 근시안에 대해 무슨 말을 해야 할지 생각도 나지 않는다. 그 한없는 바보스러움에 그저 한숨만 나올 뿐이다.

우리가 땅에서 얻는 곡식을 한 톨이라도 손해 보지 않고 모조리 쥐어짜내고자 하는 노력은 이제 그만 멈춰야 한다. 그리고 인적이 닿지 않는 지역을 조성하여 포식자들을 다시 불러들여야 한다. 여우, 족제비, 살쾡이, 늑대, 곰이 살 수 있게 해야 한다. 시골의 산과 숲을 훨씬 흥미진진한 곳으로 만들어 줄 것이다. '사람들에게 해를 끼치는' 동물을 굳이 도태시키려 노력할 필요도 사라질 것이다.

생태계 보존을 위한 사냥

"생태계 보존을 위해 사냥이 필요하다."

이는 사냥이 정당한 행위라는 주장을 뒷받침하는 근거로 사람들이 내세우는 논리 중에서 아마도 가장 우스꽝스러운 억지일 것이다. 이런 주장을 하는 이유는 다음과 같다.

먼저, 동물의 적정한 수를 사냥하지 않는다면, 그 동물이 살수 있게 뒷받침하는 환경에 비해 종의 개체수가 너무 많아지게 된다. 먹이를 과도하게 소비함으로써 환경이 파괴되고 그 동물들은 굶어 죽거나 질병으로 죽을 것이다.

내 생각에 이런 주장이 우스꽝스러운 이유는 기본적인 사실, 어린 초등학생들조차 아는 뻔한 사실을 제멋대로 무시하기 때문이다. '자연의 균형'이라는 개념을 예로 들어보자. 간단히 말해서, 주어진 환경은 각각 이치에 맞는 안정적인 상태에 자리잡고 거기에 따라 한 종의 개체수가 결정된다. 이는 먹이사슬, 경쟁, 협력, 공생 등의 복잡한 관계 속에서 그 동물과 관련된 다른 수많은 종의 개체수를 반영하여 정해지는 것이다.

예컨대, 일정 양의 식물군집이 존재하는 환경에서는 일정 수의 사슴이 살 수 있다. 하지만 사슴의 개체수가 얼마나 되어야 하는가 하는 문제는, 같은 환경에서 사슴과 직접적으로 경쟁하는 종의 수가 얼마인가에 따라 달라진다. 반대로, 다른 동물들의 개체수도 사슴의 개체수에 따라 결정될 것이다. 게다가 포식자가 얼마나 있느냐에 따라 사슴의 수가 달라진다. 이 역시 반대로, 사슴의 수가 포식자의 수에 영향을 미치기도 한다. 이러한 의존관계는 복잡하게 얽히고설켜 자연의 오묘한 균형을 만들어낸다. 하지만 기본원리는 간단하다.

조절능력을 잃은 어떤 환경에서 한 종을 보호하기 위해 전면적인 인간의 개입이 필요하다는 생각은 생태학에 대한 무지를 드러내는 것이다. 물론 이런 일이 필요한 때도 있지만 그런 상황은 언제나 인간이 원인을 제공했을 때, 대개 생태계에서 주요 포식자들을 제거한 결과로 발생한다.

예컨대 숲 속에서 살아가는 늑대를 모두 제거한다면 어떤 결과가 발생할까? 실제로 미국인들이 조직적으로 미국 본토에 속한 48개 주에서 늑대를 모조리 살육한다면, 사슴의 숫자가 기하급수적으로 폭발할 것이다. 바로 이것이 사람들이 늑대사냥을 기획한 의도다. 이제 미국인들은 총을 들고 숲에 들어가 사슴을 마음대로 쏴 죽일 수 있게 된 것이다.

실제로 20세기 초반 미국은 대대적인 늑대사냥을 실시했다. 명목은 가축을 보호한다는 것이었지만, 실제 목적은 사슴의 수를 늘려서 '스포츠사냥꾼'들에게 사냥감을 더 많이 제공하려는 것이었다(미국정부는 1974년까지 공식적으로 미국 본토 내에서 늑대를 완전히 소탕하는 것을 정책으로 추진했다. 지금은 멸종위기 동물로 보호되어 늑대 개체수가 다시 조금씩 늘어나고 있다. 반면 사슴사냥은 정부차원에서 장려하는 스포츠로 여전히 전국적으로 성행하고 있다 - 옮긴이).

바로 이것이 사냥감 관리행정의 바탕이 되는 철학이다. 어떤 환경을 가정해 보자. 먼저, 주요 포식자 ─ 한 종이 될 수도 있지만 여러 종이 될 수도 있다 ─ 를 제거한다. 이들이 사라져 버리고 나면, 그 동물의 먹이가 되는 동물의 개체수가 폭발적으로 늘어나 환경을 황폐화시킬 것이다. 이를 막기 위해 사냥이 필요해진다. 총질을 해댈 수 있는 '오락용' 동물을 얻게 된 것이다. 물론 사냥감을 마구 쏴 죽여서는 안 된다. 그러면 내년에는 총질을 할 대상이 남아있지 않기 때문이다. 그렇다면 얼마나 쏴 죽일까? 내년에도 같은 수를 죽일 수 있을 만큼만 죽여라. 그러면 장기적으로 '더 많은' 동물을 죽일 수 있다.

생태계 보존을 위해 동물사냥이 필요하다는 주장은 가소롭기 그지없다. 그런 상황을 만들어내기 위해 인간이 어떤 일을 했는지 왜 이야기하지 않는가? 우리가 대형포식자를 제거하는 이유는 두 가지를 들 수 있다. 하나는 도덕적으로 정당하지 않은 또다른 행위 ─ 바로 축산업 ─ 에서 얻는 이윤을 보호하기 위한 것이고, 다른 하나는 오락용 사냥의 제물로 쓸 동물을 대량으로 확보하기 위한 것이다.

사슴에 대고 총 쏘기 위해 사슴을 잡아먹는 동물을 싹쓸이해놓고서는, 생태계 보존을 위해 사슴사냥을 해야 한다고 파렴치한 주장을 한다. 이런 주장을 하는 사람에게는 그에 합당한, 경멸을 아낌없이 퍼부어주어야 한다.

요약

사냥은 사냥의 대상이 되는 동물의 가장 절실한 관심을 꺾어버리는 행위다. 하지만 사냥을 통해 인간이 얻는 관심은 전혀 절실한 것이 아닌, 매우 사소한 것에 불과하다. 공평한 자리에서, 절실한 관심이 절실하지 않은 관심에 의해 무시되고 짓밟히는 상황을 선택하는 것은 불합리하다. 따라서 사냥은 거의 모든 경우, 도덕적으로 잘못이다. 사냥을 옹호하는 주장은 옳지 않으며, 어이없을 정도로 파렴치한 주장도 있다.

애완동물을 입양하는 행동은 그 동물의
기본적인 욕구를 돌볼 의무를 획득하는
것이다

9
–
애완동물

동물을 애완용으로 사용하는 문제는 도덕철학자들이 거의 관심 갖지 않는 주제 중 하나다. 이 문제가 주목 받지 못하는 이유는 분명하다. 첫 번째, 공장형 축산이나 생체실험의 잔혹함에 비하면 애완동물이 처한 상황은 호사스럽다고 할 수 있다. 애완동물에 대한 인간의 손길 역시 상대적으로 자비롭다. 두 번째, 애완동물에 대한 우리의 태도는 다양한 법에 의해서 뒷받침되고 강제된다. 이런 법들은 적어도 몇몇 유형의 잔인한 행위를 하지 못하도록 금지한다(가축과 실험실 동물에 대해서는 부끄럽게도 모두 예외로 인정한다).

애완동물들이 농장이나 실험실의 동물보다 훨씬 좋은 대접을 받으며 살아가는 현실을 고려할 때, 애완동물보다는 고통스런 삶을 사는 동물들에게 더 집중해 논의해야 한다는 생각에 나도 동의한다. 그럼에도 애완동물문제는 동물의 도덕적 지위에 대한 전반적인 이해를 하는 데 조금은 흥미로운 영감을 더해준다. 여기서 간단하게나마 그런 문제들을 고민해 보는 것도 괜찮다고 여겨진다.

자연의무와 획득의무

도덕철학에서는 일반적으로 자연의무(본래적 의무)와 획득의무를 구별한다. 자연의무는 간단하게 말하자면, 무슨 일을 하든 무조건 갖는 의무다. 획득의무는 반대로, 자신이 한 행위로 인해 스스로 선택하거나 획득한 의무다. 획득의무의 전형적인 예로는 '약속'을 들 수 있다. 약속을 한다는 것은 하나의 행위이며, 이 행위로 당신은 그에 합당한 약속을 지킬 의무를 획득하게 된다. 한편, '다른 사람을 동등하게 배려해야 한다'는 도덕률은 자연의무의 한 예라 할 수 있다. 당신이 무슨 일을 하든, 어떤 행동을 하든 어느 누구에게나 이렇게 대해야 한다는 의무는 무조건 존재한다.

보편적이라고는 할 수 없지만, 그래도 일반적인 견해는 자연의무가 획득의무보다 대체적으로 우선한다. 내가 당신에게 생일선물로 마세라티 스포츠카를 사주겠다는 약속을 지키기 위해 돈을 훔쳤다면, 약속을 지켰다고 해서 돈을 훔친 행동에 정당성이 부여되는 것은 아니다. 이런 논증이 옳다면, 획득의무를 완수하고자 고민하기에 앞서 자연의무에서 벗어나지 말아야 한다는 것을 명심해야 한다.

자연의무는 대부분 '부정적이고 소극적인' 의무다. 다시 말해, 어떤 것을 '하라'는 의무가 아니라 '하지 말라'는 의무다. 동물과 관련된 의무는 분명히 자연의무에 해당한다. 따라서 대부분 소극적 의무다. 쓸데없이 동물을 죽이지 말라. 쓸데없이 동물에게 고통을 주지 말라. 쓸데없이 동물을 가두지 말라. 이는 모두 자연의무이자 소극적 의무다. 우리가 원해서 떠맡은 것은 아니지만 반드시 지켜야 한다.

실제로 야생동물에 대해 우리가 갖는 의무는 모두 '하지 말라'는 소극적인 의무다. 어떤 경우든 우리가 동물에게 갖는 구체적인 자연의무는 공평한 자리라는 가상의 공간에서 입증될 수 있다. 나는 그러한 사실을 보여주기 위해 노력했다. 공장형 축산, 생체실험, 사냥 같은 구체적인 상황을 설명할 때, 자신이 그런 상황의 중심에 개입된 인간인지 동물인지 알지 못하는 상태에서 이렇게 물었다. '이 세상이 어떠했으면 좋겠는가?' 공평한 자리는 동물에 대해 우리가 갖는 의무가 무엇인지 알아내는 효과적인 방법이다.

하지만 애완동물의 경우에는 새로운 형태의 의무가 등장한다. 바로 획득의무다. 애완동물을 입양해 집으로 데리고 가는 것은 우리가 '자발적으로' 하는 행동이다. 그 덕분에 우리는 야생동물에게는 갖지 않는, 동물에 대한 부가적인 의무를 스스로 획득한다.

물론 농장, 실험실, 동물원에서 기르는 동물에 대한 획득의무가 전혀 없다는 뜻은 아니다. 그런 동물에 대해서도 우리는 분명히 획득의무가 있다. 단지, 애완동물의 경우에는 우리가 의무를 손수 획득하였다는 사실을 인식하거나 인정하는 것이 훨씬 쉬울 뿐이다. 그래서 애완동물에 대한 논의는, 우리가 동물에 대하여 획득한 의무가 무엇인지 생각해볼 수 있는 유용한 기회를 제공한다. 공평한 자리가 여기서도 쓸모 있는 역할을 한다.

애완동물에 대해 우리가 획득한 의무

애완동물을 입양할 때 기본적으로 고려해야 할 첫 번째 조건은 이러한 '동물의 욕구를 책임져야 한다'는 것이다. 최소한 애완동물을 입양하는 행동은 그 동물의 기본적인 욕구를 돌볼 의무를 획득하는 것이다. 기본적인 욕구에는 육체적, 정신적 욕구가 모두 포함된다. 예컨대 개를 입양한다면 개에게 먹이나 쉴 곳을 제공해야 하는데, 이는 육체적인 욕구를 채워주는 것이다. 반면, 개는 진화의 과정을 거치면서 사회적 습성을 갖게 되었다. 따라서 다른 개와 함께하든, 인간과 함께하든, 어떠한 동반자관계를 갖고 싶어 하는데, 이는 개의 정신적 욕구에 해당한다.

그 밖에 또 어떤 의무가 있을까? 당신이 기르는 개가 산책하기를 좋아한다고 가정해보자.

일을 마치고 집으로 돌아왔다. 직장에서 일하는 동안 개는 하루 종일 집안에 있었다. 개는 잠시만이라도 나가서 여기저기 뛰어다니며, 다른 개들을 만나기도 하고, 호기심을 자극하는 냄새를 맡아보기도 하는 등, 여러 행동을 하고 싶어 할 것이다. 개가 밖에 나가고 싶어 한다는 것은 여러 단서를 통해 알 수 있다.

"평소의 습관적 행동을 보면 알 수 있다. 즉, 문고리를 잡기 위해 문 앞에서 뛰어오르기도 하고, 이리저리 집안을 왔다 갔다 하면서 당신을 뚫어져라 쳐다보기도 할 것이다."

"밖에 나가고 싶어 하는 것은 너무나 자연스러운 개의 습성일 뿐이다. 아니, 원래 습성을 잃지 않은 개라면 그럴 것이다."

한편, 당신은 집에서 쉬고 싶다. 밖은 춥고, 비도 조금 왔으며, 하루 종일 일에 시달려 피곤하다. 정말 밖에 나가고 싶지 않다. 이럴 때 당신은 개를 데리고 산책을 나가야 하는가?

이 문제를 풀기 위해 공평한 자리에 서보자. 당신이 당신(개주인)인지 개인지 모른다. 이제 이렇게 묻는다. '이 세상이 어떠했으면 좋겠는가?' 이는 딱 부러지는 해답이 나오는 과학의 문제가 아니다. 과학과는 거리가 멀다. 아무것도 알 수 없는 캄캄한 불명확성이라는 조건 속에서 최선을 다해 판단할 뿐이다.

지금 당신이 해결해야 할 문제는 '집에서 쉬는 것이 나에게 얼마나 중요한가' 하는 문제와 '산책을 나가는 것이 개에게 얼마나 중요한가' 하는 문제를 서로 비교해 보는 것이다. 운동을 하지 않음으로써 개는 얼마나 많은 것을 잃을까? 지친 이 저녁에 무거운 몸을 이끌고 밖에 나감으로써 당신은 얼마나 많을 것을 잃을까? 수많은 요소들을 고려해야 한다. 개가 마지막으로 산책을 나간 것이 언제였던가? 바깥 환경은 얼마나 안 좋은가? 당신은 얼마나 피곤한가? 오늘 저녁 당신이 꼭 해야만 하는 일이 있는가? 아니면 아무 일없이 그냥 시간을 보내고 싶은가? 오늘 하루 종일 개는 혼자 있었는가, 아니면 다른 누구 — 개든 사람이든 — 와 함께 있었는가?

하나하나 따져볼 요인도 많고, 각각의 요인마다 제대로 비교할 수 있을지 장담할 수 없다. 어쨌든 개에게 산책이 얼마나 중요한지는 추측할 수 있을 뿐이다. 따라서 정직하게 추측하고 판단할 수도 있겠지만, 자기 편한 대로 추측하고 결론내릴 수도 있다. 하루의 마무리하는 시점에서, 당신이 할 수 있는 일은 정

직한 판단을 내리기 위해 노력하는 것뿐이다. 이러한 추론방법
은 애완견을 어떻게 대해야 할지 결정을 내려야 하는 다른 상황
에도 응용할 수 있다.

애완동물을 입양할 때 기본적으로 고려해야 할 두 번째 조건
은 '애완동물이 됨으로써 그 동물의 삶이 더 나빠져서는 안 된
다'는 것이다. 적어도 애완동물이 아니었을 때 향유할 삶보다,
애완동물로 사는 삶이 더 나빠서는 안 된다. 다시 말하지만 이
는 정확하게 비교, 평가할 문제는 아니다. 더욱이 이 원칙은 훨
씬 복잡하다. 인간의 손에 완전히 길들여져 버린 시추는 애완동
물이 되지 못하면 오래 살지 못한다. 시추가 야생세계에서 살아
가야 한다면 아주 짧은 시간만 겨우 살아남을 것이다.

그와 반대로 야생에서 사로잡은 동물이나 야생성이 강하게
남아있는 동물도 있을 것이다. 원숭이나 뱀은 분명 야생에서 사
로잡은 동물이고, 늑대개는 인간의 손에 의해 번식되었겠지만
야생성이 강하게 남아 있는 동물이다.

늑대개를 예로 들어보자. 늑대개는 늑대와 가까운 개, 예컨대
시베리안허스키, 알래스칸말라뮤트, 저먼셰퍼드 등을 늑대와 교
배시켜 만들어낸다. 늑대의 피가 얼마나 섞여 있는지는 그 혈통
을 계산하여 백분율로 표시한다. 늑대피가 많이 섞인(85퍼센트
이상) 늑대개들은 외모로나 습성으로나 진짜 늑대와 거의 차이
가 없다. 이런 늑대개들은 분명히 야생세계에서 생존할 가능성
이 높다.

많은 사람들이 늑대개를 가두어 키우는 것을 도덕적으로 수

궁할 수 없다고 말한다. 늑대피가 많이 섞인 늑대개는 늑대와 매우 가깝기 때문에 야생상태에서 사는 것이 분명 더 행복할 것이라고 주장한다. 나는 이런 주장에 동의하지 않는다. 하지만 늑대개가 인간의 집에서 누리는 삶이 적어도, 야생상태에서 누리는 삶 못지않게 좋은 경우에만 늑대개를 키우는 것이 도덕적으로 정당하다는 주장에 동의한다. 물론 이런 조건을 충족시키기는 어렵다.

가장 중요한 문제는, 늑대개가 자연적인 습성을 그대로 드러낼 수 있어야 한다는 것이다. 그렇게 하지 못한다면 늑대개는 불행할 것이 분명하기 때문이다. 사냥을 해야 하고, 이리저리 숲속을 거닐어야 한다. 자연 속에 사는 늑대는 밤에 사냥을 하면서 80킬로미터나 되는 먼 거리까지 여행을 한다. 따라서 늑대개를 입양하려고 한다면, 개가 뛰놀고 사냥할 수 있는 조건이 마련되어 있어야 한다(동물의 사냥행위와 잡아 먹히는 동물의 권리 사이의 모순은 앞에서 설명했다. 인간이 채식주의자가 되어야 한다는 주장은 늑대나 늑대개도 채식을 해야 한다는 주장이 아니다).

늑대의 사냥과 방랑습성은, 그 동물들이 선택한 행동이 아닌 타고난, 어쩔 수 없는 특성이다. 따라서 늑대개를 키우려면 산악자전거를 잘 타든, 산악구보 능력이 뛰어나든, 늑대개와 보조를 맞출 수 있을 만큼 체력이 튼튼해야 한다. 또한 다른 개나 동물, 인간을 먹이로 알고 공격하지 않도록 충분히 훈련시켜야 한다. 늑대개는 훈련시키기 어렵기로 악명이 높다. 제대로 훈련시켜도 최소한 몇 달 이상이 걸린다.

따라서 늑대의 피가 많이 섞인 늑대개에게 야생에서 누릴 수 있는 삶에 준하는 보상을 하려면 엄청나 시간과 노력을 쏟아야 한다. 하지만 사람들은 대부분 그런 시간을 들이지 않고 노력도 하지 않는다. 그 결과 거의 모든 늑대개들이 마당의 작은 울타리에 갇혀, 풀리지 않는 지루함 속에서 일생을 살아간다. 이 장엄한 동물에게 그런 삶은 전혀 살아있는 것이라 할 수 없다. 야생의 삶에 준하는 보상은커녕, 고통을 주는 행위일 뿐이다. 애완동물을 입양하기 위한 두 번째 조건을 지키지 못한 것이다.

애완동물과 채식주의

많은 사람들이 지적하듯이, 스스로 채식주의자가 되는 것과 육식애완동물을 키우는 것 사이에 간과하기 힘든 긴장이 있다. 이런 긴장은 모순일까? 다시 말해, 채식주의자로서 애완동물에게 고기를 먹이는 것은 타당한 것일까?

우리는 먼저 이것이 왜 문제가 된다고 생각하는지 따져봐야 한다. 당신의 개나 고양이가 고기를 먹는 행위는 분명, 비난할 수 있는 것이 아니다. 개와 고양이는 도덕적 능동인이 아니기 때문이다. 다시 말해, 그들은 자신의 행동을 공평한 도덕적 원칙에 비추어 평가할 수 없다. 따라서 그들의 행동은 칭찬하거나 비난할 대상이 아니다. 아니, 그것은 도덕적으로도 의미가 없다.

이것과 관련한 도덕적인 문제가 존재한다면, 그것은 육식하는 애완동물의 문제가 아니라 그 동물의 소유주의 문제이다. 육식애완동물을 키우려면 깡통, 종이, 비닐봉지에서 고기를 꺼내 먹여야 한다. 진짜 문제는, 바로 이러한 행동이 매년 수백만 동물에게 말로 형언할 수 없는 고통을 부과하는 현존하는 음식생산체제를 유지하는데 이바지한다는 사실이다. 자신의 행동이 그러한 체제에 이바지한다는 것은, 도덕적으로 음미해봐야 할 지점이다. 애완동물이 하는 행동은 칭찬할 수도 비난할 수도 없지만, 그런 애완동물을 돌보는 당신의 행동은 비난할 수 있다. 그래서 다음과 같이 주장하는 사람들도 있다.

세상에는 선택받지 못하는 애완동물이 많다. 어쨌든 내가 지금 키우는 개나 고양이를 입양하지 않았다면, 그들은 훨씬 나쁜 시간을 보내야 했을 것이다. 개나 고양이를 키우는 데 돈이 많이 들어갈수록 사람들은 그들을 번식시켜 팔아서 비용을 충당하려 할 것이다. 하지만 애완동물을 기르는 비용이 줄어들면 애완동물을 번식시키고자 하는 사람도 줄어들 것이고, 또 육식애완동물을 키우려고 하는 사람들이 줄어들면, 이들을 번식시키는 사람도 줄어들 것이다. 이런 식으로 논쟁을 이어나간다.

하지만 나는 이런 주장이 그다지 효과가 없다고 생각한다. 한번 생각해 보자. 우리가 키우는 애완동물이 고기를 먹는다고 해서 정말 '더 많은' 가축들이 고통을 받을까? 하지만 애완동물 때문에 가축을 별도로 더 키우거나 죽이지는 않는다. 소고기, 양고기, 닭고기의 가장 맛있는 부분을 개나 고양이 먹이로 만들지 않는다. 애완동물 먹이로 쓰는 고기는 거의 예외 없이 '기술적으로 재활용한' 것들이다. 뼈에서 발라낸 고기, 물렁뼈, 힘줄,

신경섬유가 많이 섞인 부위로 만든다. 어쨌든 인간이 먹지 않는 부위들이다(지금 그런 부위를 먹으면 변종크로이츠펠트야콥병vCJD(인간광우병)에 걸려 비참하게 죽어갈지도 모른다).

또한 인간이 먹기에는 알맞지 않다고 여겨지는 동물시체의 다양한 부위들, 예컨대 종양 같은 부위가 애완동물 먹이로 쓰인다. 가축을 도살하여 인간이 동물 몸뚱아리의 '선별'부위를 먹고 남은 찌꺼기부위들 ― 그렇지 않으면 버려질(또는 갈아서 다시 돼지, 소에게 되먹일) ― 을 애완동물이 먹는다.

따라서 고기를 먹는 애완동물 때문에 '더 많은' 가축이 고통을 받고 죽는다고 단언하기는 어렵다. 기껏해야, 육식애완동물을 키우는 것은 육가공산업의 '수익성'에 보탬이 되는 정도에 불과하다. 그럼에도 이 문제를 고민해 볼 가치는 있다. 이것 말고 다른 방법은 없을까? 조금이라도 육가공산업의 수익에 도움을 적게 주는 방법은 없을까? 어느 정도까지는 가능한 방법이 있다.

예컨대 개는 고기를 먹지 않고도 살 수 있다는 증거가 상당히 많다. 물론 당신이 기르는 개를 지금 당장 채식만 하도록 길들일 수 있다는 것은 아니다. 동물병원에서 자세히 진단을 받은 다음에 선택해야 한다. 채식으로 바꾸기로 결정했다고 해도, 갑자기 먹이를 바꾸기보다는 서서히 바꾸는 것이 좋다.

또 다른 방법으로는, 육고기의 양을 줄이고 물고기를 먹이는 것이다. 물론 이러한 제안조차 말도 안 된다고 거부하는 채식주의자들이 있을지 모른다. 물고기도 고통 받을 수 있으며, 따라서 물고기도 도덕적으로 중요한 존재다. 하지만 물고기는 적어도 공장형 가축과 같은 방식으로 사육되지 않기 때문에 — 점점 공장형 양식이 늘어나고 있긴 하지만 — 많은 돼지, 닭, 소가 일상적으로 겪는 비참하고 불행한 삶보다는 훨씬 나은 삶을 사는 것은 분명하다.

나는 물고기를 먹지 않는다. 그럴 필요가 없기 때문이다. 하지만 소화기관의 차이 때문에 개는 인간보다 식물성 음식을 흡수하기가 어렵다. 물고기를 먹이기로 했다고 하더라도, 참치는 돌고래보호 어획표시가 붙어있는지 먼저 확인하라. 또한 과도하게 포획되는 어종은 될 수 있으면 피하라. 고양이에게 물고기는 훨씬 좋은 대용먹이가 될 것이다.

어찌됐든 고기깡통과 혼합사료봉지에서 개를 떼어내는 문제는 도덕적 사고와 별개의 문제로 다뤘으면 한다. 이런 사료에는 동물의 의심스러운 부위 — 개에게 먹이고 싶지 않은 동물의 이상 부위 — 가 들어 있다는 사실과 더불어, 딱딱한 알갱이형태의 사료일 경우, 거의 예외없이 식품첨가제 — 에톡시퀸 같은 항산화제 — 가 들어 있다는 사실도 잊지 말아야 한다. 이런 식품첨가제들은 발암물질로 알려져 있으며, 바로 그 이유 때문에 사람의 음식에는 사용할 수 없다.

유럽의 경우에는 개 사료 포장지에 첨가물 목록을 쉽게 찾아볼 수 있으며 '유럽경제공동체가 허가한 수준의 항산화제 함유 Contains EEC permitted levels of anti-oxidants' 와 같은 문구도 볼 수 있다. 물론 이것은 애완동물에 허가된 함유량이지 인간에게 허가된 함유량은 아니다.

요약

야생동물에 대한 우리의 의무는 자연의무이자 소극적인 의무다. 하지만 애완동물에 대해서는 자연의무뿐만 아니라 추가적인 획득의무도 갖는다. 획득의무는 대부분 적극적 의무다. 애완동물에 대한 우리의 기본적인 의무는 그들의 기초적인 육체적, 심리적 욕구를 돌보는 것과, 야생상태에서 그들이 누릴 수 있는 수준 이상의 삶을 보장하는 것이다. 일상적인 상황에서 맞닥드리는 구체적인 의무에 관한 문제는 공평한 자리를 활용하여 판단할 수 있다.

또한 채식주의자가 되는 것과 육식애완동물을 기르는 것은 모순이 아니다. 당신의 애완동물이 식육산업의 수익에 보탬이 되는 상황을 거역하고 싶다면, 특별한 방법을 찾을 수 있다.

동물을 위해 우리가 할 수 있는 많은 적극
적인 행동은, 법에 어긋난다고 할지라도
도덕적으로 정당하다. 동물권을 거스르는
법은 근본적으로 부당하기 때문이다.

10
–
동물권운동

이 책의 주장, 또는 여기서 다루지 않은 주장에 감화되어 이제 동물권에 대한 확신을 갖게 되었다고 가정해보자. 몇 년 전 내가 그랬던 것처럼, 당신도 동물을 대하는 지금 우리의 방식이 잘못되었다고 믿게 되었다. 이 문제를 풀기 위해 우리는 무슨 일을 해야 할까? 어느 수준까지 동물권 운동가가 되어야 할까? 운동가가 된다면, 어느 수위까지 나가야 할까?

동물권운동의 종류

동물권운동animal rights activism 이라 하면 대개 코걸이를 한 허름한 외모에, 담배를 종이에 말아 피우면서, 허름한 시내중심부의 폐건물에서 우편폭탄을 만드는 과격난동가의 형상을 떠올린다. 하지만 현실은 그렇지 않다. 실제로 이 운동에는 매우 다양한 형태가 존재한다. 이는 크게 세 가지 유형으로 분류할 수 있다.

라이프스타일 변화

단순히 생활양식을 바꾸는 것도 동물권운동의 중요한 유형이다. 일상적인 행동방식이나 소비습관을 바꾸는 것이다.

채식하기(소/돼지만 안 먹는 채식주의자부터 달걀, 우유, 치즈도 먹지 않는 '비건vegan'까지 다양하게 구분할 수 있다 - 옮긴이).
동물을 상대로 독성실험을 한 제품 사지 않기.
가죽이나 모피제품 사거나 입지 않기.
동물을 착취하는 회사에 투자하지 않기. 동물권문제에 대해 스스로 학습하기.

사상전파
좀더 적극적으로 사회적인 행동을 할 수 있다.

가족과 친구(그 밖에 누구라도)에게 자신의 신념을 설득하기.
정부기관, 신문사 등에 편지쓰기. 책이나 글쓰기.
학교나 여러 사람이 모이는 자리에 나가 강연하기.
동물권운동단체에 가입하기.
적절한 장소(공장형축산회사나 동물실험연구소 등)에 모여 군중행진, 피켓팅 등 항의시위하기.

시민불복종
논란이 있지만 파급력이 큰 동물권운동이다.

연좌농성과 무단점거.

동물잔학행위에 참여하는 사람들을 저지하기(예컨대 여우사냥 방해 및 사냥시설파괴).

동물학대와 관련한 사업장(동물실험연구소 따위)을 침입하여 동물학대 증거를 확보하고 동물을 풀어주기.

동물학대와 관련한 시설파괴(동물실험연구소 실험장비파괴 등).

동물학대와 관련한 사람들(동물실험연구원, 여우사냥꾼 등)에 대한 협박테러.

오늘날 인간이 동물을 대하는 행동이 잘못되었다고 생각한다면, 다음 두 가지 문제를 해결해야 한다.

첫째, 나는 이 운동에서 어떤 일에 참여할 것인가? 둘째, 어느 수위의 행동까지 수긍할 수 있는가? 도덕적으로 받아들이기 어려운 실천방식이 있다면, 그것은 무엇인가?

적극적 의무와 소극적 의무

이 질문에 대답하기 위해, 우리는 적극적 의무와 소극적 의무를 구분해야 한다. 적극적 의무는 '해야 하는' 의무를 말하고 소극적 의무는 '하지 말아야 하는' 의무를 말한다. 라이프스타일을 바꾸는 것은 대부분 소극적 의무다. 고기를 먹지 '말아야' 할 의무, 모피나 가죽을 입지 '말아야' 할 의무, 동물을 상대로 독성 실험한 제품을 사지 '말아야' 할 의무다.

적극적 의무와 소극적 의무 사이에는 중대한 차이가 있다. 적극적 의무를 완수하려면 시간을 투자해야 하지만 소극적 의무를 완수하는 데에는 시간을 들일 필요가 없다. 어떤 일을 하는 데에는 시간이 들고, 어떤 일을 하지 않는 데에는 시간이 들지 않는다는 당연한 이유에서 기인한다.

도덕적으로 어떤 대우를 받을 권리가 있는 어떤 사람이나 사물을 위해 그저 어떤 행동을 '하지 않기만' 하면 되는 경우를 생각해보자. 바로 이것이 지금껏 궁리되어온 거의 모든 도덕이론들이 말하는 의무다. 이는 도덕적 권리에 대한 전반적인 고찰에서 나온 결과이다. 어떤 사람이 어떤 것에 대한 권리가 있다면, 이론상으로 다른 사람은 힘이 닿는 한 이 권리를 존중해야 하는 의무가 있다. 이것이 바로 '어떤 것에 대한 권리가 있다'는 말의 정확한 의미다. 다른 이들은 당신이 권리를 행사할 수 있도록, 의무를 져야 한다.

물론, 다른 이들이 그런 의무를 지려 하지 않을 때도 있고, 어쩔 수 없는 상황에서 의무를 지지 못하는 때도 있다. 하지만 어쨌든, 당신이 어떤 것에 대한 권리가 있다면 어떤 자유에 대한 권리, 어떠한 대우를 받을 권리, 물건에 대한 권리 등 다른 사람들은 자신의 힘이 닿는 한 당신이 권리를 행사하도록 보장할 의무가 있다.

지금까지 이 책의 주장이 옳다면, 동물은 어떤 것에 대한 권리가 있다. 예컨대 불필요한 육체적, 정신적 고통을 받지 않고 살 권리가 있다. 동물에게 이러한 권리가 있다면, 우리에게는 동물이 이러한 권리를 누릴 수 있도록 하는 의무가 주어진다. 물론 우리의 능력에서 벗어난 것을 요구하는 의무는 우리가 수행할 수 없다. 하지만 이러한 의무를 완수하기 위해 우리가 해야하는 일이 어떤 것을 하지 말아야 하는 것이라면, 그것은 분명우리의 능력 안에 있다. 어떤 것을 하지 말아야 하는 의무는 언제나 우리가 할 수 있는 일이다.

고기를 먹는 우리의 행위가 수백만 동물들에게 불필요한 육체적, 정신적 고통을 자행하는 축산업에 기여하는 일이라면, 또고기를 먹지 '않는' 것이 분명히 우리 능력 안에 속하는 일이라면, 이는 우리가 해야 하는 의무다. 우리는 동물을 먹어서는 '안된다!' 동물을 대상으로 독성실험을 한 제품을 사는 행위가 동물에게 불필요한 육체적, 정신적 고통을 자행하는 의약산업복합체에게 도움을 주는 일이라면, 또 그런 제품을 사지 '않는' 것이 분명히 우리 능력 안에 속하는 일이라면, 이 역시 우리가 해야 하는 의무이다. 그런 물건을 사면 안 된다!

일반적으로 '어떤 것을 하지 않는 것'은 언제라도 우리의 능력 안에 속하는 일이지만, 그 '어떤 것'들은 대부분 우리가 하고싶어 하는 것들이다. 따라서 동물에게 주어진 권리와 우리가 지켜야 할 — 지킬 수 있는 한도 내에서 — 의무를 비교해 따져봐야 한다. 동물에게 주어진 권리는 불필요한 육체적, 정신적 고통을 받지 않고 살 권리, 즉 절박한 관심에 대한 권리이다. 반면, 이런 권리를 지켜주기 위해 인간이 해야 할 의무는 어떤 것을 하지 않는 것, 다시 말해 우리가 쉽게 할 수 있는 일이다. 라이프스타일을 바꾸는 것은 도덕적으로 우리가 수행해야 할 당연한 의무다.

그렇다면 우리가 동물에 대해 갖는 적극적 의무는 무엇일까? 적극적 의무를 찾는 일은 좀 어렵다. 지금 내가 이야기하는 의무는 앞 장에서 말한 자연의무, 즉 스스로 획득하지 않은 본래적인 의무다. 획득의무에는 적극적 의무가 따른다는 것에 철학자들은 대부분 동의한다. 하지만 자연의무에 적극적 의무가 따르느냐 하는 문제에 철학자들은 대부분 동의하지 않는다. 철학자들의 생각이 옳다면, 동물을 위해 우리가 적극적으로 행동하는 것은 본래 우리에게 주어진 도덕적 의무가 아니다. 다시 말해 적극적 행동은 의무가 아니다.

스스로 획득하지 않은 의무에 적극적 의무가 따르지 않는다는 주장은 '해야 한다는 말은 곧 할 수 있다는 뜻'이라는 간단한 논리에서 출발한다. 쉽게 말해, 어떤 사람에게 '도덕적으로 무엇을 해야 한다'고 말하는 것은, 그 사람에게 그 일을 '할 수 있는 능력'이 있다고 가정하는 것이다. 예컨대, 누군가 당신에게 '매달 자선기금을 10만 원씩 내라'고 도덕적으로 강제할 수 있을까? 돈이 없거나, 그런 돈을 벌 방법이 없다면 말이 안 되는 이야기다. 또한 당신에게 '자선활동에 매달 일주일씩 참여하라'고 도덕적으로 명령할 수도 없다. 돈과 마찬가지로 시간도 절대 한정되어 있기 때문이다.

적극적 의무를 수행하려면, 시간을 투자해야 한다. 하지만 시간은 가차 없이 유한하다. 따라서 잠재적인 적극적 의무를 모두 충족시키기는 불가능하다. 예컨대 동물권운동 못지 않게 굶주리는 사람에게 음식을 나눠주고, 노숙자들에게 쉴 곳을 제공하는 등 다른 의미 있는 활동도 존재한다. 물리적으로 시간은 제한되어 있기 때문에 어떤 적극적 의무를 수행하기로 선택한다면 다른 적극적 의무는 수행하기 어렵다. 결국 어떠한 적극적 의무를 '반드시' 수행해야 한다고 말하는 것은 불가능하다. 다시 말하지만 '해야 하는' 것은 '할 수 있는' 것이어야 한다. 당신이 할 수 없는 일이라면, 그것은 의무가 아니라는 뜻이다.

여러 가지 적극적인 의무가 있다면, 그런 의무들 사이에 무엇을 선택해야 할지 판단하는 기준은 도덕적인 관점에서 찾을 수 없다. 굶주리는 사람에게 음식을 주는 일이 집 없는 사람에게 쉴 곳을 마련해주는 일보다 가치 있어야 하는 이유는 무엇일까? 적극적 의무가 여러 가지 있을 때 이것을 수행할 것인가, 저것을 수행할 것인가 판단할 기준은 없다. 두 가지 다 할 수 없을뿐만 아니라, 이것보다 저것을 해야 하는 이유 또한 없다. 결국, 어느 것 하나는 할 필요가 없다는 말처럼 들릴 수 있다.

하지만 이 논증은 '어떤' 적극적 의무를 반드시 수행해야 한다고 주장할 수 없다고 말하는 것이지, 우리가 적극적 의무를 전혀 갖지 않는다고 말하는 것은 아니다. 어쨌든 우리에게 어떤 적극적 의무가 주어졌다고 주장하기는 불가능하다는 결론을 내릴 수밖에 없다. 따라서 동물을 위해 우리가 취할 수 있는 수많은 적극적인 행동은 우리에게 주어진 도덕적 의무가 아니다. 하지만 이러한 결론에 대해 동물권을 옹호하는 사람들이 특별히 불편해 할 필요는 없다.

첫 번째, 이 논증은 우리가 동물을 다루는 태도 못지 않게 우리가 인간을 대하는 태도에도 똑같이 적용된다. 따라서 특별히 동물권운동에게만 불리한 것이 아니다.

두 번째, 사람들이 동물에 대한 '소극적 의무'만 지킨다고 해도 동물의 삶의 질은 급격하게 좋아질 것이다. 우리가 동물을 먹기 위해 키우지 '않고' 동물에게 실험을 하지 '않기만' 하더라도 동물들의 삶이 얼마나 좋아질지 상상해보라. 동물에 대한 적극적 의무를 갖든 갖지 않든, 중요한 문제가 아니다.

세 번째, 거의 모든 도덕철학자들이 초과의무적^{supererogatory} 행동이 존재한다는 데 동의한다. 초과의무적 행동이란, 하면 좋지만 안 해도 나쁘지 않은 행동을 말한다. 말하자면 '반드시 수행해야 할 과업'을 넘어서는 행동으로, 하면 좋지만 논리적으로만 움직이는 세상에서는 강제할 수 없는 행동이다. 동물에 대한 적극적인 행동은 이런 유형에 속한다고 본다.

초과의무적 행동을 안 한다고 비난할 수는 없지만 소극적 의무만을 이행하려는 사람, 도덕적 요구를 충족시키는 최소한의 행동만 겨우 하는 사람을 우리는 별로 좋아하지 않는다. 이러한 '도덕적 노랭이'들에게는 아리스토텔레스가 말했듯이 '영혼의 위대함'이 없다. 가지 않아도 되는 길을 기꺼이 더 나아가려는 사람은 많은 이들에게 깊은 영감을 일깨워 준다. 결국 우리가 밝혀야 할 문제는 이렇게 정리할 수 있다.

"동물을 위해 우리가 할 수 있는 적극적 행동 중에 바람직한 행동은 어디까지일까?"

사상전파 목록에 속하는 행동들은 의무라고 할 수 없지만, 이 책의 논증이 옳다면 '초과의무적' 행동에 속하는 것은 분명하다. 이는 올바른 행동일 뿐 아니라 자신의 신념을 드러내는 행동이기도 하다. 하지만 몇몇 행동은 얼핏 보기에 '선을 넘어서는' 행동처럼 보이기도 한다. 동물의 관심을 방어하기 위한 행동은 어느 정도 수준까지 도덕적으로 정당한 것일까?

시민불복종

시민불복종 목록에 있는 행동들은 모두 불법행위이다. 바로 이것이 시민불복종$^{civil}_{disobedience}$이라는 말의 핵심이다. 그 행동이 불법행위이기 때문에 시민불복종이라고 한다. 예컨대, 피켓시위는 어쨌든 불법행동이 아니다. 결국 시민불복종에 대해서 제대로 판단하려면 법을 어기는 행동이 도덕적으로 올바를 수 있는가 하는 문제를 살펴봐야 한다.

정치철학자들은 대부분 법을 준수하는 것이 우리의 '자명한' 의무라고 말한다. 다시 말해, 법에 기재되었다는 사실만으로도 복종해야 하는 이유가 된다는 뜻이다. 하지만 법은 영원할 수 없으며 때로는 뒤집힐 수도 있다. 정치철학자들은 법이 근본적으로 '정당하지 않은' 경우 뒤집힐 수 있다고 말한다. 인도의 간디나 미국의 마틴 루터 킹이 주도한 시민불복종투쟁을 도덕적으로 정당하다고 말할 수 있는 것은 이 때문이다. 그렇다면 여기서 우리가 풀어야 할 문제는 다음과 같이 정리할 수 있다.

"인간이 동물을 지금처럼 취급하게 허용하는 법이 근본적으로 부당하다고 여길만한 근거가 있는가?"

이 문제에 긍정적인 해답을 한다면, 이러한 법을 어기는 행위는 도덕적으로 정당하다.

지금까지 이 책의 주장이 옳다면, 수많은 동물을 지금처럼 대하는 행위는 도덕적인 관점에서 볼 때 너무나 잘못된 것이다. 우리가 간직하는 가장 근본적인 도덕원칙 ─ 평등원칙과 응보원칙 ─ 에 배치되기 때문이다. 이 원칙들은 뿌리가 깊다. 어떤 일이 옳은지 그른지 판단하는 도덕적 사고의 기본이 되기 때문이다.

우리가 지금처럼 동물을 다룰 수 있는 것은 동물에게 무엇을 할 수 있거나 또는 없다고 규정하는 특정한 법률이 있기 때문이다. 그렇다면 우리가 동물을 다루는 방식이 ─ 우리의 가장 근본적인 몇몇 도덕적 믿음과 모순된다는 의미에서 ─ 비도덕적이라는 사실은 곧 이러한 법이 정당하지 않다는 뜻일까?

궁극적으로 그렇다. 왜 그런지 알고 싶다면, 스스로 되물어보라. '법이란 도대체 무엇인가?' 개념상 구차한 것들을 모두 빼버리고 간단히 말하자면, 법이란 '강제해도 될 만큼 중요하다고 여겨지는 도덕규칙'이다.

법의 지위에 올라갈 만큼 중요하다고 여겨지지 않는 도덕의무도 많다. 예컨대, 당신은 친구와 신의를 지킬 의무가 있고 배우자에게 절개를 지킬 의무가 있다. 하지만 이처럼 널리 도덕적으로 인정되는 의무라 해도 법적으로 강제하지 않는다. 법이란 강제해야 할 만큼 중요하다고 여겨지는 도덕규칙이다. 그것이 법의 기초이자, 궁극적으로 법이 정당성을 갖는 원천이다.

평등원칙과 응보원칙은 특별한 경우에만 적용되는 도덕원칙도 아니고 무시해도 좋은 원칙도 아니다. 이 원칙은 도덕성의 절대적 중심이자, 우리의 도덕적 사고와 이런 사고를 바탕으로 쌓아온 도덕적 전통의 절대적인 근원이다. 도덕원칙 측면에서 이 원칙들은 우리가 획득할 수 있는 가장 중요한 가치를 지니는 것이다. 이런 원칙들이 법으로 강제할 만한 가치가 없는 것이라면, 그 어떠한 도덕원칙도 가치있다고 말할 수 없다.

현실은 어떤가? 동물을 지금처럼 다룰 수 있도록 하는 법을 예로 들어보자. 동물을 실험용으로 사용하기 위해 번식시키고, 비참한 환경에서 키우고, 마침내 섬뜩한 실험대상으로 사용하도록 법으로 허용한다. 동물을 공장형 농장의 잔인한 환경에서 키워, 소름 돋는 처참한 방법으로 도살하도록 법으로 허용한다. 이는 우리의 가장 근본적인 도덕원칙과 상반되는 — 논리적으로 모순 되는 — 법이다. 이는 우리가, 도덕원칙을 제대로 이해하지 못했기 때문이며, 그 원칙의 당연한 귀결을 파악하지 못했기 때문이다.

이러한 법은 우리가 잘못 만든 것에 불과하다. 현재 우리가 동물을 대하는 방식을 용인하는 법은 우리가 쌓아온 도덕적 전통의 절대적인 중심요인과 모순된다. 이러한 법은 법이 존재할 수 있는 가장 부당한 형태라고 할 수 있다. 따라서 우리는 그런 법을 준수해야 할 의무가 전혀 없다. 시민불복종행위가 불법이라는 말은 그런 행동이 도덕적이지 않으며, 해서는 안 된다는 뜻이 아니다.

구출투쟁과 사회변화운동

시민불복종운동가로 어떤 행동을 해야 하는지, 어떤 행동을 하지 말아야 하는지 제대로 판단하려면 구출투쟁$^{acts of}_{rescue}$ 과 사회변화운동$^{attempts to}_{change society}$ 을 구별할 줄 알아야 한다. 이들은 다른 기능을 수행하며, 따라서 도덕적으로도 전혀 다른 방식으로 평가해야 한다.

실험실에 침입하여 실험장비를 파괴하고 갇힌 동물을 풀어주는 행동을 예로 들어보자. 이는 넓게 보자면, '구출투쟁'으로 분류할 수 있다. 실험실 동물을 구조하고, 시설을 파괴함으로써 (극히 제한적이긴 하겠지만) 앞으로 동물을 감금하고 고문하기 어렵게 하는 행동이다.

물론 이러한 기계파괴행위가 단순히 '상징적' 퍼포먼스에 불과하며, 장기적으로 거의 아무런 변화도 만들어내지 못하는 공허한 몸짓일 뿐이라고 주장하는 사람도 있다. 하지만 진실은 변하지 않는다. 물론 동물을 풀어준다고 해서 그 동물들이 더 나은 삶을 살게 될 것인지는 확신할 수 없지만, 어쨌든 풀려나는 동물에게 이런 행동은 세상이 뒤집히는 경험이다. 실제로 구출한 동물은 대부분 편안히 쉴 수 있는 보금자리로 옮겨간다. 이러한 개개의 동물의 처지에서 볼 때, 구출투쟁은 결코 공허한 몸짓이라고 말하기 어렵다.

또한 구출투쟁에 성공하고 나면 이에 참여한 사람들은 대개 언론에 자신들의 소행임을 알리고 스스로 경찰에 출두함으로써 대중매체에 자신들의 행동과 의도가 최대한 뚜렷하게 부각되도록 노력한다. 이는 구출투쟁과는 성격이 다른 운동이라 할 수 있다. 이것은 동물에 대한 사회적 인식을 바꾸려는 노력이다. 이것은 앞에서 본 행동과 목표 자체가 다르다. 사회의 정의감에 호소하며 지금 벌어지는 현실을 사람들에게 알리고, 무엇이 옳고 그른지 대중이 판단할 수 있도록 부추기는 것이 목표인 '사회변화운동'이다.

사회변화운동은 불법시위, 연좌농성, 무단점거에서 협박, 테러에 이르기까지 다양한 형태로 전개될 수 있다. 사회변화운동의 가장 큰 목적은 대중의 시선을 끌어 모으는 것이다. 현재 상황이 어떠한지 대중에게 알리는 일은 대중적 여론을 이끌어내기 위한 필수적인 첫 번째 과제다.

사회변화운동이 정당성을 가지려면, 구출투쟁보다 훨씬 까다로운 요건을 충족시켜야 한다. 다음 상황을 생각해보며 그 이유를 찾아보자.

당신은 노예제도를 용인하는 사회에서 살고 있다. 당신은 도덕적 사고 속에서 평등원칙과 응보원칙이 어떤 역할을 하는지 제대로 이해하고 있으며, 따라서 노예제를 반대한다. 어느 날 어떤 노예주가 자신의 노예를 때리는 모습을 목격하고 그 노예를 구해줘야겠다는 생각을 했다. 이른바 급박하게 행동이 요구되는 상황이다.

이를 풀어나가는 접근방식은 여러 가지 떠올릴 수 있다. 예컨대, 노예제의 부당성을 동료 시민들에게 설득한다. 하지만 그러려면 시간이 걸린다. 그런 방법으로는 지금 두들겨 맞고 있는 노예를 궁지에서 구해낼 방법이 전혀 없다. 결국 당신은 그 집에 박차고 들어가 노예를 구출하기로 결정했다. 이것이 바로 구출투쟁이다.

이 상황에는 두 가지 중요한 특징이 있다. 첫 번째, 당신에게는 즉각 대응할 효과적인 법적 수단이 없다. 법에 호소하는 행동, 예컨대 노예를 잔인하게 대하지 못하도록 법에 호소하는 행동은 시간이 걸린다. 반면 지금은 한시가 급한 상황이다. 그 노예주를 고소하여 재판에 부칠 수도 있겠지만 제대로 판결을 받으려면 몇 년이 걸릴지도 모른다. 지금 두들겨 맞는 노예에게 아무런 도움도 주지 못한다.

두 번째, 노예주가 당신의 개입에 저항할 것이다. 어쩌면 당신을 공격할지도 모른다. 그가 폭력을 휘두른다면, 당신도 폭력으로 맞설 수 있는 권리가 생긴다. 다시 말해서, 1차적으로 상대방의 공격에 맞서 자신을 방어하기 위한 폭력, 2차적으로 폭력으로 달성하고자 하는 목표는 폭력의 정당성을 부여한다. 이는 심각한 부당함을 바로잡고자 노력할 때 당신이 적절히 행사할 수 있는 권리다. 자신을 보호하기 위한 '어쩔 수 없는' 폭력, 또 자신에게 가해지는 폭력의 크기에 '비례하는 양만큼'의 폭력은 정당방위가 된다(정당방위가 되기 위한 조건으로 '급박성' '비례성'

'현재성'이 있다. 자신에게 물리력이 가해지는 급박한 상황에서, 자신에게 가해지는 물리력의 크기와 비슷한 정도의 물리력을, 물리력이 가해지는 시점에 행사하여야 한다 - 옮긴이).

노예주와 싸워서 그 노예를 해방시켜주는 데 성공했다고 하자. 이제 당신은 본격적으로 사회변화운동에 뛰어들었다. 당신은 동료운동가들과 함께 시내중심부에서 시위를 벌이기로 결정했다. 다수의 사람들에게 어느 정도 불편을 유발함으로써 직접 작성한 반노예헌장에 대한 대중의 관심을 최대한 끌어올린다. 불편을 경험하면서도 많은 사람들이 당신의 견해에 동의한다.

이러한 행동은 구출투쟁과는 전혀 다른 일이다. 이것은 당신 스스로 동물권운동이라는 '긴 여정'에 몸을 실었다는 것을 의미한다. 구출투쟁만큼 즉시성이나 급박성이 있지 않기 때문이다. 물론 동물권운동이 추구하는 목적은 정말 긴급하고 절박한 것이다. 하지만 지금 택한 전술은 즉각적인 결과를 가져다주지 않는다. 이는 이러한 전략노선을 선택할 때 반드시 인지해야 하는 사실 중 하나다.

사회변화운동은 장기적인 안목으로 펼쳐나가야 하는 것이기에 절대 폭력을 사용해서는 안 된다. 동물권운동의 목표는 여전히 긴급하고 절박하지만, 사회변화운동은 빠르고 즉각적인 해결책을 만들어내지 못하는 방법이다. 즉각적인 해답을 내놓지 못하는 전략을 선택해 놓고서는 즉각적인 해답이 나오기를 바라는 것은 매우 치명적인 오류가 될 수 있다.

구출투쟁과 사회변화운동을 통해 뒤엎고자 하는 법에 정당성이 없다면 이러한 행동은 도덕적으로 정당하다. 지금 우리가 동물을 대하는 방식을 용인하는 법은 바로 그러한 정당성이 없는 법이다. 하지만 전략에 따라 우리가 사용할 수 있는 수단은 달라진다. 구출투쟁에서는 정당했던 폭력이 사회변화운동에서는 정당화되지 않는다.

구출투쟁과 사회변화운동의 차이를 이해하면 동물권을 위한 테러(그런 것이 있다고 한다면)가 정당한지 판단하는 데 큰 도움이 될 것이다. 이제 우리가 생각해 볼 문제다.

동물권운동의 정당한 실천방식

동물권 신장을 위해 테러를 저지르는 행위는 지나치다고 나는 생각한다. 그러한 테러가 정당하다고 생각하는 것은 구출투쟁과 사회변화운동을 제대로 구분하지 못하는 것이다. 더 정확하게 말하자면 구출투쟁에 적합한 수단과 방법을 사회변화운동의 방법으로 사용하는 것이다. 하지만 먼저, 테러가 무엇인지 생각해보자.

테러의 도덕적 지위에 관한 논의를 어렵게 하는 요인 중 하나는 테러terrorism라는 말을 지나치게 남용하는 현실이다. 우리가 일상적으로 사용하는 테러라는 말에는 너무나 많은 행위들이 포함된다. 예컨대 재물파괴도 테러방지법에 따라 기소되는 경우가 많다.

예컨대 1980년대 웨일즈의 민족주의운동단체 메이비온글런

둘^{Meibion}^{Glyndwr}은 웨일즈 지방에 있는 잉글랜드인들의 시골별장에 조직적으로 불을 질렀다. 이들의 방화투쟁으로 인해 부상자도 많이 나왔지만, 기본적으로 재물파괴를 목적으로 한 것이었다. 이들의 행동을 테러로 지칭하는 데에는 다분히 정치적 의도가 개입되어 있다.

따라서 동물권 테러의 도덕적 지위를 판단하기 위해선, 먼저 테러가 무엇인지 분명히 알아야 한다. 하지만 안타깝게도 테러라는 말에 대한 보편적인 정의는 찾을 수 없다. 그럼에도 테러로 분류할 수 있는 행동의 핵심적인 특징에 대해서는 보편적 수준의 합의가 존재한다.

테러에는 폭력이나 폭력을 쓰겠다는 협박이 포함된다.

테러에는 정치적 의도가 있다.

테러의 목적은 희생양 — 개인이든 집단이든 — 을 공포^{terror}에 떠는 상태로 몰아넣는 것이다.

테러는 행동양식을 바꾸는 것을 목표로 삼는다.

테러의 대상은 주로 상징적인 인물이 된다.

메이비온글런둘의 재물파괴행위를 테러로 보기 어려운 것은, 폭력이나 폭력을 쓰겠다는 협박이 포함되어 있지 않기 때문이다. 재물파괴는 폭력이다. 예컨대 우리는 '탁자로' 폭력을 행사할 수 있겠지만, '탁자에' 폭력 행사는 못한다. 탁자를 들어 누군가를 내려친다면, 사람을 향해 폭력을 쓰는 것이지 탁자를 향한 폭력은 아니다. 폭력이라는 말은 기본적으로 고통을 느끼는 대상에게만 쓸 수 있다.

이러한 일상적인 개념적 오류를 제거한다고 하더라도 여전히 해석의 문제가 남는다. 예컨대 모피코트를 입은 여자에게 달려가 빨간 페인트를 한 통 붓고 욕설을 퍼부었다고 가정해보자. 이런 행동은(그녀의 모피코트보다는) 그 여자, 즉 사람을 공격한 것이라고 해석할 수 있다. 따라서 이것은 폭력행위다. 이 행동에는 정치적인 의도가 있다고 볼 수 있다. 적절한 상황에서 이 행동은 그녀에게 공포를 느끼게 할 수도 있다. 또한 그녀의 행동 양식에 변화를 주려는 목표를 갖고 있다. 공격목표가 된 여자는 명백히 상징적인 의미가 있다(예컨대, 값이 비싸고 흔한 밍크코트가 가장 좋은 대상이 될 것이다).

하지만 이런 행동을 테러라고 보는 것 역시 다소 무리하게 여겨지는 것이 사실이다. 이런 행동 때문에 테러리스트가 되어 무기징역을 받는다면, 과도한 처벌이라는 느낌을 지울 수 없을 것이다. 기껏해야 이는 위협하고자 하는 행동이었을 뿐, 테러라고 볼 수는 없다.

위협(정치적 목적을 갖는 위협)과 테러 사이에는 어떤 차이가 있을까? 이렇다 할 만한 구분은 찾기 힘들다. 차이가 있다면 유형의 차이가 아니라 정도의 차이일 것이다. 모피코트에 페인트를 붓는 행동은 테러라고 하기에는 자아내는 공포도 크지 않고, 폭력도 미미할 뿐이다. 과격한 테러집단이 저지르는 행동과 비교해보면 쉽게 알 수 있다.

IRA의 유명한 처벌방법 중 하나인 응징타도^{punishment beating}를 예로 들어보자. 타도대상이 된 제물을 잡아다, 팔오금에 권총의 총구를 대고 팔을 들어 앞으로 접도록 하여 총열이 움직이지 않게 고정한다. 그런 다음 방아쇠를 당긴다! 총구의 방향에 의해, 팔꿈치가 산산조각 난다. 그런 다음 나머지 한 쪽 팔에도 이렇게 한다. 그 다음엔 양 무릎에 쏘고 마지막으로 양 발목에 총을 쏜다(그래서 '6발six pack'이라고 부르기도 한다).

　　모피코트 소동은 비교할 대상조차 되지 못한다. 물론 테러와 협박 사이에 분명한 선은 없다. 어느 정도까지는 그 행위가 수반하는 공포의 가혹함이나 폭력의 정도에 의해서만 구분될 수 있다. 테러로 분류하려면 그 공격이나 위협이 어느 정도 이상의 공포를 자아내거나, 그에 걸맞은 폭력이 개입되어야 한다.

　　결국 이것은 동물권 투쟁단체들이 행하는 공격은 대부분 테러라고 보기 어렵다는 것을 보여준다. 예컨대, 동물해방전선 ALF:^{Animal Liberation Front}의 대외적 노선은 비폭력이다. 물론 특별한 경우 재물, 시설, 실험결과물을 파괴하는 행위를 벌이기도 하지만 인간은 공격대상으로 삼지 않는다.

　　동물권시민군ARM:^{Animal Right Militia}은 폭발물을 사용하기도 한다. 이 역시 사람을 목표로 하지 않는다. 기껏해야 담뱃갑 속에 들어갈 정도로 작은 폭발물을 백화점에 남겨두고 나와, 백화점이 문 닫고 난 뒤에 터지도록 하는 것이 전부다. 그런 행동은 테러라기보다는 경제적 손실을 주기 위한 행동이라 할 수 있다. 실제로 이를 실행한 배리 혼^{Barry Horne}은 유죄 판결을 받고 18년형을 받았다. 강간, 어린이학대, 또 수많은 살인자들보다도 훨씬 긴 형을 받았다는 사실을 고려하면 이는 매우 지나친 처벌이라는 것을 알 수 있다.[32]

동물권시민군은 또한 대중의 시선을 끌기 위해 다양한 유언비어를 퍼트리기도 했다. 마스 초코바에 쥐약을 넣었다거나, 칠면조에 수은을 넣었다거나, 샴푸에 표백제를 넣었다고 공갈을 치기도 했다. 이 모든 사건을 나는 기억한다. 솔직하게 말해서 그런 행위가, 누군가에게 정말 공포를 자아냈다고 말하기는 힘들다. 잠시 동안 초코바를 먹지 못한다고 공포에 떨며 방황할 사람이 있겠는가? 이들이 노린 것은 경제적인 것이었지 심리적인 것이 아니었다. 이런 공갈협박으로 마스가 입은 손실은 120억 원 정도로 추산된다(Mars Ltd.는 M&M's, Snickers, Twix, Skittles, Mars등 초콜릿 제품들과, Whiskas, Pedigree 등 애완동물사료를 생산하는 영국의 다국적 기업이다. 1984년 마스는 동물보호단체의 반대에도 불구하고 동물을 상대로 한 충치실험을 강행하다가, 결국 ARM의 활동으로 엄청난 손해를 보고 난 뒤 동물실험을 중지하였다 - 옮긴이).

아마도 가장 호전적인 동물권운동단체는 정의파Justice Department라 할 수 있다. 이들은 폭탄을 주저 없이 사용한다. 우편물폭탄, 차량장착폭탄, 방화기구 등을 그동안 사용하였다. 그들의 차량 두 개에 폭발물을 장착하여 (의도적으로)차주인이 없는 사이에 폭발시켰다. 차주인들은 모두 동물실험과 연관된 이들이다. 그들의 공격으로 인한 심각한 부상자는 아직 하나도 나오지 않았지만, 정의파는 원시적인 테러리스트 조직으로 간주해도 무리가 없을 듯하다.

이처럼 동물권운동단체가 벌이는 행동 중 진정한 의미의 테러에 해당하는 것은 매우 적은 수에 불과하다. 그럼에도 의문은 여전히 풀리지 않는다.

동물을 위한 테러 — 재물파괴나 협박을 제외한 진정한 의미의 테러 — 는 정당할까?

사람을 대상으로 하는 진정한 의미의 테러를 저지르려는 의도가 전혀 없다고 하더라도, 이런 행위는 정당하지 않다고 나는 생각한다.

사람을 죽이는 행위는 어떤 경우에든 잘못이라고 주장하는 사람도 있다. 인간에게 폭력을 가하는 행위 또한 어떤 경우에든 잘못이라고 주장하는 사람도 있다. 사실 이런 주장은 심각하게 고려할 가치도 없다. 이런 주장은 기본적으로 살인과 폭력에 대한 일반적인 상식을 거스른다. 정당방위, 무고한 제3자 보호(예컨대, 자신의 여동생이 강간당하는 상황), 전쟁 등을 떠올려보면 쉽게 수긍할 수 있다. 폭력, 심지어는 살인도 상황에 따라서는 정당할 수 있다.

중요한 것은 도덕적 정당성이다. 폭력, 심지어는 살인이라 할지라도 '더 큰 선'에 부합한다면 도덕적으로 정당하다. 물론 사람마다 생각하는 더 큰 선이 다를 수 있기 때문에, 판단하는 것이 쉽지만은 않다. 하지만 폭력이나 살인이 더 큰 선을 위해 필요한 경우라면, 이는 정당한 행동이 될 수 있다는 믿음은 많은 사람들이 동의하는 믿음이자 지혜다. 따라서 폭력이나 살인을 저질렀다는 이유만으로 동물권테러를 매도해서는 안 된다.

예컨대 어떤 동물권 테러리스트가 다음과 같은 믿음을 가지고 있다고 가정해보자.

"수백만 동물들이 비참한 불행 속에서 살다가 끔찍하게 종말을 맞고 있다. 도덕적으로 개탄스러운 상황이다. 몇몇 사람들을 죽여 이 상황을 끝장낼 수 있다면, 당연히 그렇게 해야 한다. 그들을 죽이는 행위는 더 큰 선에 기여하는 것이기 때문에 정당하다."

이러한 신념은 옳을까 그를까? 이를 평가하기 위해선 다시 한번 공평한 자리에 서야 한다. 이 문제에서 당신은 세 가지 가능성을 고민해야 한다.

당신이 인간에게 잡아 먹히거나, 생체실험을 당하거나, 사냥감이 되거나 그 밖의 학대를 당하는 동물로 판명되었을 때.

당신이 동물권 테러리스트의 표적이 되는 사람으로 판명되었을 때.

당신이 동물권 테러리스트로 판명되었을 때.

테러리스트의 공격은 표적이 되는 사람뿐만 아니라, 도망치는데 미숙한 경우라면 자기 자신까지도 해를 미칠 수 있다. 공평한 자리에서 볼 때 이러한 테러리스트의 행동 때문에 동물의 운명이 크게 바뀔 확률이 없는 세상이라면, 동물권테러는 불합리한 선택이다.

그렇다면 다음과 같은 세상이 있다고 가정할 때, 자신이 학

대받는 동물로 판명될 경우 어떤 세계에서 사는 것이 훨씬 나을
까?

1. 동물운동가들이 진정한 의미의 테러를 감행하는 사회.
2. 동물운동가들이 불법적인 행동(예컨대, 재물파괴나 동물을 풀
   어주는 행위)은 해도 테러는 하지 않는 사회.

이 문제의 해답을 찾기 위해선 동물권테러가 어떤 역할을 하
는지 먼저 살펴봐야 한다. 특히 동물을 위한 테러가 구출투쟁
인지, 사회변화운동인지, 아니면 두 가지를 모두 포괄한 행동인
지 알아야 한다. 구출투쟁이라면 '불가피한 상황에 비례하는 크
기만큼'의 폭력을 사용해야 정당성이 인정받을 수 있을 것이다.
하지만 사회변화운동이라면 폭력의 사용은 정당성을 인정받지
못한다.

하지만 나는 동물권테러가 구출투쟁 기능을 하는 경우라 해
도, 아무런 효과를 발휘하지 못한다는 것을 논증할 것이다. 따
라서 동물권테러는 사회변화운동으로 이해될 수밖에 없다.

테러와 같은 극단적인 동물권행동은 '합법적인'(예컨대, 폭력
을 사용하지 않는) 동물권운동에 대한 대중의 인식까지 나쁘게 하
여 오히려 역효과를 낸다고 주장하는 사람도 가끔 볼 수 있다.
사실 이런 주장을 하는 사람들은 대개 모든 형태의 동물권운동
을 부정할 확률이 높다. 여론의 가치를 극대화하는 이러한 접근
방식은 지나치게 단세포적인 주장일 뿐만 아니라, 수많은 역사

적 증거와 모순되는 주장이다.

하지만 이런 주장 속에는 놓쳐서는 안 되는 진실의 알곡이 들어있다. 지금껏 테러는 대중, 말하자면 그 테러조직과 직접 연계되어 있지 않은 사람들의 폭넓은 지지를 받을 경우에만 장기적으로 커다란 파장을 낳고 실질적인 성과를 일구어냈다. 현재 상황을 보면 알겠지만 동물권운동은, 폭력을 전혀 쓰지 않는 운동조차 대중적인 지지를 받지 못하는 상태다. 동물권 테러리스트들이 스스로 전쟁에 나가는 전사라고 생각한다면, 이는 절대로 이길 수 없는 전쟁에 나가는 것과 같다.

전쟁을 하는 것은 동물권테러의 진정한 목적이 아니다. 예컨대 제국주의에 대항해 전개하는 민족해방전쟁은 일종의 구출투쟁이라고 볼 수 있기 때문에 지극히 타당할 수 있지만, 동물권테러는 그렇게 단순하지 않다. 실제로, 동물권테러의 기능은 세 가지로 구분할 수 있다.

1. 대중매체들이 모두 동물권문제를 무시하는 상황에서 이 문제를 극적으로 만들어 대중의 시선을 돌린다.
2. 기업들과 정부부처들이 공개적이고 준법적인 틀 안에서 활동하는 주류 동물권단체들의 압력을 거부할 수 없도록, 물리적 압력을 가하는 역할을 한다.
3. 대중에게 동물권행동에도 다양한 수준이 있다는 사실을 알려, 동물을 착취하는 기관들이 주류 동물권단체들을 '호전적인 극단주의자들'이라고 매도하지 못하도록 한다.

나는 세 번째 역할이 동물권테러의 가장 중요한 기능이라 생각한다. 특히 축산업이나 제약업체들이 동물권문제에 대항하기 위해 채택하는 일반적인 전략은, 자신들이 진정한 동물복지를 위해 노력한다고 포장하는 것이다.

"우리는 수의사들을 연구원으로 양성해왔습니다. 동물들이 최대한 편안한 삶을 누리도록 최선의 노력을 다하고 있습니다."

이러한 문장은 1980년대와 1990년대 초반 거대 제약회사들이 끊임없이 되뇌던 주기도문이었다. 이런 전략은 제대로 먹혀들었다. 주류 동물복지운동을 불합리한 극단주의자로 매도함으로써 사람들의 관심 밖으로 밀어내는데 성공했다. 이 시대의 가장 논리적이고 합리적인 사람이라 할 수 있는 피터 싱어나 톰 리건 같은 철학자들도 극단주의자 취급을 받았다.

제약회사들은 아직도 이런 전략을 사용하고 있지만 예전처럼 그다지 효과는 크지 않다. 이는 사실, 동물을 위해 극단적인 행동노선을 채택한 사람들의 노력 덕분이라고 할 수 있다. 자기 집에서 편안하게 앉아 머리만으로 소심하게 동물권주장을 펴는 나와 같은 사람들은, 자신의 믿음을 위해 온몸을 내던진 그들에게 엄청난 빚을 지고 있다.

하지만 동물권테러의 기능을 이런 식으로 평가한다는 것은 동물권테러를 복잡하고 세련되고 다면적인 '사회변화운동' 중 하나로 본다는 뜻이다. 사회변화운동이라면, 폭력의 사용은 정당하지 않다. 위에 기술한 세 가지 역할 — 공론화, 뿌리칠 수 없는 압력, 합법적인 운동이 활동할 수 있는 지평확보 — 을 제대로 수행할 수 있다면, 테러, 즉 극도의 공포를 자아내고 극단적인 폭력을 사용하는 행동은 '필요하지 않다.' 어쨌든 이 세 가지 효과를 얻기 위해 굳이 테러라는 행위를 벌일 필요는 없다. 문제의 공론화는 다양한 수단을 통해 달성할 수 있다. 압력 또한 다양한 책략을 동원할 수 있다. 합법적인 투쟁이 활동할 수 있는 대중적 지평 역시 다양한 방법을 통해 확장할 수 있다.

그렇다면 공평한 자리에서 볼 때, 폭력을 배제한 불법적인 방식의 사회변화운동과 동물권테러가 함께 존재하는 세계를 선택하는 것은 불합리할까? 그러한 테러는 그 존재이유가 되는 목표를 달성하기 위해서도 필요하지 않다. 당신이 동물로 판명된다면, 테러리스트의 행동은 전혀 도움이 되지 않을 것이다. 인간으로 판명된다면, 바로 당신이 그런 행동으로 피해를 볼지 모른다. 그런 이유로 인해 당신이 고통 받을 필요는 없다. 따라서 공평한 자리에서 동물권테러가 행해지는 세계를 선택하는 것은 불합리하다. 따라서 현세계에서 그러한 테러를 지지하는 것은 비도덕적이다. 바로 이것이 동물권테러를 도덕적으로 받아들일 수 없는 까닭이다.

다시 한 번 강조하지만, 이는 극도의 공포를 자아내고 과다한 폭력을 수반하는 행위로 구분되는 '진정한 의미의 테러행위'가 옳지 않다는 논증일 뿐이다. 하지만 실제로 테러로 분류할 수 있는 행위는 극소수에 불과하다. 재물을 파괴하거나, 갇힌 동물을 풀어주는 것은 결코 테러가 아니다. 갇힌 동물들에게는 그러한 구출투쟁이 매우 중요하다. 나는 그러한 행동이 잘못이라고 이야기하지 않았다. 폭력이 수반된다고 하더라도 불가피한 상황에서 비례하는 만큼의 폭력만 사용한다면, 정당하다.

요약

동물권행동에는 다양한 활동이 포함된다. 라이프스타일의 변화에서 테러에 이르기까지 그 폭은 매우 넓다. 이러한 행동은 다양한 의무 즉, 잠재적 의무로 뒷받침할 수 있다. 소극적 의무는 우리가 지켜야 할 도덕적인 의무다. 하지만 스스로 획득하지 않은 적극적 의무란 존재하지 않는다. 따라서 동물을 위해 무언가를 하지 말아야 한다는 의무와는 달리, 동물을 위해 무인가를 해야한다는 의무는 의무가 아니라 초과의무적 행동으로 볼 수 있다. 초과의무적 행동은 하면 좋은 것이지만 하지 않는다고 해서 나쁜 것은 아닌 행동이다.

동물을 위해 우리가 할 수 있는 많은 적극적인 행동은, 법에 어긋난다고 할지라도 도덕적으로 정당하다. 동물권을 거스르는 법은 근본적으로 부당하기 때문이다.

구출투쟁과 사회변화운동을 구분할 줄 알아야 한다. 구출투쟁은 폭력을 활용할 수 있지만, 자기방어를 위해 불가피한 상황에서, 자신이 닥친 폭력의 크기에 비례하는 만큼의 폭력을 행사할 때에만 정당성을 인정받는다.

하지만 동물권행동의 가장 극단적 형태인 동물권테러는 도덕적으로 정당하지 않다. 이는 구출행동으로서 효과가 없으며 따라서 사회변화운동으로 이해해야 하는데, 사회변화운동으로 폭력을 사용하는 것은 도덕적으로 바람직하지 않기 때문이다.

하지만 현실에서 동물권행동 중에 그나마 사소한 수준의 테러로 간주할 수 있는 것은 극소수에 불과하다. 이러한 몇몇 테러행위를 제외한 나머지 모든 동물권행동은 도덕적으로 정당하다.

세계와, 그 안에 존재하는 사물들을 단순
히 자원으로 보는 시각에는 많은 문제점
이 있다. 그런 생각의 오만함은 물론 숨이
막힐 정도로 놀랍다.

11
–
동물착취와 자기파멸

．
．
．

『동물의 삶The Lives of Animals』에서 코찌는 우리가 동물을 대하는 태도가 너무도 잘못되었다는 사실을 깨닫고 느끼는 혼돈스러운 감정을 다음과 같은 유려한 문체로 표현한다.

"사람들 속에서 나는 아무런 기리낌도 느끼지 못한다. 지극히 자연스럽게 그들과 함께 어울린다. 믿기지 않는다. 그들이 모두, 도저히 믿을 수 없는 범죄에 가담하고 있는 것이 정말일까? 내가 꿈꾸는 것은 아닐까? 나는 미친 게 분명하다. 하지만 매일매일 내 눈엔 명백한 사실들이 보인다. 도저히 그렇게 여겨지지 않는 바로 그 사람들이 범죄를 저지른다. 그것도 많은 사람들 앞에서 아무 죄책감 없이 저지른다. 거부할 수 없는 사실을 내게 들이민다. 그들은 분명, 돈을 주고 시체의 토막을 산다."

이것이 현실일까? 우리 모두 가공할 만한 범죄에 가담하는 공모자들일까? 그런 의구심은 당황스러운 감정을 불러온다. 우리의 가족들, 친구들, 그들도 이러한 잘못을 저지르고 있다. 우리 모두 공범이다. 하지만 그들 모두 친절하고 착한 사람들이다. 그렇지 않은가? 분명히 그렇다. 그들은 제각각 나름대로 다 선한 사람들이다.

하지만 지적, 문화적 전통 속에서 자신에게 부여된 가능성의 틀 안에서만 친절하고 착할 뿐이다. 우리가, 우리 모두가 물려받은 세계를 보는 눈은 우리 자신의 모습을 일그러뜨렸다. 그동안 살아온, 또 앞으로 살아갈 우리 모습을 왜곡하여 이기적이고 악의에 찬 모습으로 만들어 놓았다. 궁극적으로, 다른 것들과 마찬가지로 이런 세계관의 제물은 우리 자신이다.

암흑세계의 변증법

다채로운 표현과 문법파괴 어법으로 유명한 철학자 마르틴 하이데거는 지난 20세기를 세계의 암흑화$^{the\ darkened}_{of\ the\ world}$ 라고 명명하였다. 이 표현으로 그가 의미하고자 한 것은, 20세기를 통해 우리는 모두 세계를 '자원'으로 보고 이해하게 되었다는 뜻이다.

실제로 우리는 자연을 천연자원의 집합체로 이해한다. 산은 광석의 자원이고, 강은 수력발전의 자원이고, 숲은 종이의 자원이다. 인간은 분명히 지금 가진 자원의 한계를 걱정하며, 자원이 '다시 생겨나기를' 바란다. 자원이 재생산되지 않는다면, 우리에게 불편함이 닥치기 때문이다. 그럼에도 우리는 그들을 자원으로만 바라본다.

돈으로 따지지 못한다고 해서 자원에서 제외되는 것은 아니다. 오래된 활엽수림의 아름다움과 장엄함에서 얻을 수 있는 즐거움은 '활력을 주는' 자원, 심지어는 '영혼의' 자원이라는 측면에서 설명한다. 활력을 주거나 영감을 줄 수 있기 때문에, 그들은 여전히 자원이다. 세계를 자원으로 바라보는 우리 생각의 뿌리는 매우 깊다. 하이데거의 말이 옳다면, 이러한 생각이 자리 잡기 시작한 것은 지난 2천 년 이상의 인간의 지적 역사를 거슬러 올라간다.

세계와, 그 안에 존재하는 사물들을 단순히 자원으로 보는 시각에는 많은 문제점이 있다. 그런 생각의 오만함은 물론 숨이 막힐 정도로 놀랍다. 하지만 인간의 관점에서 볼 때, 더욱 치명적인 문제가 있다. 세계와, 그 안에 존재하는 모든 사물, 동물들을 일차적으로 자원으로 인식한다는 것은, 우리 인간을 서로 인식하는 방식에도 전염될 수밖에 없다. 이는 자연을 자원으로 바라보는 관점이 논리적으로 다다를 수밖에 없는 결과라 할 수 있다. 인간은 자연의 일부분이다. 따라서 인간도 자원이다. 어떤 것이든 — 인간이든 아니든 — 자원으로 인식되는 것은 일반적으로 조심스럽게 다룰 필요가 없다.

이러한 상황논리, 그리고 인간관계 속에 내포된 의미는 우리가 동물을 대하는 방식에서 적나라하게 드러난다. 우리가 동물을 다루는 방식은 거의 모든 측면에서, 그들이 다시 사용할 수 있는 자원에 지나지 않는다는 생각에서 비롯된다. 동물은 잡아먹을 수 있는 자원이고 실험대상으로 쓸 수 있는 자원이고, 구경할 대상이 되는 자원이고, 우리의 즐거움을 위해 사냥하고 죽일 수 있는 자원이다.

실제로 대다수 나라들이 가축동물과 실험실 동물을 법적으로 '재물'로 분류한다. 세계동물사육을걱정하는사람들 Compassion in World Farm 을 비롯한 여러 동물복지단체들이 동물을 감정이나 인식이 있는 '유정물'로 다시 분류하도록 압력을 행사해왔으나, 최근 유럽고등법원은 그들의 노력을 내동댕이쳤다. 분류를 바꾸면 동물을 사육하고 수송하는 방식 전체에 엄청난 변화가 초래될 수밖에 없으며 이로 인한 경제적 파급효과가 너무나 크다는 이유 때문이다.

그들이 이러한 결정을 내리며 구차하게 변명을 늘어놓을 수밖에 없는 이유는, 동물이 유정물이라는 주장은 부정할 수 없기 때문이다. 유럽연합에서 진실은 이윤보다 하찮은 것임에 틀림없다.

하지만 세상을 개념화하고 이해하는 근본적인 방식을 이야기할 때 변치 않는 진실은 '자신이 저지른 행위의 결과는 결국 자신에게 돌아온다'는 것이다. 동물을 도구로 바라보는 시각은 반드시 인간을 바라보는 시각에 영향을 미친다.

철학산업에서, 상황전개를 기술하는 논리를 변증법이라 한다. 이 책을 끝맺는 이 장에서는 동물을 도구로 바라보는 시각이 인간을 도구로 바라보는 시각으로 변형되는 과정, 또 이러한 변형이 불행한 결과를 초래하는 과정을 변증법적으로 검토해보려 한다. 우리가 동물을 도구적으로 가장 광범위하게 사용하는 사례인, 먹기 위한 동물사용을 중심으로 살펴본다.

대규모 농장의 등장

대규모 농장이라고 하는 것에서 논의를 시작해보자. 달걀, 닭고기, 돼지 등 여러 축산물을 대량으로 생산하는 공장형 축산농가가 한 지역에 처음 들어왔다고 가정해보자. 물론, 생산성을 극대화한 공장형 축산시설은 돈 몇 푼으로 지을 수 있는 것이 아니다. 특수하게 설계된 바닥과 먹이공급장치들이 복잡하게 들어차 있는 커다란 건물을 지으려면 땅값, 동물값을 뺀다고 해도 수십억 원이 든다. 적당한 규모의 양계장도 이에 못지않게 많은 비용이 든다. 초기비용이 상당히 많이 들어간 만큼 공장형 축산업자들은 언제나 최고의 생산성을 유지하려고 노력한다.

이처럼 최고의 수익을 내려면 간단히 말해서 최소한의 비용으로 최대한 빨리 '시장에다 내다팔 수 있는 무게'로 동물을 키워내야 한다. 하지만 이런 방법으로 생산된 동물에게는 최소한 네 가지 주요한 결점이 있다.

1. 이곳 동물들은 사방이 밀착된 공간에 갇혀 사육된다. 운동이란 곧, 칼로리를 태우는 일이다. 운동을 하면 더 많이 먹게 된다는 뜻이며, 결국 더 많은 비용 — 사료값 — 이 든다는 뜻이다. 따라서 동물이 시장무게에 최대한 빨리 도달하게 하려면 움직이지 못하게 해야 한다. 결국, 이 동물들의 고기에는 자연방목한 동물에 비해 자방이 상당히 많이 들어 있다는 뜻이다.

2. 공장형 집약시설에서 자란 동물들은 일반적으로(육체적으로나 정신적으로나) 매우 허약할 수밖에 없다. 물론 공장형 축산업자의 처지에선, 시장무게에 도달하기 전에 동물이 죽도록 내

버려 두어선 안 된다. 따라서 이들에게 과도할 정도로 항생제를 투여한다. 미국 기술평가원US Office of Technology Assessment 보고서에 따르면 소의 60퍼센트, 돼지와 송아지고기용 송아지, 가금류는 거의 모두 항생제를 섞은 사료를 정기적으로 먹는다.

3. 공장형 축산농장들이 성장촉진호르몬을 사용한다는 것은 공공연한 비밀이다.

4. 공장형 집약시설에서는 제일 싼 먹이를 최소한만 먹인다. 따라서 자연 상태에서는 절대 먹지 않을 것들을 먹어야 하는 경우가 많다. 자연상태에서 카니발리즘 성향을 보이는 소는 볼 수 없다. 오늘날 흔히 목격되는 카니발리즘 현상은 현대적인 공장형 집약축산방식에 의해 강제발현된 것이 분명하다.

공장형 축산은, 동물을 재사용할 수 있는 자원으로 취급하는 가장 대표적인 제도라 할 수 있다. 우리가 동물에게 저지르는 만행은 우리에게 어떤 결과로 돌아올까?

전통 축산업의 몰락

대규모 농장의 등장으로 인해 가장 먼저 고통받은 사람들은 물론, 전통적인 방식으로 농사를 짓던 사람들과 그들이 속한 농촌 공동체다. 앞에서 말했듯이, 공장형 집약시설은 초기비용이 상당히 높기 때문에, 생산물이 시장에 넘쳐나더라도 시설을 최대한 가동해야 한다. 결국 돼지고기, 닭고기, 유제품은 만성적인 과잉생산 상태에 처하게 된다.

과잉생산으로 수익성은 계속 떨어지고, 공장형 시설이 아닌 전통방식(비집약적인 방식)으로 가축을 키우는 농민들은 몇 마리 되지 않는 가축으로 수지타산을 맞추는 것이 점점 힘들어진다.

또한 많은 나라들이 공장건물을 짓는 데 투자하는 돈에 대해서 세금감면혜택을 준다. 수익성보다 세금감면혜택을 받을 목적으로 공장건물을 짓는데 투자하는 사람들도 많다. 결국 대규모 농장시설은 필요이상으로 계속 늘어날 수밖에 없고, 물론 이로 인해 시장은 더욱 침체한다.

소규모 전통방식으로 가축업을 하던 농민들은 더욱 궁지로 몰리고, 시장은 공장형 축산업자들의 손아귀에 점점 들어가게 된다. 대규모 농장들이 어떤 역할을 하는지 제대로 이해한다면, 소위 '농촌 위기'라는 것의 정체를 제대로 파악할 수 있을 것이다(영국의 경우, 여우사냥을 하지 못하게 된 상황을 '농촌 위기'와 연계해 떠들어 대는 사람들도 있다. 단언컨데 이는 전혀 상관 없는 문제이다).

먹거리의 위기

대규모 농장이 불러오는 문제는 계속 커진다. 다음으로 고통 받는 사람들은 이런 방식으로 생산된 고기와 동물성 식품을 사먹는 소비자들이다. 이제는 비정상적으로 지방이 많고, 항생제, 성장호르몬 등 무수한 화학약물이 다량 함유된 고기가 식탁에 더 많이 오르게 된다. 이는 소비자의 건강에 심각한 결과를 낳는다. 이런 고기들이 심장병과 암의 원인이 된다는 것은 분명한 사실이다.

물론 다양한 형태의 심장병이 있다. 선천적으로 타고난 병도 있다. 하지만 오늘날 가장 많이 발병하는 심장병 유형은 동맥경화증이다. 동맥경화증이란, 플라크라고 하는 지방침전물이 콜레스테롤을 만들어내고, 이 지방덩어리들이 관상동맥 내벽에 달라붙어 피의 흐름을 막고 결국 심장마비를 일으키는 병이다. 플라크가 쌓이는 것은 적어도 부분적으로는 음식을 통한 동물성 지방의 과다섭취에서 원인을 찾을 수 있다. 지방이 많이 쌓인 동물의 고기를 먹으면 우리가 섭취하는 지방 역시 많아질 수밖에 없다.

동물성 지방의 과다한 섭취는 또한 다양한 암의 발병을 촉발한다. 연구결과, 지방은 암, 특히 유방암, 대장암, 자궁암, 전립선암이 자랄 수 있는 여건을 형성하는 것으로 나타났다. 집약적 생산방식에 의해 비정상적으로 지방을 많이 함유하게 된 동물의 고기는, 유전적으로 이러한 암에 걸리기 쉬운 사람들에게 강력한 발병원인을 제공한다.

집약적으로 키워지는 동물이 암을 유발하는 원인이 되는 것은 단순히 지방 때문만은 아니다. 가축사료에 아산질염이나 성장호르몬과 같은 첨가제를 넣지 말라는 시민단체들의 요구는 계속되고 있지만, 축산업자들은 전혀 듣지 않는다.

미국의 한 보고서에 따르면, 검사한 고기의 14퍼센트가 법적 허용치보다 높은 수준의 약물과 살충제를 함유하고 있다는 결과가 나왔다. 고기에서 검출된 143가지 약물과 화학물질 중에서 42가지가 암을 유발하거나 유발한다는 의심을 받는 물질이며, 20가지가 기형아 출산을 유발한다고 의심받는 물질이고, 6가지가 유전적 돌연변이를 유발한다는 의심을 받는 물질이다.[33] 미국식품의약국FDA Food and Drug Administration 은 미국에서 생산되는 고기 속에 5~600가지나 되는 독성화학물질이 들어 있을 수 있다고 경고했다.[34]

집약적인 생산방식으로 인한 건강문제 중에는, 지금까지 이야기한 것보다 직접적이지는 않지만 훨씬 불안한 문제가 있다. 2차세계대전 이후, 축산업의 항생제 사용량은 계속 늘어났다. 그에 따라 엄청난 항생물질들이 분뇨를 통해 흙에 뿌려졌다. 이로 인혜 인간에게 해로운 다량의 미생물들이 항생제에 노출되었고, 그들은 진화하고 변이하여 마침내 항생제에 대한 저항력을 갖게 되었다.

설사, 패혈증, 앵무병, 살모넬라, 임질, 폐렴, 장티푸스, 결핵, 어린이뇌막염을 일으키는 세균들이 모두 항생제에 내성을 갖는 새로운 균으로 완벽하게 진화했다. 이러한 변종세균에 감염될 경우, 10년 전 같은 증상을 경험했을 때보다 훨씬 건강에 치명적인 결과를 안겨줄 것이다(패혈증은 바이러스 침투로 인해 상처 또는 몸속에 염증(고름)이 생기는 병. 앵무병은 앵무새를 비롯한 카나리아, 비둘기 등에서 인간에게 전염되는 것으로 추정되는 바이러스성 폐렴. 살모넬라는 장티푸스나 식중독의 원인균. 뇌막염(수막염)은 뇌척수막에 염증이 생기는 병 - 옮긴이).

이보다 훨씬 우리를 공포에 떨게 하는 사실은, 모든 항생제에 저항력을 갖는 변종 세균의 출현이다. 이미 단 한 종의 항생제에만 반응할 뿐 다른 항생제에는 모두 저항력을 갖는 세균이 발견되었다. 바로 '황색포도상구균'이다. 이 세균은 건강한 사람에게는 해롭지 않지만 저항성이 약한 사람에게는 폐렴과 패혈증을 유발한다. 이 세균은 반코마이신을 뺀 나머지 모든 항생제에 내성을 갖는다. 하지만 이 약에 저항력을 갖추는 것 역시 시간문제일 뿐이다. 지금 이 시대를 사는 사람들은 항생제가 개발되기 전 세상이 어떠했는지 상상조차 하지 못한다. 하지만 머지 않아 그런 세상을 체험할 확률이 높다.

하지만 집약적인 축산방법에 따른 대중의 건강문제로 가장 유명한 예는 의심할 여지없이 광우병이라 할 수 있다. 소해면상뇌증BSE^Bovine songiform Encephalopathy 은 1970년대 후반에서 1990년대 중반까지만해도 영국에서 기르는 소들에게만 나타나는 일종의 풍토병으로 여겨졌다.

하지만 이 병은, 소해면상뇌증을 유발하는 변형 프리온에 감염된 소의 죽은 시체를 갈아서 사료로 만들어 다른 소에게 먹여서 발생한다는 사실이 밝혀졌다. 그리고 사람이 이 병에 감염된 소를 먹을 경우 새변형크로이츠펠트야콥병New Variant Creutzfeld-Jakob Disease(vCJD)이라는 전혀 새로운 유형의 병에 걸린다. 이는 지금 모든 사람들이 알고 있듯이, 진행성 치매증상을 비롯하여 여러 증상을 보이며 결국에는 죽고 마는 아주 비참한 질병이다.

vCJD로 인한 사망자 수는 처음에는 80명이 넘는 것으로 파악되었으며 그래도 천 명은 넘지 않을 것이라고 추산하였다. 최근 다시 이루어진 조사에서는 이 병으로 사망한 사람이 최소 천명 이상이며, 최대 14만 명까지 달하는 것으로 밝혀졌다! 엄청난 증가세다. 이 수치가 앞으로 더욱 높아지지 않을 것이라 누가 장담할 수 있을까?

소에게 동족시체로 만든 비정상적인 먹이를 먹인 결과 사람들이 vCJD로 죽어간다. 왜 그런 것을 먹였을까? 바로 돈 때문이다. 집약축산은 최대한 빠르게, 싼 비용으로 시장무게에 도달할 수 있도록 동물을 키우라고 요구한다. 죽은 소를 갈아서 먹이는 것이 전통적으로 사용하던 꼴을 베 먹이는 것보다 훨씬 싸다. 공장형 축산에서는 싼 것이 최고다. 집약적이지 않은 농가들도 대형 축산기업이 하는 대로 따라 하지 않으면 가격경쟁력에서 살아남지 못한다. 이 글을 쓰기 시작한 후에도 영국에서만 vCJD로 100명 가까이 죽었거나 죽어가고 있다고 한다. 사망자 수는 계속 올라가고 있다.

환경파괴

집약적인 축산방식은 또한 환경에 돌이킬 수 없을 정도로 무서운 영향을 미친다. 직접적인 영향도 있지만 간접적인 영향이 더 심각한 문제를 일으킨다. 직접적으로 환경에 미치는 영향으로는 수질오염이 있다. 집약적 축산방식과 전통적 축산방식의 가장 큰 차이점을 들자면, 집약시설에는 면적당 동물의 밀집도가

훨씬 높기 때문에 쌓이는 분뇨도 훨씬 집중되어 있다는 사실이
다. 결과적으로 분뇨는 땅에 거의 흡수되지 못한 채 넘쳐나고,
이렇게 넘치는 축산폐기물이 강과 지하수로 흘러들어 물을 오
염시킨다.

예컨대, 미국에서는 가축들이 만들어 내는 거름이 일년에 20
억 톤에 이르는데, 이중 절반 이상이 집약형 축산시설에서 생산
되는 동물에서 나온다. 그런 시설 주변에 흐르는 강이 오염되는
일은 흔하디 흔한 일이다. 집약형 축산시설이 보편화된 네덜란
드에서는 전체 국토를 모두 통틀어도, 가축의 분뇨를 절반도 채
흡수하지 못한다. 흡수되지 못하는 분뇨는 땅에 파묻는다. 물론
이 주변 지역은, 지하수가 썩고 식물이 모두 죽어버린다.

고기생산이 환경에 간접적으로 미치는 영향은, 훨씬 불안한
결과를 낳는다. 간접적인 영향이지만 그 결과는 간단한 계산만
으로도 쉽게 예상할 수 있다. 소는 생태계에서 '단백질전환자'
역할을 한다. 식물성 단백질을 먹어서 동물성 단백질로 전환하
는 것이다. 그리고 우리는 그 고기를 먹음으로써 동물성 단백질
을 먹는다. 소는 일종의 영양학적 중간매개체이다.

문제는 소가 매우 '탐욕스러운' 매개체라는 것이다. 우리가
소의 동물성 단백질 1킬로그램을 얻기 위해 소가 먹어야 하는
식물성 단백질은 21킬로그램에 달한다. 고기 1킬로그램을 얻기
위해 곡식 21킬로그램을 쏟아 부어야 한다. 우리가 먹을 수 있
는 식물성 단백질의 90퍼센트 이상이 소를 키우는 데 들어가는
것이다.

이렇게 따져보자. 당신이 땅 한 마지기에 농사를 짓는다고 가정해보자. 이 땅에서 콩처럼 단백질함량이 높은 식용작물을 재배할 경우, 140~230킬로그램의 단백질을 얻을 수 있다. 반대로 이 땅에 꼴을 심어 소를 키울 수도 있다. 소를 다 키워 잡아먹는 경우, 18~22킬로그램의 단백질을 얻을 수 있다.

다른 동물들도 소와 마찬가지로 단백질을 전환하는데 별로 효율적이지 않다. 예컨대, 돼지의 단백질 전환비율은 8대1 정도다. 하지만 이는 소가 먹는 식물성 단백질을 돼지가 모두 먹지 못하기 때문에 생기는 차이일 뿐이다. 우리가 음식으로 사용하는 대다수의 종 — 소, 돼지, 닭, 양 — 을 모두 합하여 평균을 낸다면, 일반적으로 수긍할 수 있는 전환비율은 10대1 정도가 된다. 다시 말해 동물성 단백질 1킬로그램을 얻기 위해 식물성 단백질 10킬로그램을 투입해야 한다.

음식의 다른 측면에서 볼 때도 비슷한 결과가 나온다. 예컨대, 땅 한 마지기에 귀리를 심어서 얻을 수 있는 칼로리는, 돼지 먹이를 키워서 돼지에게 얻을 수 있는 칼로리보다 6배나 높다. 소를 키우는 경우, 식물성 단백질로 얻을 수 있는 칼로리가 무려 25배가 높다. 브로콜리를 심어도 돼지를 키워서 얻을 수 있는 칼로리보다 3배가 높다. 철분 역시, 브로콜리를 심으면, 소를 키울 때보다 24배나 많이 생산할 수 있다. 칼슘 역시 젖소를 키울 때보다도 브로콜리를 심어서 얻는 양이 5배나 더 많다.

우리가 먹는 동물은 영양학적 균형을 잡아주는 중간매개체다. 우리는 많은 것 — 단백질, 탄수화물, 철, 칼슘 등 — 을 투자하여, 투자한 것보다 적은 양을 얻어낸다. 동물을 잡아먹기 위해 땅을 사용하는 것이 매우 비효율적이라는 것을 알려준다. 고기에 대한 우리 인간의 놀라운 욕망을 충족시키기 위해 엄청난 땅을 농지로 바꿔버렸다. 고기를 생산하지 않는다면 필요하지도 않았을 땅이다.

하지만 고기를 생산하기 위해 비효율적으로 사용되는 것은 땅뿐만이 아니다. 물, 에너지, 토양, 모두 쓸모없이 낭비되고 있다. 집약형 사육시설에서 소고기 1킬로그램을 생산하는데 쓰는 물은 10톤에 달한다(동물에 직접 사용되는 물뿐만 아니라, 그 동물에게 먹이기 위한 식물을 재배하는데 드는 물까지 계산한 것이다). 《뉴스위크》가 지적했듯이, 500킬로그램짜리 숫소 한 마리를 키우는데 드는 물이면 구축함도 띄울 수 있다.[35] 실제로 미국에서 쓰는 물의 절반 이상이 가축에게 쓰인다. 이렇게 물을 쓰기 위해 강에서 거리가 먼 지역에서는 엄청난 양의 지하수를 끌어올려야 한다. 미국의 지하수층은 머지않아 모조리 말라버릴 것이다.

이제 에너지에 대해서 생각해보자. 산업화된 나라에서, 무엇인가 키우는 행위에는 일반적으로 상당한 양의 화석연료를 들여야 한다(주로 농기계를 가동하는 연료나 화학비료의 형태로 사용된다). 예컨대 멕시코에서는 화석연료 1칼로리를 투자하여 옥수수 83칼로리를 생산한다. 반면 화석연료에 의지하는 비율이 매우 높은 미국에서는, 화석연료 1칼로리를 투자하여 옥수수 2.5칼로리밖에 생산하지 못한다.

하지만 이러한 곡물농업의 비효율성은 고기생산의 효율성에 비춰 보면 아무것도 아니다. 이제 음식을 기준으로 화석연료 사용비율을 따져보자. 가장 비효율적인 연료소모는 역시 집약형 축산시설에서 소를 생산하는 것이다. 소고기 1칼로리를 생산하기 위해 투입되는 화석연료는 자그마치 33칼로리에 달한다. 가장 효율적이라고 할 수 있는 방목형 소 생산 역시 소고기 1칼로리를 생산하기 위해 투입되는 화석연료는 3칼로리다. 결국 화학연료사용량이 다른 어느 나라보다 훨씬 높은 미국에서조차, 곡식을 생산하는 것이 방목형 소를 생산하는 것보다 최소 5배, 사육장 소를 생산하는 것보다 최소 50배 이상 에너지효율이 높다.

결국 고기를 생산하는 것은 땅, 물, 에너지를 극도로 비효율적으로 사용하는 행위다. 단백질 전환과정의 특성상 동물을 영양학적 중간매개체로 사용하는 것은 매우 비효율적인 방법이다. 엄청난 양의 땅, 물, 에너지를 쏟아 부어야 한다. 인간의 역사를 통해 보더라도 동물가축은 결국 숲을 완전히 밀어버리는 결과로 이어졌다. 지금도 계속 그런 일이 벌어지고 있다. 지난 25년 동안 중미의 열대우림이 절반 가까이 사라졌다. 이것은 대부분 미국으로 수출할 소고기를 생산하기 위한 것이었다.

숲을 없애면 숲에 사는 동물이 멸종하고, 토양이 부식하고, 거대한 홍수가 난다. 가장 중요한 문제는, 숲이 파괴됨으로써 어마어마한 양의 탄소 ― 이산화탄소 ― 가 대기에 방출된다는 사실이다. 바로 지구온실가스, 즉 온실효과를 높이는 주범이다. 이로 인해 지구 온난화는 가속하고, 만년설이 녹아 내리고 바다 수위가 올라온다. 낮은 지역은 홍수가 빈발하고, 가뭄이 번성한다. 재앙을 불러올 만큼 급격한 기후변화가 일어난다.

동물에게 더욱 혹독한 고통으로

대규모 농장의 등장으로 발생한 문제의 파장은 천천히 넓게 퍼진다. 처음에는 전통방식으로 가축을 키우는 농민들, 그들의 부양가족, 그들이 속한 농촌공동체를 뒤흔든다. 그런 다음 국가를 넘어서 인류, 마침내는 자연환경까지 뒤흔든다. 변증법이 전개되는 각각 단계마다 상황은 점점 악화되어 누군가 피해를 본다. 전통방식으로 가축을 키우던 농민이 생계나 삶의 수단을 상실하고, 소비자의 건강은 갈수록 악화되고, 환경은 파괴된다. 이 모든 것들은 우리 자신이 겪는 일이다. 사실 이러한 고통에서 자유로운 사람은 없다.

일반적으로 이러한 문제가 닥쳤을 때 우리가 떠올리는 해결책은, 그런 고통을 남에게 전가하는 것이다. 우리가 아닌 동물에게 전가하고, 우리가 겪어야 할 고통을 동물에게 뒤집어씌우는 것이다. 이는 우리가 저지른 일을 우리 스스로 되돌아보지 않는다는 뜻이다.

심장병과 암은 오늘날 가장 큰 사망원인이다. 이러한 병은 모두 유전적 요소가 작동하지만, 이를 촉발하는 환경적 요건이 있어야 한다. 물론 우리 힘으로 막을 수 없는 환경적 요건도 있다. 예컨대 우리가 알지 못하는 사이에 화학물질에 노출될 수도 있다. 하지만 이러한 극단적 사례를 빼면 대부분 환경적 요인은 우리가 분명히 예방하고 조절할 수 있다. 심장병의 경우 발병원인이 되는 가장 중요한 두 가지 환경요인은 담배와 지방인데, 지방이 담배보다 훨씬 큰 요인으로 작용한다.

예컨대 당신이 관상동맥의 벽에 지방플라크가 잘 붙는 강한 유전적 소인을 타고났다고 해도, 지방을 최대한 식단에서 배제하고, 동맥경화증을 유발하는 가장 분명한 의심후보인 붉은 고기를 먹지 않으면 발병확률은 크게 낮아질 것이다. 하지만 당신은 이렇게 하는가? 그런 사람들도 몇몇 있겠지만 대부분 그렇게 하지 않는다. 대신 우리는 절제를 하는 대신 이 문제를 해결해줄 약을 개발하겠다면서, 문자 그대로 매년 수백만 동물들을 생체실험의 지옥 속으로 처넣는다. 손가락 하나 까닥하지 않고 동맥벽에 붙은 지방을 없애려고 하는 것이다.

비만은 일반적으로 유방암, 대장암, 자궁암, 전립선암 등 몇 가지 유형의 암을 촉발하는 강력한 요인이다. 물론 이러한 암이 모두 비만 때문에 발생했다는 뜻은 아니며, 비만이라 하더라도, 모두 암에 걸린다는 뜻은 아니다. 하지만 규칙적으로 운동하고, 동물성 지방을 식단에서 최대한 줄임으로써 비만이 되지 않도록 조심한다면, 통계적으로 볼 때 이러한 암에 걸릴 확률은 크게 낮아진다.

하지만 당신은 그렇게 하는가? 다시 말하지만 그렇게 하는 사람은 거의 없다. 대신 예방약이나 치료약을 개발하기 위해, 수백만 동물들을 생체실험과 죽음으로 몰아넣을 뿐이다. 손가락 하나 까닥하지 않고 병을 고치려고 하는 것이다.

축산농가에서 항생제를 여기저기 마구 쓰는 바람에 항생제가 이제 말을 듣지 않는다고 난리인가? 지금까지 개발된 모든 항생제에 면역력을 갖춘 세균이 등장했다는 것이 사실인가? 하지만 전혀 신경 쓸 일이 아니다. 수백만 마리, 아니 모자라면 수천만 마리 동물을 생체실험의 지옥 속으로 몰아넣으면 될 일이다. 우리는 또 새로운 항생제를 개발할 것이고, 지금보다 더 많은 항생제를 갖게 될 것이다. 우리는 또 계속해서 항생제를 축산농가에 여기저기 마구 뿌려댈 것이다. 신경 쓸 일이 뭐가 있는가? 우리의 실험대상은 여전히 무한한데 말이다!

지구는 점점 더워지고, 바다수위는 계속 올라온다. 단순히 우리가 자동차를 너무 많이 몰기 때문만은 아니다. 너도나도 햄버거를 먹어대기 때문이다. 햄버거회사들의 판매량이 늘어나면서 남미, 중미의 열대우림이 매년 9만~20만 제곱킬로미터씩 싹쓸이되고 있다. 우리가 값싼 햄버거를 계속 즐길 수 있는 이유다.

방글라데시에서는 바다의 수위가 0.5미터 올라 주민 1,500만 명이 홍수로 떠내려갔다고 난리다. 하지만 도대체 나와 무슨 상관인가? 나는 내 일만 신경쓰면 될 뿐이고, 햄버거를 맛있게 먹으면 그만이다. 이게 바로 훌륭한 자유시장경제 아닌가?

당신도 이렇게 생각하고 있지는 않은가?

게슈텔 속 정책결정 – 광우병의 경우

이 장을 시작하면서 말했던 하이데거의 자연을 자원(도구)으로 보는 관점에 대한 이야기는, 그가 세계를 '게슈텔'이라는 개념으로 정의하는 과정에서 나오는 내용이다. 게슈텔gestell이란 원래 '집기' 또는 '뼈대'라고 번역할 수 있는 말이지만 '작업대' 또는 '닦달'이라는 의미로 하이데거는 개념화하였다.

게슈텔의 위험성, 또는 그것이 일으키는 여러 위험요소 중 하나는 일반화 경향이다. 우리가 자연을, 자연에 존재하는 모든 사물을 단순히 자원으로 본다면, 결국에는 인간 또한 이러한 시선으로 보게 된다는 말이다. 인간을 자원으로 본다는 말에는 두 가지 의미측면이 있다. 우선 명백한 측면은 '다른 사람'을 자원으로 보는 것이다. 이보다는 명백하게 느끼지 못하는 측면도 있는데, 그것은 바로 자기 자신도 자원으로 보는 것이다.

많은 나라 정부들은 일반적으로 자기나라 인민을 자원으로 바라본다. 정부조직의 이름에서부터 이러한 인식을 분명하게 드러내고 있기에, 사람들은 이것을 그다지 문제라고 생각하지도 않았다. 사회복지정책마저도 급기야 비용-수익의 분석의 제물이 되었다. 겨울 연료배급량 인상으로 인한 경제적 위험은, 얼마나 많은 연금생활자들이 얼어 죽어야 부담할 수 있는 것일까? 물론 정부가 공개적으로 이런 식으로 정책결정을 '계산하는' 모습은 못 보았을 것이다. 하지만 비용-수익 분석은 언제나 정부 정책결정의 틀이 된다.

이러한 사고방식은, 특히 최근 동물과 관련한 사건에 대한 정부의 대처과정을 통해 극명하게 드러났다. 광우병에 대해 영국 정부가 대처하는 비극적이고도 부끄러운 과정이 바로 그러한 대표적인 예라 할 수 있다. 영국의 광우병백서라고 할 수 있는 필립스보고서Phillips Report는 우리가 인간생명의 가치를 어떻게 인식하고 있는지 알 수 있는, 불안하지만 충분히 예측할 수 있는 이야기를 들려준다("Phillips Report"는 영국에서 광우병이 발생하고 확인되는 과정, 이에 대한 정부의 대처 등을 전반적으로 조사하고 기록한 보고서다. 영국의회의 발의로 1998년 1월 Lord Phillips를 중심으로 하는 조사위원회가 발족하였으며 2000년 10월 완성된 보고서가 발표되었다. 보고서에는 1996년 3월 상황까지만 기록되어 있다. www.bseinquiry.gov.uk에서 보고서 전문을 볼 수 있다 - 옮긴이).

필립스보고서는 우선, 1970년대 어느 시점에 영국 한 지방의 소 한 마리에게서 유전자 변이가 일어났을 것이라고 추정한다. 지금 우리가 소해면상뇌증이라고 하는 것이 최초 발생한 것이다. 영국에서는 1926년부터 소에게 소나 양과 같은 동물들의 시체들을 갈아서 먹였고, 이런 행위는 한 세기가 흐르면서 점점 일반화되었다. 유전자 변이가 일어난 소 역시 다른 소의 먹이가 되었고, 그 먹이를 먹은 소들을 통해 이 병은 1970년대와 1980년대를 통해 활활 타오르는 불꽃처럼 퍼져나갔다. 소해면상뇌증은 오랜 잠복기간이 있기 때문에 처음 발견되기 이미 오래 전부터 수천 마리의 소가 이미 감염된 상태였다.

1985년 9월에 농수산식품부 산하 중앙수의과학연구소에 한 소의 뇌가 배달되었다. 등이 굽고 몸무게가 빠지는 증상을 보이다가 급기야 심하게 머리를 떨고 걷지도 못하게 되어 죽은 핏샴농장의 133번 소의 뇌였다. 검사 결과 밝혀진 가장 눈에 띄는 증상은, 뇌에 해면(스폰지)처럼 구멍이 숭숭 뚫려 있다는 것이었다. 이것이 바로 소'해면상'뇌증이라는 이름이 붙은 이유다.

1986년 말 중앙수의과학연구소의 병리학 책임연구원 레이몬드 브래들리는 이 질병이 '육류수출에 심각한 타격을 입힐 수 있으며, 심지어는 인간의 건강에도 해를 미칠 수 있는' 소 스크래피의 한 유형이 될 수 있다는 의견을 내놓았다. 필립스보고서에 따르면, 중앙수의과학연구소는 브래들리의 보고서를 즉각 에딘버러에 있는 신경질병원인연구소로 보냈어야 했다. 하지만 중앙수의과학연구소의 책임자 윌리엄 왓슨은 광우병이 중대한 사태로 발전되는 것을 막을 수 있었던 급박한 시간을 6개월이나 허비하며 일을 지연시켰다. 중앙수의과학연구소는 일을 지연시켰을 뿐만 아니라, 밝혀낸 사실을 감추기까지 했다.

필립스보고서에 따르면, '이 문제에 관한 정보를 모두 은폐하려는 시도'는 범정부적으로 펼쳐졌다. 왜 그랬을까? 왓슨은 이 문제에 대한 어떤 확신이 서기 전까지는 농수산식품부에 보고하려 하지 않았다. 실제로, 1984년에서 1988년까지(이때가 소해면상뇌증의 전파가 가장 극에 달했던 시기다) 발견된 사실을 불확실하다는 이유만으로 과학자와 관료들은 은폐하는 대신, 점점 신경과민이 되어가는 대중을 안심시키기 위해 대대적인 선전활동을 펼쳤다.

마침내 1988년, 중앙수의과학연구소의 유일한 전문 역학자 존 와일스미스가 동족시체를 먹이는 행위가 이러한 감염의 원인일 것이라는, 제대로 된 결론에 도달한다. 이 결론에 따라 정부는 동물시체로 만든 사료의 사용을 즉각 금지했을까? 전혀 그렇지 않았다. 정부는 농민들에게 5주 안에 남아 있는 사료를 완전히 폐기하라고 명령하였을 뿐이다. 필립스보고서에 따르면, 농민과 공급자들은 이런 유예기간을 최대한 악용하였다. 엄청난 양의 사료를 사재기한 뒤, 그 후 오래도록 동물에게 먹였다. 결국, 동물사료 사용금지조치가 발효된 이후에도 수천 마리의 소들이 계속 감염되었다.

이러한 지체현상은 감염된 동물을 살처분하는 상황에서도 똑같이 되풀이 되었다. 1988년 2월까지 밝혀진 소해면상뇌증은 223개 농장 264마리였다. 이때 농수산식품부의 상임장관 드렉 앤드류즈는 이러한 감염된 소를 모두 강제도살하여 음식으로 쓰지 못하도록 하는 정책을 제안했다. 당시 농무장관이던 존 맥그리거는 이에 난색을 표하며, 보건원장인 도날드 애치슨에게 이 문제에 대한 의견을 물었다. 애치슨은 이 조치에 반대하였다.

왜 그랬을까? 필립스보고서에 따르면 음식에 대한 대중의 불안감이 확산되는 것을 우려했기 때문이다. 대신 그는 전문가로 특별위원회를 구성하여 이 문제를 조사하자고 제안했다. 그 제안에 따라 동물학자 리차드 사우스우드를 위원장으로 하는 특별위원회가 1988년 6월 20일 처음 문을 열었다. 결국 1988년 8월 8일 감염된 소를 폐기해야 한다는 결론이 나왔다. 농수산식품부가 처음 제안을 한 지 6개월이 지난 뒤였다.

결국, 감염된 소를 모두 폐기처분하고 피해액의 50퍼센트를 정부가 보상하겠다는 발표가 나왔다. 하지만 농민들은 이에 반발하여 병에 걸린 소들을 제한시한까지 폐기하지 않고 계속 버티는 상황이 벌어졌고, 결국 정부는 피해액을 100퍼센트 보상해주기로 한다.

사우스우드특별위원회가 전문가들로 구성되었다고는 하지만, 사실상 프리온에 대한 전문가는 하나도 없었다. 특별위원회의 권고는 대부분 증명되지 않은 가설을 기초로 예측한 것이었다. 즉, 이들은 소해면상뇌증이 일종의 소 스크래피이며 인간에게는 옮지 않는다고 주장했다. 하지만 대중의 불안감을 달래기 위해 감염된 소는 폐기해야 한다고 결론을 내렸다.

여기서 두 가지 주목할 점이 있다. 첫 번째, 감염된 동물을 사람이 먹으면 위험할 수 있다는 의견도 있었지만 이는 대국민 결과보고에서 거의 생략되었다. 두 번째, 특별위원회는 자신들이 내린 결론에 확신이 없었기에 그들 스스로 앞뒤가 맞지 않는 이야기를 했는데, 아기에게 소의 뇌, 심장, 내장 등을 먹이지 말라고 당부한 것이다. 아기에게 먹이면 안 되는 것을 다른 사람은 먹어도 되는 것일까?

필립스보고서에 따르면 1988년 내내, 그리고 1989년이 거의 끝나갈 무렵까지, 애치슨은 음식에 대한 대중의 불안감이 커질 수 있다는 이유로, 인간이 먹는 음식에 위험이 의심되는 소 부위의 사용을 금지하는 법안을 반대했다. 실제로, 사람이 먹는 음식에 이러한 의심부위 사용을 금지하는 조치가 나오기도 전에, 개와 고양이사료를 제조하는 회사인 페디그리마스터즈푸드가 먼저 이들 부위를 쓰지 않겠다고 발표하기도 했다. 1989년 11

월이 되어서야 정부는 금지조치를 발표했다.

　이런 조치를 취하면서도, 정부의 관심사는 오로지 대중에게 소고기의 안전성을 홍보하고 안심시키는 것이었다. 1990년에 이르러 소해면상뇌증이 생쥐, 푸마, 오릭스 등 다른 동물에게 전이된다는 사실이 실험을 통해 밝혀지자 정부에 대한 신뢰성은 심각하게 의심받기 시작했다. 소해면상뇌증이 종의 경계를 넘어 전염될 수 있다는 사실은 사우스우드보고서의 핵심적인 결론과 모순되는 것이었기 때문이다.

　정부는 실험결과의 가치를 깎아 내리려고 애썼다. 그 실험의 조건이 자연조건과는 맞지 않으며, 따라서 인간에게 위험이 된다는 근거는 전혀 끌어낼 수 없다고 주장했다. 이러한 정부의 주장은 1990년 5월 마침내 박살났다. 한 고양이가 오염된 소고기를 먹어 소해면상뇌증에 걸렸다고 판명난 것이다. 이때부터 1994년까지 57마리의 고양이들이 감염된 것으로 진단되었다.

　그러면 정부는 인간의 건강에 대해 커지는 우려에 어떤 대처를 했을까? 물론, 아무 일도 하지 않았다. 정부가 반응을 하면 음식에 대한 대중의 불안을 더 커지게 할 수 있기 때문이다. 오히려 국민을 안심시키기 위한 노력을 더욱 강도 높게 되풀이 했다. 이때쯤, 농수산식품부장관 존 거머는 자신의 다섯 살짜리 딸, 코델리아에게 햄버거를 먹이는 다소 엽기적인 장면을 텔레비전을 통해 대중들에게 선사하였다.

　하지만 점차 대중을 안심시키기 위한 정부의 노력은 근거를 잃어갔다. 소해면상뇌증에 감염된 고양이들이 계속 발견되자 얼마 후, 수의원장 케이스 멜드럼은 이들 고양이의 죽음과 소해면상뇌증 사이에는 그럴듯한 관련성이 없다고 주장하면서 대중을 안심시키려 하였다. 필립스보고서에는 이렇게 쓰여 있다.

"이 정도 확신을 할만한 근거는 전혀 없었다."

1993년 3월에는, 소해면상뇌증에 걸린 젖소들을 키우다 전해 10월에 죽은 농민이 이 병에 감염되어 죽었을지 모른다는 뉴스가 나왔지만, 그럼에도 새로이 보건원장이 된 케네스 칼멘 박사는 소고기는 안전하다는 주장만 되풀이 했다. 그가 이런 주장을 한 것은 농수산식품부의 압력에 따른 것이 분명하다.

1994년, 1998년 사망한 비키 리머의 사인이 vCJD일지 모른다는 언론보도가 나온 뒤에도 칼멘은 자신의 주장을 세속했다.

"소고기나 햄버거를 먹는다고 해서 vCJD가 발병한다는 증거는 조금도 없습니다."

필립스보고서에 따르면, 이런 주장은 희망사항이라기보다 일종의 단호한 신념과도 같았다. 이때는 이미 이 말이 틀리다는 사실을 아는 사람들이 있었을지도 모른다. 그 증거들이 여기저기에서 솟아나오는 중이었기 때문이다.

이렇게 안타까운 사건진행과정을 보면, 구차하고 비열한 이야기가 똑같이 계속 반복된다. 필립스보고서는 가능한 한 점잖게 감정을 배제하고 이런 이야기들을 서술하고 있다. 이러한 서술방식은 어떤 사람의 입장이나 견해에 치우치지 않기 위해 머뭇거리는 모습으로 비춰질 수도 있다. 물론 우리가 광우병과 관련한 정책결정에 참여했던 사람들의 영혼을 들여다 볼 수는 없다. 하지만 그들의 행동을 보고 그들의 마음가짐을 합리적으로 추론할 수 있다.

광우병 문제를 대하는 정부 농수산식품부와 여타 관련기관의 형태로 존재하는 정부는 분명히 인간의 건강을 보호하고 진실을 밝혀내는 일보다 대중의 음식에 대한 불안과 공포를 누그러뜨리는 일에만 관심이 있었다. 그런 이유로 왓슨은 133번 소의 뇌를 결정적인 시기에 6개월 동안이나 신경질병원인연구소에 보내지 않고 묵혀두었을 것이다. 그런 이유로 애치슨은 감염된 동물을 인간이 먹지 못하도록 금지하는 법안을 애완동물 사료업체가 사용을 중지하겠다고 발표한 이후까지도 승인하지 않았을 것이다. 그런 이유로 정부는 '감염된 소만 처분하면' 소해면상뇌증이 인간의 건강에 미치는 위협은 없을 것이라는 사우스우드특별위원회의 결론을 발표하면서 그 잠재적 위험성은 발표과정에서 삭제하였을 것이다. 그런 이유로 정부관리들은 다른 종에 소해면상뇌증이 전이되는 것으로 판명된 연구결과의 가치를 폄하하는데 재빨랐을 것이다. 그런 이유로 1990년대 초반 정부는 소해면상뇌증과 vCJD가 관련있다는 증거가 여기저기 쏟아져 나옴에도 이와 반대되는 주장만 되뇌었을 것이다.

이들은 사악한 인간이 아니다. 다른 사람들처럼 가족을 사랑하며 평범하게 살아가는 사람들이다. 단지 그렇게 하도록 훈련받은 대로 했을 뿐이고, 훈련받은 대로 생각했을 뿐이다. 그들은 '게슈텔'의 자식들이다. 게슈텔, 즉 인간을 하나의 부품이 되도록 닦달하는 작업대 위에서 인간생명은 얼마나 가치가 있을까?

처음부터, 소해면상뇌증은 인간의 건강에 영향을 미칠 가능성이 있었다. 시간이 갈수록 그 가능성은 커졌고, 결국에는 현실로 나타나는 상황이 닥쳤다. 하지만 인간의 생명은 비용-손익 방정식에서 하나의 변수에 불과할 뿐이다. 총체적으로 고려할 때 경제적 손익과 더불어 나란히 고려하는 요인에 불과하다. 이것이 게슈텔이라는 세계 속에 사는 생명의 가치다. 인간은 재생산이 가능한 자원일 뿐이다. 수많은 자원 중 하나이다. 다른 자원들과 나란히 비교할 수 있고, 가치를 견줄 수 있으며, 맞교환할 수 있다. 이것이 바로 2,500년 동안 인간의 지식과 문화가 이룩해낸 결정체라고 하이데거가 말한, 인간을 도구로 보는 시선이다.

우리는 무엇을 깨우쳤는가?

vCJD의 문제는 진정으로 무서운 재앙임에 틀림없지만, 앞으로 사람이 동물에게 행하는 주요한 착취로 인해 벌어질 사태에 비하면 식은 죽에 불과할 것이다. 현재, 살아있는 기관, 조직, 세포를 종이 다른 동물 사이에 옮겨 심는 '이종장기이식'이라는 실험이 진행되고 있다. 이 실험이 성공한다면 사람들은 죽고 난 뒤 자신의 멀쩡한 장기를 기증할 필요성을 느끼지 못할 것이다. 동물돼지를 키워 인간을 위해 장기를 기증하게 하면 되기 때문이다.

여기서 가장 큰(도덕적 문제가 아닌) 기술적 문제는 인간의 면역체계의 외계기관에 대한 거부반응이다. 이러한 거부반응을 해결할 방법을 찾기 위한 수많은 실험들이 줄지어 이뤄지고 있다. 특히 캠브리지셔에 있는 헌팅든생명과학연구소는 최근 이러한 실험을 주도하고 있다. 거대제약회사 노바티스의 자회사 이뮤트란의 용역을 체결하여 수행하는 연구작업이다.[36]

이 실험에는 최소한 비비 49마리와 게잡이원숭이(필리핀원숭이) 424마리 이상이 사용된 것으로 알려져 있다. 비비 6마리에게는 돼지새끼의 심장을 목에 접붙였다. 비비 27마리는 돼지새끼의 심장을 뱃속(복강)에 집어넣었다. 비비 16마리는 아예 심장을 떼어내 돼지새끼의 심장으로 바꿔 달았다. 이뮤트란은 이런 시술을 하더라도 동물들은 전혀 고통을 느끼지 못한다고 지금껏 말했다.

하지만 사실은 매우 다르다. 비비 30퍼센트 이상이 시술이 끝난 후 24시간 이내에 바로 죽었다. 대부분 기술적 오류로 인해 수술도중 죽었고, 몇몇은 수술이 끝난 후 신체기능을 아주 미약하게 유지하다 죽어버렸다. 예컨대, 돼지의 심장과 비비의 몸 사이에 크기가 잘 맞지 않았거나, 심장을 제공한 돼지새끼가 너무 어렸기 때문이다. 심지어 한 비비는 연구자가 냉동상태의 돼지심장을 녹이는 것을 깜박 잊고 접합하여 죽기도 했다. 나머지 비비들도 모두 세균감염, 면역억제제의 독성, 거부반응으로 인한 심장이상, 이유를 알 수 없는 심장이상으로 인해 모주 죽었다.

게잡이원숭이들 역시 비슷한 운명으로 고통받았다. 그 중 80

마리 정도는 비비에게 이식할 심장을 도려내기 위해 죽었다. 61마리는 뱃속에 돼지새끼의 심장을 접붙였다. 이들 중 33마리는 기술적인 오류로 수술 도중 죽고, 나머지는 평균 25일 후에 죽었다. 이런 동물이 고통을 느끼지 않다는 주장은 지금까지 당신이 들었던 가장 뻔뻔스런 거짓말 중 하나일지도 모른다. 이는 실험자가 손수 쓴 보고서에서도 뻔히 드러나는 사실이다. 그 보고서들을 펼치면 다음과 같은 말들이 여기저기 수를 놓는다.

"숨을 헐떡거리고, 눈이 붓고, 몸은 떨리고, 다리를 제대로 움직이지 못한다.""매우 힘들게 숨을 쉰다.""머리와 가슴을 매우 심하게 떤다.""갑작스레 실신한다.""수컷성기에서 피가 솟구쳐 나온다.""힘없이 졸다기 구토를 한다.""어느새 죽었다."

이런 동물들의 고통은 소름이 끼칠 정도이다. 누가 이런 일로 이득을 얻겠는가? 우리는 아니다. 이종장기이식은 당신이 상상할 수 있는 가장 큰 위험을 인간의 건강에 가져다 줄 것이다. 예컨대 현재 인간을 위한 생체기관 기증자가 될 확률이 가장 높은 돼지는 각종 바이러스를 옮긴다. 이런 바이러스는 대부분 우리가 자세히 알지 못하는 것들이며, 존재가 확인조차 되지 않은 것들도 있다. 어떤 종에서 다른 종으로 바이러스가 옮길 때는 대개 다소 당황스런 일이 벌어지는데, 바로 변이를 한다는 것이다. 돼지한테는 거의 아무런 영향도 미치지 않던 바이러스가 인간에게 전이되면 매우 치명적인 바이러스로 돌변할 수 있다.

간단한 예로, SIV(유인원면역바이러스)에서 나온 HIV(인간면역결핍바이러스)를 들 수 있다. 최근 한 연구에는 SIV에 감염된 침팬지의 콩팥을 빨아서 만든 폴리오(소아마비)백신을 통해 HIV가 전이되었다는 주장이 나오기도 했다(이 문제에 대한 실험을 하기 위해 헌팅든생명과학연구소에서는 앞에서 실험한 비비 중 7마리에게 인간에게 치명적인 바이러스인 유인원헤르페스B를 감염시키기도 했다).

이종장기이식은 인간의 절실한 관심을 증진하는 일과는 상당히 거리가 멀 뿐만 아니라, 오히려 인간의 절실한 관심에 대해 우리가 상상할 수 있는 가장 치명적인 위협을 안겨줄지도 모른다. 이종장기이식을 통해 증진되는 단 하나의 관심은 사실상, 노바티스나 그 자회사인 이뮤트란과 같은 거대 제약회사들과 이들의 용역을 받는 헌팅든생명과학연구소같은 실험연구기관의 경제적 이익뿐이다.

하찮은 소모품인 인간

우리는 문자 그대로 우리 자신을 죽이고, 다른 사람을 죽이고 있다. 우리는 우리가 먹고 마시는 물, 공기, 음식을 더럽히고 있다. 오늘날 인간의 가장 큰 죽을병 — 암과 심장병 — 의 위협은 점점 커지고 있다. 기업들은 우리가 마시는 공기, 강물, 지하수 속에 화학물질을 대량으로 방출한다. 식품생산업체들은 지방이 과다하게 함유된 음식으로 우리 식탁을 가득 채우고, 독성화학물질이 범벅된 식품으로 식료품 선반을 수놓는다. 우리는 이에 맞서 싸우는가? 그들이 우리에게 저지른 행위, 우리가 사는 세상에 저지른 행위에 대해 분노하는가?

지금까지 살펴본 변증법적 과정에서 나 자신도 한몫한 공범임이 분명하다. 이러한 거대한 세계 속에서 우리가 입는 고통은 어떤 의미로 여겨질까? '하찮은 손실'일 뿐이다. 너무 많은 사람들이 죽지 않는 한, 우리의 죽음은 경제적 소득과 물질적 풍요와 맞교환할 수 있는 대상에 불과하다.

사상 유래 없는 대규모 환경파괴는 어떠한가? 마찬가지이다. 게슈텔, 즉 작업대 위에선 모든 것이 부품일 뿐이다. 우리가 속하는 세계뿐만 아니라 우리 자신도 부품이 된다. 어떠한 것도 쉽게 손에 넣을 수 있고, 어떠한 것도 다른 것과 서로 맞교환할 수 있다. 그리고 이런 세계에서는 지나치게 크지 않은 손실이라면, 어쨌든 더 가치 있는 어떤 것을 획득할 수만 있다면, 인간이든 환경이든 가차없이 처분할 수 있다.

우리는 하찮은 손실에 불과하다. 왜 우리는 이 사실을 알면서도 아무런 저항을 하지 않는 것일까? 우리는 은연중에 이 사실을 이해하고 수긍하기 때문이다. 다른 사람을 자원으로 이해할 뿐만 아니라, 자기 자신을 스스로 자원으로 이해한다. 세계를 도구로 바라보는 관점의 극치라 할 수 있다. 끊임없이 모든 존재를 하나의 부품으로 탈은폐하도록 닦달하는 게슈텔의 논리다. 우리는 그저 수많은 자원 중 하나일 뿐이다.

우리는 희망 없는 자리를 차지하고 있는, 아무런 도움도 받을 수 없는 존재다. 우리는 내가 한 일에 책임지지 않으며, 다른 사람이 나에게 한 일에도 분노하지 않는다. 우리는 단지 '하찮은 손실'에 불과하기 때문이다. 왜 아닌 척하는가?

우리는 우리 자신을 죽인다. 서로 죽인다. 나는 종교를 믿지 않지만, 나는 바로 이것이 우리의 '원죄'라고 생각한다. 원죄에서 벗어나기 위해 우리는 어떤 일을 할까? 원죄를 다른 이에게 덮어씌운다. 그들이 원하든 원하지 않든 상관없다! 동물은 우리를 위해서 대신 고통받는다. 우리에게 어쩔 수 없이 떠맡겨진 것뿐만 아니라 우리가 초래한 것들을 위해서 동물은 고통받는다. 우리가 끊임없이 담배를 피워서 얻은 폐암 때문에 고통받는다. 우리가 운동을 하지 않아 비만으로 얻은 심장병 때문에 고통받는다. 우리가 항생제를 마구 남발하여 고통받는다.

인간, 동물의 주인이라고 자임하는 우리는 게으르고, 멍청하고, 무엇보다도 감사할 줄 모르는 배은망덕한 존재다. 그래도, 문제될 것은 하나도 없다. 그렇다고 해도 그런 것은 또 다른 원죄에 불과하다. 다른 누군가에게 — 인간이든 동물이든 — 우리의 원죄를 또 뒤집어씌울 수 있다. 우리가 겪어야 할 고통을 그들에게 전가할 수 있다.

2천 년 전 예수는 우리의 죄를 대신하여 죽었다. 하지만 그런 예수가 다시 부활한다고 하더라도 이번에는 우리의 원죄를 대신하기를 다소 꺼려할지도 모른다. 드레이즈검사를 받는 토끼, LD-50실험에 참여하는 생쥐, 헤로인에 중독되어 죽어가는 원숭이, 담배연기에 중독된 개의 고통은 십자가에 못 박히는 고통보다 분명 훨씬 끔찍할 것이기 때문이다.

후주

•

•

•

1장

1. 데카르트의 가장 유명한(그리고 이 문제와 가장 연관성이 있는) 저작은 1637년 처음 출판된 *Discourse of Method*과 1641년 처음 출판된 *Meditation*이다. Haldane, E. and Ross, G. eds, *The Philosophical Works of Descartes*, Vol. 1 & 2 Cambridge: Cambridge University Press.

2. Kitchell, R. L. and Erikson, H. eds, *Animal Pain: Perception and Alleviation*, Maryland, American Psychological Association, 1983.

3. Bitterman, M. "The Evolution of Intelligence" *Scientific American,* vol. 212, 1965.

4. 이러한 주장을 하는 철학자들 중에는 도널드 데이비슨Donald Davidson과 스티븐 스틱Stephen Stich이 있다. 이 문제에 대한 데이비슨의 가장 명료한 견해는 그의 논문 "Rational Animal"에서 볼 수 있다. LePore, E. and McLaughlin, B. eds, *Action and Events: Prospectives on the Philosophy of Donald Davidson*, Oxford, Blackwell, 1985. Pp. 473-80. Stich, S. "Do Animals have Beliefs?" *Australasian Journal of Philosophy*, vol.57, 1979.

2장

5. 실제로, 나는 다른 책에서 의식이 없는 사물도 어떤 유형의 본래적인 가치를 가질 수 있다는 주장을 펼쳤다. Rowlands, M. *The Environmental*

Crisis: Understanding the Value of Nature, London, Macmillan, 2000.

6. 평등이라는 개념은 동물권에 대한 거의 모든 논증에 있어 가장 중심적인 특징이라 할 수 있다. 더 명확하게 이 내용에 대해 알고 싶다면 다음 책을 보라. Singer, P. *Animal Liberation*, London, Thomsons, 1990. Chapter 1.

3장

7. Rawls, J. A *Theory of Justice*, New York, Oxford University Press, 1971. 내가 새롭게 개발한 '롤즈식 설명이론'에 대한 이론적 기초는 다음 책에서 더욱 자세히 서술한다. Rowlands, M. *Animal Right: A Philosophical Defense*, London, Macmillan 1998.

4장

8. Nagel, T. "Death" *Nous*, vol. 4, no. 1, 1970. Reprinted in Nagel, T. *Mortal Questions*, Cambridge University Press, 1979, 1-10.

9. 앞의 책 6쪽

10. 앞의 책 6~7쪽

11. 앞의 책 9쪽

12. Reagan, T. *The Case for Animal Rights*, London, Routledge, 1984. p. 308

13. 리건도 인간이 죽을 때 개보다 더 많은 것을 잃는다고 생각했으나 그 이유는 나와 다르다. 이 문제에 관한 그의 논의를 보려면 앞의 책 324쪽을 보라.

5장

14. Stolba, A. and Wood-Gush, D. The Behaviour of Pigs in a Semi-natural Environment, *Animal Production*, vol.48, 1989.

15. Van Putten, G. "An Investigation into Tail-biting among Fattening Pigs" *British Veterinary Journal*, vol.125,1969.

16. Cronin, G. "The Development and Significance of Abnormal Stereotyped Behaviour in Tethered Sows" PhD. Thesis, University of Washington Netherlands, p. 25.

17. Ewbank, R. "The Trouble with Being a Farm Animal," *New Scientist*, October 18, 1973.

6장

18. PCRM Update (Newsletter of the Physician Committee for Responsible Medicine, Washington, D. C.) July–August 1988. p. 4. *Quoted from Singer, Animal Liberation*, p. 56..

19. *Journal of Abnormal and Social Psychology*, vol 48. 1953

20. *Progress in Neuro-Psychopharmacology and Biological Psychiatry*, vol.8, 1984.

21. *Engineering and Science*, vol.33, 1970.

22. Hobler, K. and Napodano, R. *Journal of Trauma*, vol.14, 1970.

23. 지페프롤에 대한 내용은 Moroni, C. et al., *The Lancet, January* 1984. 프랙토롤에 대한 내용은 Inman, W. and Goss, F. eds, *Drug Monitoring,* New York; Academic Press, 1977.

24. "Industry Toxicologists Keen on Reducing Animal Use" *Science*, 17 April 1987.

25. Report of the Littlewood Committee. Cited in Ryder, R. "Experiments on Animals" in Godlovitch, S., Godlovitch, R., Harris, J. eds., *Animals, Men, and Morals*, New York; Taplinger, 1972.

26. 이 문맥의 위험전이의 중요성은 Regan, *The Case for Animal Right*, pp. 377~381에서 중점적으로 다룬다.

27. *Journal of Pharmacology and Experimental Therapeutics*, vol.226. 1983.

28. *Health Care*, vol.2, 1980.

7장

29. 이 장에서 전개하는 몇몇 논증 인용은, Dale Jamieson "Against Zoo" in Singer, P. ed, *In Defence of Animals*, Oxford; Blackwell, 1985 pp. 108~117에서 차용한 것이다.
30. Stephen Kellert, "Zoological Parks in American Society", *Proceedings of the American Association of Zoological Parks and Aquariums*, 1979.
31. Edward Ludwig, "A Study of Buffalo Zoo", *International Journal for the Study of Animal Problems*, 1981.

10장

32. 배리 혼은 감옥에서 단식투쟁을 반복하다가 죽었다.

11장

33. *Problems in Preventing the Marketing of Raw Meat and Poultry Containing Potentially Harmful Residues*, US General Accounting Office, 1979.
34. *New York Times*, 15 March 1983.
35. "The Browning of America" *Newsweek*, 22 February 1981.
36. 자세한 실험과 결과는 *Daily Express*, 21, September 2000. 더 자세한 내용을 알고 싶다면 *Stop Huntindon Animal Cruelty*, Newsleter vol.7을 보라. (www.shac.net)

사진

351, Irina Gor/Shutterstock.com 193, Mark Agnor/Shutterstock.com
205, Shimon Bar/Shutterstock.com 227, Artfully Photographer/ Shutterstock.com
Getty Images Bank: 4, 21, 59, 111, 231, 181, 185, 198, 273, 289, 307, 321, 391

옮긴이 말

윤영삼

.
.
.
.

이 책은 내가 처음 번역을 시작했을 무렵인 2003년에 번역한 것을 다시 개정한 것이다. 이 책을 개정하는 작업을 하면서 15년이라는 시간 동안 세상이 얼마나 달라졌는지 새삼 돌아보게 되었다. 어쨌든 텍스트가 의미를 갖기 위해서는, 현 시대 독자대중의 관념과 호응해야 하기 때문이다. 혹시라도 이 책의 메시지가 시대에 뒤쳐진 것은 아닐까 걱정했지만, 몇몇 사소한 부분을 제외하면 15년이라는 세월이 지난 지금도 이 책이 던지는 메시지는 여전히 우리 현실에 강렬한 울림을 주고 있었다.

15년이라는 세월 동안 우리 사회에는 이 책의 주제인 '동물'과 관련하여 어떤 변화가 있었을까? 우선 애완동물을 키우는 인구가 크게 늘었다. 1인가구가 계속 늘어나면서 지금은 다섯 집 중 한 집에서 반려동물을 키운다고 한다. 물론 무책임하게 동물을 입양하거나 유기하는 등 부작용도 함께 늘어나긴 했지만, 동물과 함께 살아가는 일이 보편화되면서 동물권리, 동물복지에 대한 인식도 전반적으로 높아졌다.

동물권에 대한 인식이 높아지면서 구체적인 제도들도 발전했다. 그동안 유명무실하던 동물보호법이 실질적인 효력을 발휘할 수 있도록 개정되었고, 동물원에서 사육되는 동물들의 권리를 보장하기 위한 법안이 제정되기도 하였으며, 가축에 대해서도 '동물복지'라는 개념이 도입되면서 소비자들이 축산물을 선택하는 새로운 기준으로 자리잡기도 하였다.

물론 이러한 대중의 인식을 높이고 제도적 개선을 이끌어낸 데에는 다양한 동물권운동 시민단체들의 열정적인 헌신이 있었다. 15년 전 '동물권운동'은 먼 서양 선진국들의 '배부른 운동'으로 여겨졌던 것을 돌이켜보면, 우리 시민사회의 역량과 의식 수준이 크게 발전했다는 것을 알 수 있다.

하지만 동물권/동물복지에 대한 깨달음은 안타깝게도 더 높고 견고한 또 다른 논리적 딜레마와 마주할 수밖에 없는 운명으로 우리를 인도한다. 어떤 동물이 동물원 우리 안에 있을 때는 동물권 보호의 대상이 되지만, 축사 우리 안에 있을 때는 동물권 보호 대상이 되지 않는다는 현실은 누가 보아도 논리적으로 설명할 수 없는 불안한 사태이기 때문이다.

실제로 지난 시간 동물권에 대한 우리 사회의 인식이 높아지고 제도적으로 개선되기도 했지만, 그 이면에서는 끔찍한 동물들의 홀로코스트가 벌어지고 있었다. 2010년 10월부터 2011년 3월까지 4개월 동안 구제역으로 생매장된 소돼지는 348만 마리에 달하며, 2010년 12월부터 2011년 5월까지 5개월 동안 AI로 생매장된 닭오리는 647만 마리에 달한다고 한다. 이러한 살처분 수치는 그 이전에 살처분한 가축을 모두 합한 것보다 많다고 하며, 다른 나라의 통계와 비교해도 월등히 높다고 한다. 이러한 대규모 살처분은 2016년까지 계속 이어졌다.

인간의 편의를 위해 대량밀집 사육환경을 만들어놓고서, 이로 인해 발생한 가축전염병을 '옮길지도 모른다'는 이유만으로 어마어마한 생명들을 산 채로 땅 속에 밀어넣고 묻어버리는 잔혹한 행위를 그동안 우리는 아무렇지도 않게 자행했다. 사람들이 자연을 자원으로 인식하고 경제적 논리로만 이용하려 한 결과다. 탐욕에는 끝이 없다. 자연의 한계, 생태계라는 그릇의 크기는 무시한다. 마구 짓밟고 파괴한다. 그런 면에서 마크 롤랜즈가 정교하고 치밀한 논리로 주장하는 동물권리론은 논쟁적이지만 우리에게 많은 것을 생각하게 해준다.

얼마전 유럽에서 육류에 세금을 붙이자는 논의가 활발하게 진행되고 있다는 소식이 전해졌다. 고기에 세금을 붙여야 하는 명목상 이유는 대량사육되는 가축들이 배출하는 온실가스를 줄여야 한다는 것인데, 장기적으로는 사람들의 식습관을 육식 위주에서 채식 위주로 바꾸는 것을 목표로 한다고 한다. 어쨌든 지나치게 싼 값에 고기를 쉽게 먹을 수 있는 현실이 바람직하지 않은 것은 분명한 사실이다. 다시 15년 뒤 이 논의가 우리 삶 속에 어떤 모습으로 전개되고 있을지 궁금하다.

동물도 우리처럼

학대받는 모든 동물을 위한 성찰

마크 롤랜즈 지음 | 윤영삼 옮김
초판 1쇄 발행 2004년 5월 25일
개정판 1쇄 발행 2018년 7월 27일 발행

펴낸이 김영조 펴낸곳 달팽이출판
등록 2002년 2월 28일 제 406-2011-000065호
주소 경기도 파주시 탄현면 사슴벌레로 45번지 206-205
전화 031-946-4409 팩스 031-946-8005
이메일 ecohills@hanmail.net
ISBN 978-89-90706-43-0 03300

이 책은 『동물의 역습』 개정판입니다.

이 도서의 국립중앙도서관 출판예정도서목록(CIP)은
서지정보유통지원시스템 홈페이지(http://seoji.nl.go.kr)와
국가자료공동목록시스템(http://www.nl.go.kr/kolisnet)에서 이용하실 수 있습니다.
(CIP제어번호: CIP2018021205)